La valeur des idées

Luc de Brabandere

La valeur des idées

de la créativité à
la stratégie
en entreprise

Avec la collaboration de
Anne Mikolajczak

DUNOD

Du même auteur

Le Plaisir des idées , Luc de Brabandere, Anne Mikolajczak, 2e édition 2004.
Le Management des idées, Luc de Brabandere, Dunod, 2e édition 2004.
Le Sens des idées, Luc de Brabandere, Stanislas Deprez, Dunod, 2004.
Espèce deTrochoïde !, Luc de Brabandere, Christophe Ribesse, Dunod, 2006.
Petite Philosophie des histoires drôles, Luc de Brabandere, Editions Eyrolles, 2007

Illustrations intérieures : Patrick Regout
www.cartoonbase.com

Pour contacter les auteurs :
Luc.deBrabandere@bcg.com
annemiko@gmail.com

ISBN 978-2-10-051330-7

REMERCIEMENTS

Le livre que vous tenez dans les mains a une longue histoire. Elle commence en 1989 lorsque j'ai publié en Belgique *Le Latéroscope*, une synthèse d'articles consacrés à la créativité. Joël de Rosnay accepta de le préfacer. J'avais, il est vrai, choisi un titre en forme de clin d'œil à son *Macroscope* dont la lecture fut pour moi déterminante.

Le livre fut bien accueilli et j'ai décidé alors de transformer ma passion pour les idées nouvelles en métier. Avec Anne Mikolajczak, nous avons animé une centaine de brainstormings et commencé la rédaction d'un livre de méthodologie. Grâce à Meryem Le Saget et à Geoffrey Staines, *Le Plaisir des idées* fut publié en 1994 chez Dunod. Mon métier évolua. D'animateur je devins consultant et Jean-François Gosse, mon associé d'alors, m'encouragea à publier un deuxième ouvrage. *Le Management des idées* sortit en 1998 et décrit un chemin qui va de la créativité à l'innovation.

La rencontre avec Stanislas Deprez lors de mes études de philosophie rendit possible le troisième tome de la trilogie. *Le Sens des idées* fut publié en 2004, alors que j'avais déjà rejoint le Boston Consulting Group. Bruno van Lierde avait en effet suggéré à ses associés de s'intéresser à mes travaux et le BCG m'offre depuis lors le meilleur des environnements possibles.

La Valeur des idées est une synthèse des concepts les plus importants développés pendant toutes ces années.

Je suis très reconnaissant à toutes les personnes citées ici. Je voudrais y adjoindre mon frère Alain qui m'aide et me conseille depuis longtemps.

Hoves (Belgique)
Septembre 2007

TABLE DES MATIÈRES

INTRODUCTION : CRÉATIVITÉ ET STRATÉGIE

Dans une économie mondialisée, incertaine, mouvante, où tout s'accélère, les défis auxquels est confronté le dirigeant d'entreprise prennent une ampleur inédite : survivre, durer, demeurer leader dans son domaine, affronter une concurrence de plus en plus vive, conserver ses parts de marché, en conquérir de nouvelles… tout en contribuant au développement durable ! Face à ces défis, il n'a d'autre choix que de s'adapter sans cesse, se remettre en question, se transformer, en un mot : changer. Relisons Darwin : « Les espèces qui survivent ne sont pas les plus fortes ni les plus intelligentes, mais celles qui s'adaptent le mieux aux changements ».

Le dirigeant d'entreprise doit d'abord prendre la mesure des changements en cours, identifier les ruptures et les continuités, les tendances – visibles et moins visibles – du marché, les promesses technologiques, les mutations de la société. Particulièrement, il doit détecter les subtiles discontinuités qui risquent d'ébranler son activité à l'avenir. En s'appuyant sur cette analyse fine du contexte, il doit évaluer les positions possibles de l'entreprise et décider de la position désirée, en d'autres mots, définir la vision du futur qu'il souhaite et ambitionne pour son entreprise. « Il n'y a pas de vent favorable pour qui ne connaît pas son port », écrivait déjà Sénèque.

Il doit ensuite déployer et traduire cette vision en une stratégie, c'est-à-dire choisir les domaines dans lesquels il entend que son entreprise soit présente, et décider d'allouer les ressources nécessaires pour qu'elle s'y maintienne et s'y développe. Définie en fonction des risques et des opportunités d'un environnement désormais globalisé, des forces et des faiblesses de l'entreprise, l'option stratégique pourra aller de la stratégie d'adaptation à la stratégie de rupture. Cela passe par une phase de doute, de remise en cause, d'étonnement. La stratégie adoptée postulera une série d'actions et d'opérations coordonnées en vue de réussir et de gagner dans la voie exprimée par la vision.

Enfin, il doit mettre cette stratégie en œuvre et la rendre opérationnelle. Avec l'espoir que l'avantage concurrentiel, garant de profit, de progrès et de « pérennité provisoire », sera à la clé. Le but sera d'autant mieux atteint que l'ensemble des cadres aura été associé à la réflexion stratégique et que le personnel, à tout niveau, aura été bien informé des orientations prises et motivé pour y adhérer. Car ce sont les hommes, leurs aptitudes, leurs compétences, leur implication qui sont le vrai moteur de l'entreprise.

À toutes ces étapes, la force des idées et la puissance de l'imagination permettront de répondre aux impératifs stratégiques. Que ce soit pour identifier les tendances porteuses, ici et ailleurs, capter les signaux faibles du marché, choisir les bons clignotants. Que ce soit pour anticiper les nouveaux besoins, penser à de nouvelles solutions, se différencier des concurrents. Que ce soit pour moderniser les structures, mobiliser les talents et les énergies, encourager le personnel à se projeter dans le futur…

Parmi la panoplie d'outils, de compétences, de capacités que le manager a à sa disposition, certains apparaissent donc plus fondamentaux que les autres : ce sont la créativité et l'innovation, cousines indissociables de toute démarche de changement.

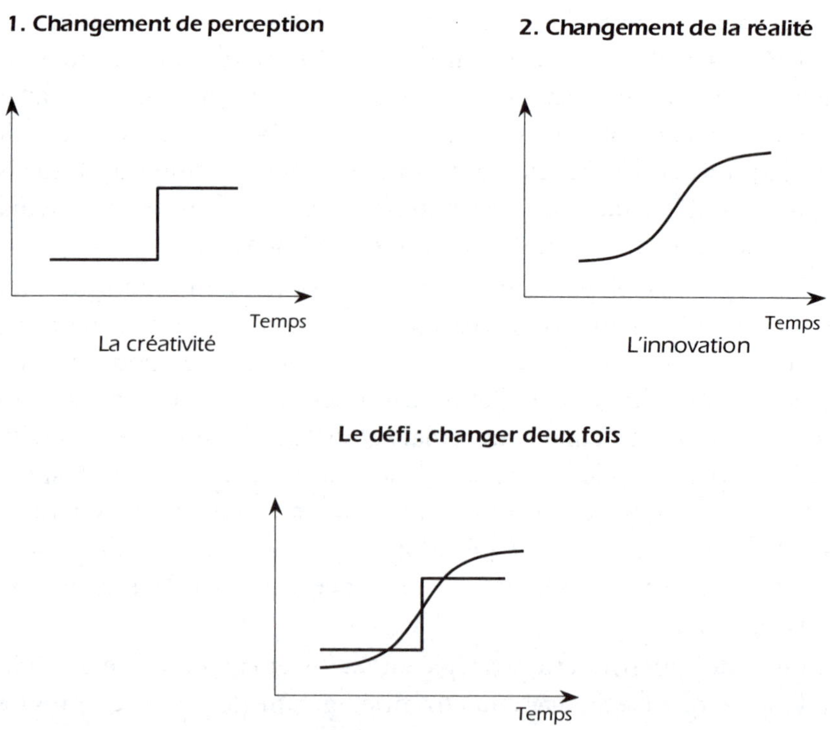

Il est important de ne pas les confondre. La créativité est la capacité de changer les perceptions et les représentations, qui sont souvent des obstacles à la formulation d'une nouvelle vision stratégique, à la génération de nouvelles idées. L'innovation est l'aptitude à changer la réalité, celle du produit, de la technologie, du marché, de l'organisation. C'est la conjonction des deux qui fera la différence, apportera la valeur ajoutée et procurera le précieux avantage concurrentiel.

Mais un obstacle apparaît immédiatement. Le changement de perception est un processus discontinu, une démarche individuelle tandis que le changement de la réalité est un processus continu, une démarche collective. **L'articulation entre les deux types de changements est le thème central de ce livre**. Il montre que le véritable changement est forcément double, que l'on changera d'autant mieux la réalité que l'on aura d'abord changé sa perception des choses. Il établit que l'évolution d'une entreprise tient tout à la fois de l'escalier et de la pente douce. Il se focalisera donc plus sur la créativité que sur l'innovation. Ce modèle sera développé dans le chapitre 4 « Perception *versus* réalité ».

Stratégie et créativité se nourrissent l'une de l'autre. La créativité, l'aptitude à changer de regard et de point de vue, est nécessaire pour élaborer une stratégie adaptée aux évolutions d'un monde qui change à vive allure, et toute stratégie qui ne donnerait pas de place à la créativité de tous pour réaliser et concrétiser ses objectifs se condamnerait à l'échec. Car il y a bien deux types de créativité, celle « d'en haut » qui cherche à répondre au « quoi ? » et celle « d'en bas » qui cherche à répondre au « comment ? ». Elles sont sollicitées dans deux exercices différents, la définition de la vision pour l'une, le brainstorming pour l'autre, deux processus que nous analyserons en détail.

Créativité et stratégie, c'est l'alliance d'Archimède et d'Alexandre le Grand.

Douter pour mieux penser, penser pour mieux changer, changer pour mieux innover, innover pour durer. Imaginer pour mieux anticiper, anticiper pour mieux décider. Ce livre incite le manager à mener conjointement ces différentes démarches. Il lui propose un chemin de lecture qui va des fondements de la créativité à sa pratique, de la créativité « théorique » à la créativité appliquée.

Le lecteur y trouvera des réflexions de fond, des modèles et des concepts opérationnels, des outils concrets, de nombreux exemples. Il y découvrira aussi la majorité des grands classiques parmi les exercices d'application, l'invitant à se regarder réfléchir, à observer la manière dont il pense, à se poser de nouvelles questions, à entraîner et développer sa créativité.

L'ouvrage est organisé en onze chapitres dont chaque titre est constitué d'un couple de mots qui n'a de contradictoire que l'apparence. « Distinguer pour unir ! » Loin de s'exclure l'un l'autre, ces mots sont liés et se renforcent comme les parties d'un tout aux fonctions différentes, comme le corps et l'âme, les sens et l'intelligence, unis dans l'être humain.

1. *Possible* versus *impossible* : la créativité n'exclut pas la rigueur et inversement, la rigueur n'exclut pas la créativité. Il n'est pas impossible de gérer l'ingérable.
2. *Uniforme* versus *différent* : plus l'uniformisation des processus de management est efficace, plus la nécessité de se différencier dans l'offre au client est importante.
3. *Changer* versus *ne pas changer* : rien n'est permanent sauf le changement. Depuis Parménide et Héraclite, rien n'a changé, même si le changement n'est plus ce qu'il était.
4. *Perception* versus *réalité* : d'un côté il y a le monde : la réalité; de l'autre, la manière dont on voit le monde : la perception. Tout véritable changement est nécessairement double.
5. *Prévoir* versus *préparer* : l'avenir s'ouvre sur deux voies : l'une certaine et l'autre incertaine, on prévoit la première. On se prépare à la deuxième.
6. *Futur* versus *futurs* : le futur n'est pas écrit au singulier, on l'imagine au pluriel pour mieux le choisir et le décider.
7. *Imagination* versus *jugement* : la pensée est un moteur à deux temps; le premier est l'imagination qui permet de sortir du cadre (diverger), le deuxième est le jugement qui permet d'y revenir (converger).
8. *Cerveau droit* versus *cerveau gauche* : les individus ont des profils créatifs différents, ils utilisent différemment leurs deux hémisphères cérébraux. Les connaître enrichit le travail individuel et collectif.
9. *Question* versus *réponse* : de la première à la deuxième, il y a des étonnements, des doutes, des reformulations qui sont autant d'étapes du saut créatif.
10. *Théorie* versus *pratique* : la créativité a ses méthodes et ses techniques qu'il faut pouvoir mettre en pratique, en passant du savoir au savoir-faire, du solfège à l'instrument.

11. *Nouvelle idée* versus *bonne idée* : une nouvelle idée n'est pas toujours une bonne idée et toute idée se réfère implicitement à des valeurs. Le foisonnement créatif s'évalue à l'aune de critères à la fois éthiques et pratiques.

Fin versus *début :* La créativité ne peut jamais s'arrêter, la boucle est bouclée.

Ces couples de mots, ces binômes, sont une invitation à aborder la thématique de ce livre dans sa complexité, sa densité, ses paradoxes. Pour intituler certains chapitres, nous aurions pu aussi recourir à l'oxymoron, cette figure de style qui associe des termes contraires : « Une différence uniforme », « La permanence du changement », « Une créativité rigoureuse », « Une théorie de la pratique » ou « L'imagination critique ». En proposant de nouveaux lieux de sens, l'oxymoron permet de dépasser les contradictions, d'expérimenter d'autres solutions, de découvrir de nouveaux mondes. Il est un puissant excitant de l'imagination.

Plus globalement, les défis de notre société semblent s'inscrire totalement dans l'oxymoron. La loi des affaires est d'une certaine manière la loi du plus fort. Pourtant il faut inventer le « commerce équitable » et l'« investissement éthique ». Les ressources de la planète sont limitées. Pourtant il faut un « développement durable ».

Ce qui nous ramène à l'enjeu de départ : comment durer dans un environnement qui change ?

DURAND, AURIEZ-VOUS L'OBLIGEANCE DE METTRE VOTRE CRÉATIVITÉ AU SERVICE DE L' ENTREPRISE !

1

POSSIBLE *versus* IMPOSSIBLE : CRÉATIVITÉ ET RIGUEUR

L'art naît de contraintes et meurt de liberté.

MICHEL-ANGE

Ce premier chapitre veut situer la réflexion qui anime cet ouvrage, préciser son point de départ, son mode de pensée et d'expression et donner au lecteur des repères conceptuels, des clés de lecture pour la suite. De quoi allons-nous parler et comment ? En quels termes et dans quels sens ? Avec quels yeux ? Sur la base de quelles notions ?

Les principes de la créativité constituent « une théorie sans théorème ». Le premier principe est, de ce fait, une grande exigence de rigueur. Cette rigueur passe par le recours à des concepts et à des modèles, par la clarification et la précision du langage, par le respect de règles et une certaine forme de discipline. C'est la condition pour gérer l'ingérable. Dans cet effort intellectuel pour rendre possible l'apparemment impossible, nous nous appuierons sur l'analyse systémique et la philosophie.

Approche systémique et créativité

Du macroscope au latéroscope

Il existe de nombreuses approches de la créativité. Celle que je vous propose dans cet ouvrage émane d'un ingénieur en mathématiques appliquées formé à l'Université catholique de Louvain, doublé, trente ans plus tard, d'un philosophe diplômé de la même université.

La créativité dans l'entreprise est aujourd'hui ma profession, mais je suis loin d'être le seul à l'exercer (heureusement !). Mon originalité, ma spécificité viennent de la rencontre entre la passion des idées nouvelles qui est en moi depuis toujours et un courant de pensée, l'analyse systémique, à laquelle mes études d'ingénieur m'ont initié.

Un contexte changeant, mouvant, permet en effet une résonance inattendue entre de nouvelles exigences et des concepts que l'on avait un peu oubliés. C'est ainsi que la théorie des systèmes, née au lendemain de la Seconde Guerre mondiale, s'est révélée être pour moi un outil d'une grande actualité pour appréhender la complexité croissante du monde, tandis que la créativité s'imposait d'urgence pour répondre au besoin accru de changement. L'analyse systémique trouvait ainsi une formidable complémentarité avec les méthodes de créativité : au « macroscope »[1] qui permet de prendre du recul, de voir le monde de loin et d'en percevoir les multiples interactions et interdépendances venait s'adjoindre le « latéroscope »[2] qui permet de voir les choses autrement, de les regarder sous un angle différent et d'avoir de nouvelles idées. Leur usage conjoint est un levier puissant de transformation et d'innovation, qu'il s'agisse de débloquer des situations figées, d'adapter des structures dépassées, d'anticiper évolutions et changements, d'apporter des solutions originales à des besoins nouveaux.

Je vous propose de vous replonger, l'espace de quelques pages, dans les coulisses de l'analyse systémique et de ses principaux concepts. Ils constituent autant de repères théoriques sur lesquels se fonde notre approche de la créativité.

L'analyse systémique : une approche féconde

Au sortir du traumatisme de la Seconde Guerre mondiale, les conditions étaient réunies pour un nouveau paradigme « philosophique ». Le mot « système » devenait le mot de passe d'une génération de savants et d'intellectuels désireux d'échanger des idées, de profiter des analogies, de construire une passerelle entre leurs disciplines respectives.

---

1. Titre du livre de Joël de Rosnay consacré à l'analyse systémique et devenu un classique sur le sujet. Le Seuil, coll. Points, Paris, 1975.
2. Titre donné à notre premier ouvrage consacré au thème de la créativité et préfacé par Joël de Rosnay. La Renaissance du Livre, Bruxelles, 1989.

Les mathématiciens se sont attaqués aux ensembles, aux graphes; les physiciens, principalement, Shannon et Weaver, ont élaboré la théorie de l'information. Norbert Wiener a présenté ses thèses sur la cybernétique, Von Neuman, celles sur la théorie des jeux. Un peu plus tard, un biologiste, Ludwig von Bertalanfy, a donné à la « théorie générale des systèmes » ses lettres de noblesse en montrant l'intérêt de traverser horizontalement toutes les sciences. Un peu près à la même époque, un groupe de psychothérapeutes californiens, connu sous le nom d'école de Palo Alto, a encore élargi la théorie, y voyant une approche nouvelle de leur domaine. Ma rencontre avec cette école a été déterminante dans ma réflexion sur le changement dans les entreprises. J'y reviendrai longuement dans le chapitre 4.

Toutes ces disciplines utilisent le langage systémique pour faire progresser leur champ scientifique respectif.

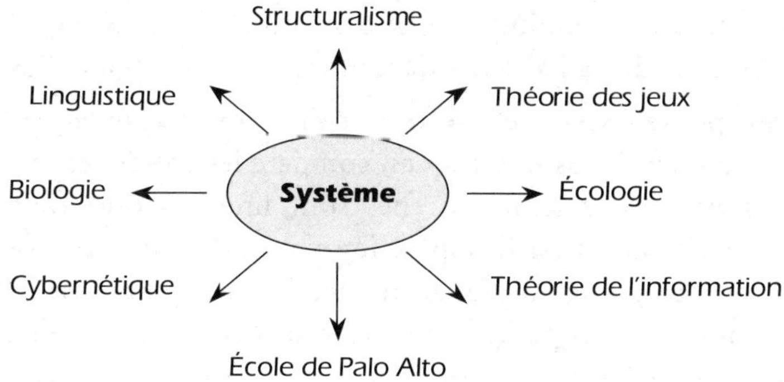

Définition, terminologie, concepts

Toute réflexion sur la théorie des systèmes commence par un paradoxe : le mot « système » est presque impossible à définir. Cette notion intuitivement très simple, qui est supposée aider à comprendre le complexe, est insaisissable en quelques mots. Chaque auteur a son idée. Pour Ludwig von Bertalanfy, le père de la systémique, c'est « un ensemble d'unités en interrelations mutuelles ». Pour Edgar Morin, c'est une « unité globale organisée autour d'interrelations entre éléments, actions, ou individus ». Pour Joël de Rosnay, c'est un « ensemble d'éléments en interaction dynamique, organisés en fonction d'un but » et nous rajouterons, à regarder au « macroscope ».

Être systémique, c'est regarder de loin plutôt que regarder en détail, c'est être plus généraliste que spécialiste, plus horizontal que vertical. C'est rechercher des modèles, des scénarios simples, regarder le passé pour mieux deviner l'avenir. C'est passer à travers les paradoxes, discerner et utiliser les différences pour un enrichissement mutuel.

Penser système, c'est voir les sous-systèmes en action, en réaction et en rétroaction. Étonner par des comparaisons, créer par analogie, observer les points d'équilibre, les degrés d'amplification, les allers sans retour. Recadrer les problèmes en vue de solutions nouvelles, défier sans cesse l'imagination par des schémas incomplets, rester à tout moment critique et avoir l'humour nécessaire pour comparer les prévisions et les réalisations. C'est, par exemple, accepter qu'un subside au transport en commun peut être une forme d'aide à la presse ; c'est calculer le rendement d'une centrale nucléaire en déduisant l'énergie consommée pour sa construction et son démantèlement. C'est se demander d'où viennent l'eau, le gaz, l'électricité ; où vont les fumées, les ordures, les eaux usées. Ou encore réaliser tout à coup que la moindre assiduité scolaire des filles dans les pays les moins favorisés peut être due à l'absence de sanitaires réservés pour elles à l'école.

Celui qui pense « système » se reconnaît à son vocabulaire. Il évoque des seuils, évalue des masses critiques, compare les entrées et les sorties ; il étudie les fonctions, examine si elles sont linéaires ou exponentielles, continues ou discontinues. Il oppose les constantes aux variables, le tout aux parties, l'analogique au digital. Il cherche des équilibres, réfléchit en termes de rendement. Il parle de réservoir, de cercle vicieux, de flux et de réseaux. Il discerne les bras de levier, les perturbations qui agissent sur les boîtes noires, il observe que la loi des grands nombres n'est plus vérifiée aux frontières de l'ensemble.

Pour vous mettre d'emblée dans le bain et vous donner un avant-goût des concepts systémiques, voici un petit exercice qui met en évidence la relation subtile entre le tout et les parties.

Exercice 1.1

Un bateau est ancré non loin d'une falaise, à 40 mètres exactement. Le vent soufflant en direction de la côte, le bateau se trouve comme indiqué sur la figure ci-contre et la chaîne tendue mesure également 40 mètres (depuis la surface S de l'eau jusqu'au fond F de la mer).

Une tempête est annoncée et, par précaution, le capitaine donne l'ordre de doubler la longueur de l'ancre. Est-ce une décision judicieuse ? Y aurait-il alors un risque de voir le bateau se fracasser sur la falaise ? À première vue,

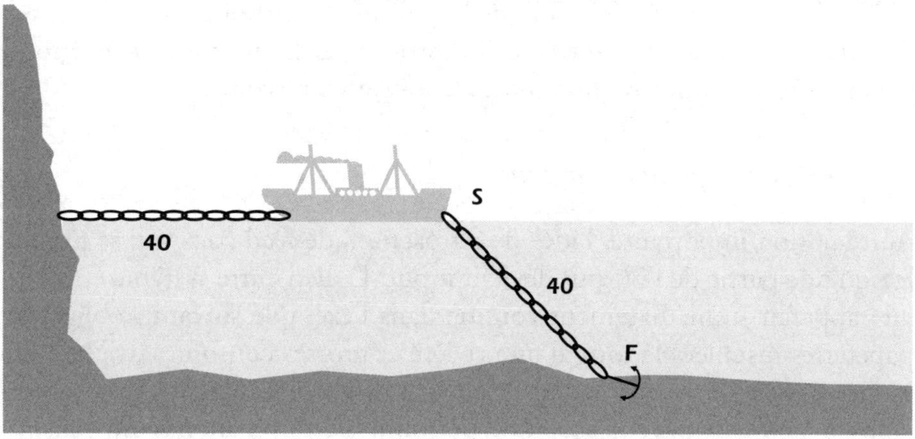

non. Les 40 mètres supplémentaires projetés sur le fond de l'eau seront dans tous les cas inférieurs aux 40 mètres qui séparent le vaisseau du rocher, et aucune collision n'est alors possible. Mais…

Solution à la fin du chapitre, p. 36.

Après cette mise en jambe, définissons quelques concepts-clés de l'approche systémique que vous retrouverez tout au long de ce livre.

➤ *Boîte noire, entrées et sorties*

La boîte noire désigne le système dont on connaît la manière de réagir sans pour autant en percevoir tous les mécanismes internes. Elle est définie par un contour, par exemple la frontière pour un pays, la peau pour un corps humain, la membrane pour une cellule. À l'intérieur du système, tous les éléments interagissent et sont en principe d'accord sur sa finalité.

Ce système échange nécessairement avec son environnement de la matière, de l'énergie, de l'information ou une combinaison de ces trois ressources. À l'entrée, ce sont les inputs, à la sortie, les outputs et, par définition, la sortie est une fonction de l'entrée, la boîte boire étant une interface. La relation entre l'entrée et la sortie de la boîte noire peut être de plusieurs types : linéaire, non linéaire, continue, discontinue.

➤ *Rétroaction, régulation, équilibre*

Autre notion importante, l'idée de rétroaction, de feed-back qui se produit lorsqu'une partie de l'output devient input. Le lien entre système et créativité apparaît immédiatement comme dans l'exemple suivant : obliger les papeteries installées le long d'une rivière et grosses consommatrices d'eau à rejeter leurs déchets en amont de leur station de captage. C'est le principe du pollueur payeur sans que personne ne doive intervenir, puisque l'usine devient automatiquement la première victime de ses propres déchets.

La rétroaction est une caractéristique dominante des systèmes. Pour le meilleur ou pour le pire, toute boîte noire semble vouée à prendre en compte à l'entrée une partie de ce qu'elle présente à la sortie. Un ampèremètre, appareil destiné à mesurer l'intensité d'un courant électrique, utilise une partie de ce courant pour afficher le résultat. Pour que la mesure soit exacte, une boucle de rétroaction permet de tenir compte de cette consommation interne et donc de corriger la mesure.

L'idée de feed-back est associée à celle de régulation. La température du corps humain, la salinité des océans ou la trajectoire d'un vaisseau spatial ne peuvent s'écarter trop d'une certaine référence, sous peine de conséquences graves. Ce sont d'incessantes comparaisons entre la réalité et le but poursuivi qui permettent à des mécanismes adéquats de corriger la situation.

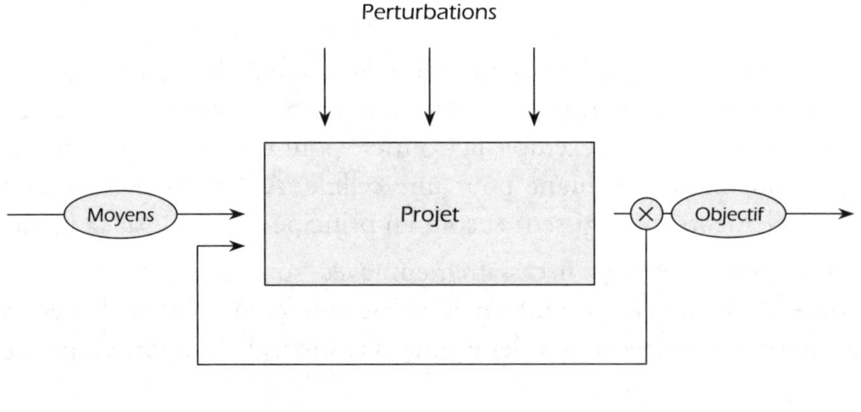

Qui dit régulation dit aussi équilibre. Quand la courbe de l'offre croise celle de la demande, on dit qu'un équilibre se crée à un prix donné. Soumis à l'effet de perturbations, un système peut s'écarter de son équilibre et il aura tendance, grâce à ses boucles de régulation, à y revenir. Mais il peut être attiré trop loin de son équilibre, au-delà de ses oscillations normales. Il se trouve alors dans une situation transitoire et n'a que trois issues possibles : soit un retour forcé à son équilibre premier au prix d'une consommation d'énergie, soit la découverte d'un nouvel équilibre, soit enfin sa destruction ou sa disparition.

➤ *Rendement*

Un système est, suivant les cas, plus ou moins bon. Cette efficacité variable est appelée rendement, et dépend souvent d'une différence. Si Laurel et Hardy ont fait tant rire, c'est parce qu'ils étaient respectivement petit gros et grand mince. Mais il n'y a pas de rendement parfait, car il y aura toujours des pertes (chaleur, déchets, pollution…) et celles-ci croissent au cours du temps : c'est la loi de l'entropie universelle. Un système n'est jamais 100 % performant.

➤ *Masse critique, saut en qualité*

Il y a dans l'évolution d'un système un seuil, que l'on appelle masse critique, en dessous duquel rien d'important ne se passe, aucun véritable changement n'est possible. En effet, le changement, quel qu'il soit, doit souvent être important pour être durable. Les demi-mesures sont trop souvent suivies par un retour à la case départ. Beaucoup de situations semblent sans issue lorsque la réflexion n'envisage que de petits changements.

Pour réussir une reconversion et échapper aux boucles internes d'implosion, le saut en qualité est indispensable. Tout à la fois rupture dans les habitudes, multiplication d'audaces, discontinuité dans les mentalités, il étonne bien sûr, il effraie même, mais il est paradoxalement la voie la plus sûre de la réussite. Le saut en qualité, c'est vouloir dépasser le point de non-retour sur le chemin de l'excellence.

➤ *Paradoxe*

– C'est vous le nouveau ?

– Je ne sais pas, je viens d'arriver !

Et l'auteur de la réplique rejoint celle qui serait féministe si son mari était d'accord, celui qui n'est pas superstitieux parce que cela porte malheur, celle qui prend des initiatives chaque fois qu'on le lui demande ou encore celui qui se dépêche pour arriver à temps à son cours de relaxation. Ou encore le médecin qui annonce que son malade est mort guéri. Il rencontre tous ceux qui, quelque part, ont une petite incohérence chronique. Ce qui fait beaucoup de monde !

Le paradoxe est le rayon X du comportement des hommes et des sociétés. Il démonte les mécanismes, déshabille les stratégies, met les incohérences en évidence. Il dissèque inlassablement la réalité, à la recherche de l'autre vérité. C'est un concept-clé de la théorie des systèmes et, bien utilisé, il se révèle même d'une force redoutable.

Le passage à travers le paradoxe a toujours joué un rôle important dans l'histoire de la découverte scientifique. De paradoxe en paradoxe, la science progresse. Le XIXe siècle est dominé par la pensée de Carnot et le second principe de la thermodynamique. Apparemment, tout a tendance à se dégrader, à s'uniformiser, à se mélanger. L'entropie croît de même que le désordre. Le plus grand de tous les paradoxes n'est-il pas alors tout simplement la matière vivante qui a précisément tendance à s'organiser au fil du temps, à ordonner les cellules dans des organismes de plus en plus complexes et sophistiqués ? C'est le travail des biologistes d'aujourd'hui de répondre à cette nouvelle interrogation.

Dans les sciences humaines, et plus précisément en psychothérapie, le paradoxe peut être utilisé comme bistouri pour extraire les tumeurs mentales. Il révèle que parfois le traitement n'est pas seulement pire que la maladie, mais qu'il peut par exemple être lui-même la maladie.

Il met en évidence que la solution peut être le problème, qu'il est rarement utile de demander à quelqu'un de devenir spontané mais qu'inversement, la bonne idée est parfois de prescrire le symptôme. Toutes ces idées fortes ont fait la renommée de l'école dite de Palo Alto et de Paul Watzlawick qui ont, entre autres, recommandé la manipulation du paradoxe comme outil de changement. C'est ce que nous allons rappeler dans le chapitre 4.

Le paradoxe est comme un observateur impartial dont le simple regard force la vérité. Il débusque l'hypocrisie, contraint à l'humilité. Il peut tout à la fois détendre l'atmosphère, faire progresser la science, guérir certaines maladies. Il remet les choses en place, il ne consomme rien, semble inépuisable. Il est gratuit et biodégradable, force les débats importants et provoque les bonnes questions. Il est un défi perpétuel à l'intelligence, il contient le regard systémique et contraint la créativité.

Systèmes et modèles

➤ *La théorie des systèmes vue par elle-même*

Choisir les bonnes dimensions peut parfois s'avérer déterminant dans une réflexion. Pour présenter la théorie des systèmes, prenons le degré de complexité d'une part, celui de hasard d'autre part.

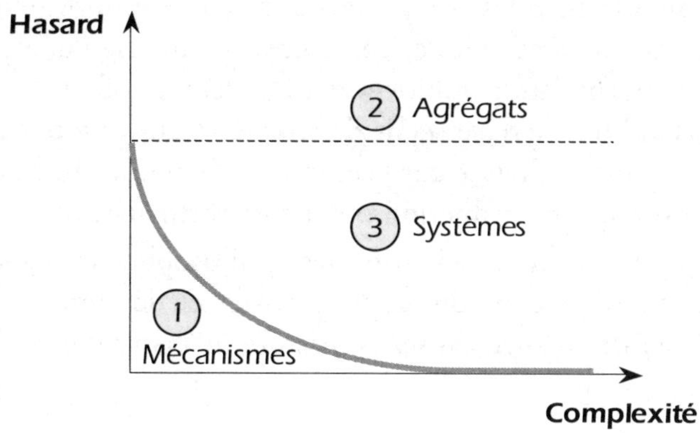

Trois zones apparaissent :

1. La première connaît un niveau de complexité et de diversité modéré. Les structures sont claires et un traitement analytique est possible. C'est la zone des machines, de la simplicité organisée, des contrôles possibles et des interactions bien comprises.
2. Quand le volume, le nombre d'acteurs, la diversité est élevée, on entre dans le domaine de la statistique. Qu'il s'agisse de comportement humain ou de réaction chimique, le trajet d'un élément particulier fait place à l'étude de moyenne et de tendance. Le niveau de hasard est même suffisant pour permettre certaines prédictions. La première application majeure de cette démarche « mécanique statistique » est due à Boltzmann qui, en 1872, a décrit le comportement d'un gaz sans pour autant se soucier des états d'âme de chacune de ses molécules.
3. La zone intermédiaire est celle des systèmes, de la complexité organisée. Trop compliqué pour bénéficier d'analyses systématiques, trop

peu diversifié pour pouvoir jouir d'un traitement statistique, le monde des systèmes est aussi celui de la modélisation.

La complication d'un mécanisme a besoin d'une solution, la complexité d'un système nécessite le recours à un modèle, qui en est une représentation simplifiée. Celui-ci apparaît alors comme un compromis : le modèle est réducteur et simplificateur certes par rapport à la réalité, mais il présente en échange d'innombrables possibilités de visualisation et de simulation. La modélisation d'un processus retrouve ainsi le compromis entre puissance et rendement.

Il existe une très grande variété de systèmes. Celle des modèles est plus grande encore. On peut les classer tous deux en déterministe ou stochastique, en matériel ou symbolique, en analogique ou digital, etc. Toutes ces dimensions peuvent être combinées deux à deux et offrir des matrices de découverte. Un bon exercice serait de trouver d'autres types de classification. On pourrait les diviser par exemple en fonction du but poursuivi : simulation, description, réduction ou encore formalisation.

Penseurs et chercheurs, scientifiques, philosophes et sociologues ont multiplié les modèles dans différents registres et démontré leur utilité et leur fécondité : des quatre causes d'Aristote à l'élan vital de Bergson, du

La pyramide des besoins de Maslow

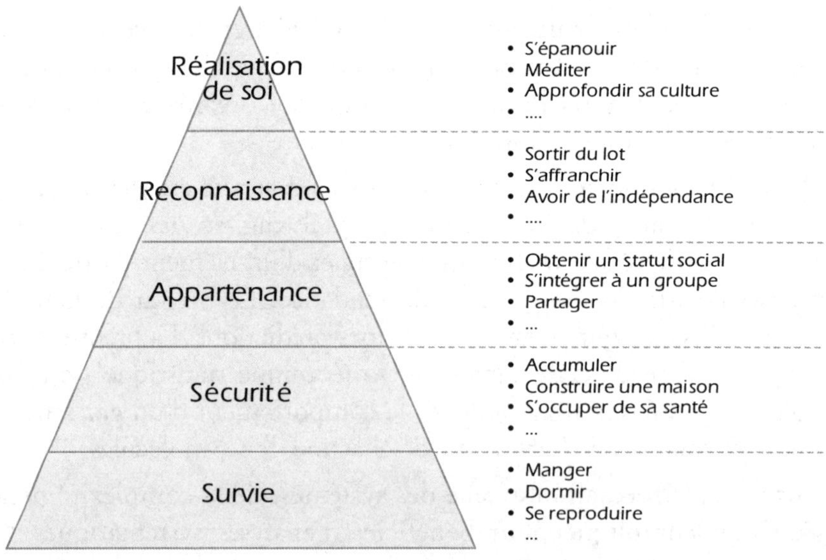

tableau de Mendeleïev au big-bang du chanoine Lemaître, en passant par la double hélice de Crick et Watson, les trois niveaux de la conscience de Freud ou la pyramide des besoins de Maslow, ces quelques exemples de modèles célèbres, d'un degré de sophistication plus ou moins élevé, ont en commun d'être une façon parmi d'autres de regarder le monde, de le représenter et de l'expliquer.

➤ *Concrets, conceptuels, formels*

Modèles / **Systèmes**	**Concret**	**Conceptuel**	**Formel**
Concret Maison Molécule Système solaire	Maquette Atomium Planétarium	Mode d'emploi Plan d'un bâtiment existant	Modèle mathématique de l'écoulement d'un fluide
Conceptuel Famille Entreprise Figure géométrique	Photo de famille La pyramide du Louvre	Organigramme d'une entreprise/ d'un logiciel Plan ORSEC	L'économie politique La comptabilité L'analyse transactionnelle
Formel Nombres Langue	Boulier compteur Règle graduée Thermomètre	Table entrées/ sorties d'un circuit logique Schéma d'un système de régulation	La géométrie analytique

Une matrice très riche (3 × 3) et apte à susciter la polémique est la suivante : les systèmes y sont divisés en trois groupes, suivant un degré d'abstraction croissant :

– les systèmes concrets tels qu'une maison, un ordinateur, le corps humain ou encore le système solaire;

– les systèmes conceptuels comme une figure géométrique, une entreprise, une famille, un réseau… ;
– les systèmes abstraits ou formels comme l'ensemble des nombres entiers, une langue ou encore la logique binaire…

Un modèle peut être défini comme… un système et peut donc se prêter aux mêmes trois classifications. Les trois niveaux d'abstraction entraînent simultanément une dégradation croissante de l'information et une facilité croissante dans l'utilisation.

Aujourd'hui, les réflexions sur le management sont dominées par l'approche systémique, ce qui est d'ailleurs une bonne nouvelle. Des concepts comme « entreprise innovante », « changement de paradigme », « modèle relationnel », « stratégie gagnant-gagnant » ou même « cyberespace » sont tous inspirés de ce même courant qui anime la pensée occidentale depuis une soixantaine d'années.

Temps système et instant créatif

Le couple « systèmes et créativité » est un fascinant ping-pong intellectuel qui alterne de manière continue la vision globale et la recherche de la nouveauté. Les systèmes sont en effet reconnaissants. À ceux qui ont l'idée d'un nouveau modèle, ils offrent le plus souvent gratuitement dix idées nouvelles. La théorie des systèmes a le mérite de stimuler l'imagination de manière constante. Elle l'oblige à se surpasser.

À force de dessiner des tableaux et des graphes, de construire des matrices et des modèles, l'approche systémique fait apparaître un grand nombre de chaînons manquants, de symétries brisées, de concepts inexistants. C'est une vraie fabrique de points d'interrogation qui peut se révéler encore plus fertile si elle est construite en trois dimensions ou même davantage.

Une des illustrations les plus éclatantes de la force du binôme « systèmes et créativité » est sans conteste l'élaboration, par le chimiste russe Mendeleïev, de son célèbre tableau périodique des éléments. À la base de sa démarche intellectuelle se trouve une attitude typiquement créative. Ayant classé tous les éléments – connus à l'époque – par ordre de poids atomique, il fut intrigué par une certaine périodicité dans les volumes atomiques. Il eut alors l'idée incongrue de découper la série des éléments et de les disposer en tableau, en retournant à la ligne à chaque cycle de variation volumique. L'idée était géniale et devait déboucher plus tard sur la théorie de la valence. Le système par ailleurs était prêt pour une génération entière de chimistes à la recherche d'éléments inconnus mais attendus.

➤ *L'exemple de la machine à vapeur*

Les phases successives qui ont abouti au développement de la machine à vapeur apparaissent bien comme une succession en alternance de six temps systèmes (S) caractérisés par une continuité dans l'effort de la réflexion, et de six instants créatifs (C) marqués par une rupture dans les habitudes de pensée.

S Galilée se voit demander pourquoi même la plus perfectionnée des pompes ne peut hisser de l'eau à plus de dix mètres (1640). Il est arrivé aux limites de son système.

C Toricelli explique que ce n'est pas « l'horreur du vide » mais bien le poids de l'air à l'extérieur qui fait monter le liquide dans le cylindre. Oubliant toutes les idées reçues, il va chercher ailleurs celle qui s'avérera être la bonne.

S Pascal fait ses expériences au Puy-de-Dôme et prouve la variation de la pression atmosphérique en fonction de la hauteur (1647). L'approche systémique confirme l'intuition de Toricelli et permet maintenant d'évaluer le poids total de l'atmosphère : cinq millions de milliards de tonnes.

C Une technique de créativité courante consiste à inverser totalement un processus. C'est bien le cas ici : plutôt que de faire un travail pour créer une dépression (pompe), pourquoi ne pas créer une pression et en tirer du mouvement (machine) ?

S Papin reprend l'idée d'un cylindre, à l'intérieur duquel il fait monter, et bloquer, un piston grâce à de la vapeur d'eau. Le système, une fois refroidi et décalé, peut fournir du travail (1690).

C Newcomen augmente le rendement de cette première machine en accélérant le refroidissement périodique grâce à un condenseur à eau extérieur (1711). (Brevet déposé par Savery en 1698). Huygens, pour sa part, tente sans succès une machine à poudre. Il a plus d'un siècle d'avance sur son temps.

S Pendant 50 ans, différents fignolages – dont le refroidissement interne causé une première fois par une faute accidentelle – vont doubler le rendement. Le hasard est toujours l'allié des inventeurs qui acceptent de se laisser interpeller.

C Observant qu'un modèle réduit de la machine de Newcomen a un très mauvais rendement, James Watt analyse le rapport surface/volume du cylindre. Il en conclut la nécessité d'un deuxième cylindre qui restera toujours froid, permettant au premier de rester toujours chaud (1765). C'est l'idée majeure, celle qui lui permettra d'entrer dans l'histoire, au détriment de tous les autres inventeurs.

S James Watt se déchaîne. Il ferme le premier cylindre, en calcule le remplissage optimal pour détendre le gaz sans perte d'énergie, invente le système bielle-manivelle et garantit une pression constante grâce à son régulateur à boules historique, le premier système à rétroaction de l'industrie. Grâce à tout cela, il multiplie le rendement de la machine à vapeur par quatre.

C Trevithick imagine une machine à haute pression (1800), alors qu'il semblait évident pour tout le monde de travailler à la pression atmosphérique.

S Il la réalise et permet ainsi une réduction considérable du volume pour un rendement égal. Le deuxième cylindre peut aussi être abandonné, l'atmosphère pouvant servir de condenseur. Le moteur est en vue…

C Carnot, par analogie avec les machines hydrauliques, conclut que seule la différence de température importe (1824).

Cette histoire condensée de la machine à vapeur ne s'arrête bien sûr pas là. L'incessant aller et retour entre la pression système et la détente créative a depuis continué à augmenter le rendement des chercheurs. De nombreuses heures de transpiration des techniciens ont abouti aux chaudières d'aujourd'hui, de nombreuses étincelles de génie ont conduit aux moteurs à explosion actuels.

On sait depuis un siècle que jamais aucune machine ne sera le siège d'un mouvement perpétuel. Il est donc plus que jamais d'actualité de réactiver celui dont l'être humain est seul capable : l'alternance sans fin entre le temps système (S) et l'instant créatif (C), entre l'ardeur au travail et le plaisir de la trouvaille, entre la rigueur du calcul et la créativité du deuxième regard. Le binôme (S) et (C) doit entrer en résonance avec les temps correspondants d'un problème. L'exercice suivant en est une bonne illustration.

Exercice 1.2

Quel est l'âge des enfants du capitaine ?

– Bonjour mon capitaine, je voudrais connaître l'âge de vos trois enfants.

– Le produit de leur âge est égal à 36.
– … Il me faudrait une information supplémentaire.
– La somme de leur âge est égale au nombre de marins qu'il y a sur mon bateau.
– Laissez-moi compter l'équipage. Bon. Ai-je encore besoin d'un renseignement ?
– Oui, le plus jeune de mes enfants ne sait pas nager.

L'âge des enfants du capitaine s'obtient, à la lecture de ce petit dialogue, en alternant, au bon moment, les temps (S) et (C).

Solution à la fin du chapitre, p. 37.

De l'approche systémique à la philosophie

La théorie des systèmes, à laquelle mes professeurs m'ont initié il y a longtemps, trouve trente ans plus tard, une nouvelle raison d'être pour moi dans la découverte de la philosophie et des systèmes de pensée.

Car, suivant que l'on définit le système dans le temps ou dans l'espace, à chaque fois un problème historique de la philosophie est concerné : le changement dans le premier cas, l'un et le multiple dans l'autre. Mais à chaque fois également une idée « nouvelle » apparaît.

	Un système est un ensemble d'éléments qui…	**Question philosophique « ancienne »**	**Idée « nouvelle »**
Temps	sont organisés en fonction d'un but	Le changement	Feedback
Espace	et ne prennent toute leur signification que par rapport à un tout.	L'un et le multiple	Réseau

Ma vie professionnelle m'a fait passer par les trois sommets du triangle ci-dessous. J'ai commencé comme informaticien fasciné – je l'avoue – par ce qu'on appelait alors les nouvelles technologies. J'ai ensuite exercé diverses responsabilités de management et propose aujourd'hui une approche philosophique du changement dans les entreprises.

Finalement pourquoi penser, pourquoi inventer ? Le monde n'irait-il pas mieux sans cette apparente fuite en avant de l'imagination ? L'audace, la nouveauté d'une idée serait-elle en soi une qualité ? Quelles pourraient

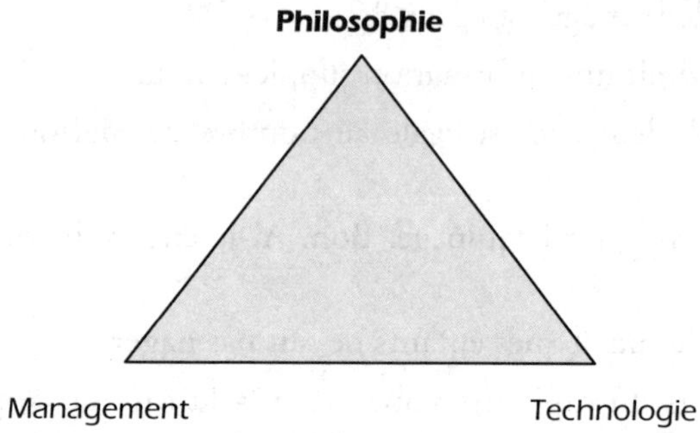

bien être les conditions d'une *bonne* idée ? Et dans certains cas n'y a-t-il pas une obligation d'inventer ?

Car dans les entreprises, qui trouve-t-on ? Également des pères et des mères de famille, des citoyens du monde… Et après de longues heures de travail ensemble, quand vient le moment de la discussion *off*, le temps des confidences et des sentiments plus personnels, surgissent alors des questions plus fondamentales. Le profit de l'entreprise profite-t-il aussi au monde ? Une idée bonne pour les chiffres trimestriels est-elle aussi bonne pour le moral ?

Mon ambition dans ce livre est aussi d'apporter quelques éléments de réponse au pourquoi et au sens de la créativité, en pensant la créativité de la manière la plus rigoureuse possible. Car c'est aussi une conviction profondément ancrée en moi : rigueur et créativité vont de pair. Ce chapitre devrait vous en convaincre.

En croisant la constante de l'être humain – sa faculté de penser – avec l'inconstante humanité qui l'entoure, on remarque que le problème posé est aujourd'hui double. Pour reprendre la rupture historique introduite par Descartes, l'homme semble être aujourd'hui interpellé autant dans sa *res cogitans* que dans sa *res extensa.* Les idées nouvelles qui jaillissent de partout concernent son esprit autant que son corps, sa psychologie autant que sa biologie.

Pensée et management : intégrer la réflexion à l'action

Il est peut-être un peu court de soutenir que l'unique but de l'entreprise est le profit. Une entreprise réalise quelque chose pour pouvoir gagner de l'argent. Elle le fait en puisant dans des ressources, en organisant des rencontres, en mobilisant des énergies et des idées. Une gestion efficace de l'avoir requiert des économistes, des ingénieurs et autres spécialistes de la production et de la vente. Les consultants de l'être sont des spécialistes du management, des psychologues d'entreprise, des sociologues. Ils s'intéressent à l'organisation de l'entreprise.

Le philosophe s'occupe lui aussi de l'être, mais il se distingue des autres professionnels de l'entreprise en ce qu'il n'apporte rien de concret. Il n'offre aucun avoir ni beaucoup de savoir, car ses connaissances ne relèvent pas d'une technique. La philosophie dans l'entreprise vise à mieux faire saisir le sens, la raison d'être des jeux économiques. Elle sert à éclairer les manières de penser, la plupart du temps implicites, du monde du business.

Tout individu agit en fonction de sa perception et de son vécu, à partir d'un cadre de pensée, en fonction de ce qu'il voit du monde et des opportunités que l'environnement, la vie, lui donnent. La philosophie appliquée au management sert précisément à mettre en exergue ces manières de réfléchir et d'agir. Elle est comme un miroir, un catalyseur et un révélateur : elle ne produit rien elle-même mais elle fait ressortir les compétences des hommes et des systèmes, elle rend plus clair ce qui se dit et se passe. Son rôle est d'intégrer la réflexion à l'action ou, autrement dit, de tendre à l'harmonie et à la sagesse.

Encore faut-il ne pas se tromper de philosophie. Au moment de sa naissance voici plus de 2 500 ans, la philosophie était un outil et une manière d'être. Un outil qui a inventé la raison, les mathématiques, la logique et la physique, qui a permis de prendre ses distances d'avec le mythe, qui a fondé les idées d'universalité et d'humanité. Une manière d'être, car les philosophes antiques vivaient en fonction de leurs convictions et pensaient la société et le monde où ils vivaient. Peu à peu, pourtant, les théories se sont sclérosées en doctrines, des disciples se sont érigés en garants de la *vraie* pensée de leurs maîtres et la philosophie s'est coupée de la réalité. Puis, de nouveaux philosophes se sont insurgés contre les spéculations d'écoles et ont renoué avec le monde. On pourrait presque écrire une histoire de la philosophie en décrivant ce balancier des idées.

Aujourd'hui, la philosophie connaît un regain d'intérêt auprès des médias, des politiques, du grand public et aussi du monde de l'entreprise. Malheureusement, il arrive que la philosophie ainsi sollicitée soit incapable d'affronter les problèmes de notre société, trop occupée qu'elle est à discourir sur le rire chez Kant ou à savoir si la physique de Descartes est dérivée de sa métaphysique ou si c'est au contraire sa métaphysique qui est construite en fonction de la science de la nature. Il va de soi que la réflexion susceptible d'intéresser ici n'est pas celle-là. L'entreprise a besoin de cette philosophie qui a permis l'avènement des sciences, de l'éthique, de la rationalité, du droit et de l'idée d'humanité.

Le management a besoin d'une sagesse spécialement construite pour lui. Cela ne signifie pas qu'il faille faire table rase du passé, car les œuvres des grands philosophes sont une source toujours renouvelée de suggestions, d'interrogations et de points de vue pour nous aider à penser le monde. Nous avons besoin des anciens philosophes pour nous faire sortir des ornières où nous nous sommes embourbés. Mais ces auteurs ne peuvent suffire à eux seuls. Encore faut-il savoir les interroger et les discuter, en ayant en tête, non leurs sujets de préoccupation mais ceux de notre temps. Nous avons besoin de nouveaux philosophes pour nous déciller les yeux, nous faire voir la réalité d'aujourd'hui avec un regard neuf et inventif.

Commençons néanmoins par trois exemples inspirés par trois grands philosophes de l'Antiquité :

- Que peut apprendre Socrate aux managers d'aujourd'hui ? L'art de la question évidemment, de la remise en cause et du décentrement. Dans le dialogue *Ménon*, Socrate présente un carré à un jeune esclave et lui demande comment en doubler la surface. Tout naturellement, l'esclave répond qu'il faut allonger chacun des côtés. Mais de combien ? Par un jeu de questions-réponses, le philosophe lui fait saisir la solution : tracer le grand carré à partir de la diagonale du petit ! Socrate n'enseigne pas péremptoirement la réponse, il fait en sorte que le jeune homme abandonne ses évidences pour trouver la solution.

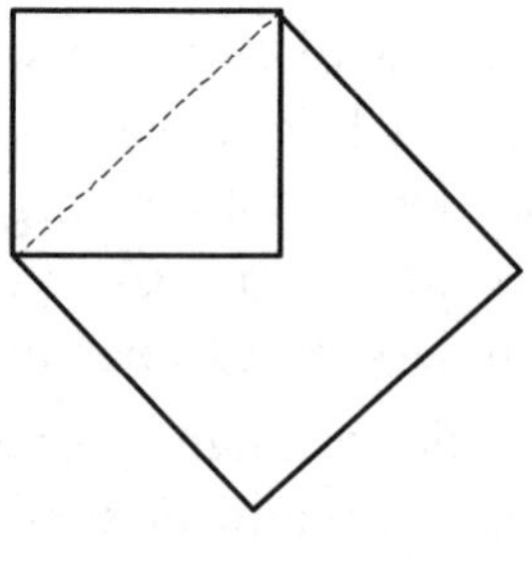

- Platon, lui, nous intéresse pour son mythe de la caverne et sa théorie des Idées. Le commun des mortels est enfermé dans une grotte et prend les ombres qu'il voit pour la réalité. Le philosophe parvient à s'échapper de la caverne pour contempler les objets véritables et la lumière. Cette belle histoire nous invite à nous méfier de nos évidences et à aller chercher plus loin qu'elles. Les préjugés les plus tenaces de notre siècle, les ombres qui nous masquent la réalité, ne seraient-ils pas aujourd'hui, selon l'intuition d'Arthur Koestler, les cadrans de nos instruments de mesure et les écrans de nos ordinateurs ?

- Le modèle des quatre causes d'Aristote peut aussi nous faire réfléchir. Le Stagirite avait développé sa théorie pour penser le changement : la cause matérielle est la matière sur laquelle on agit, la cause formelle est le plan que l'on imprime sur la matière, la cause efficiente est ce qui provoque la transformation, la cause finale est la raison pour laquelle on met en œuvre le changement. Une statue de Vénus, par exemple, est causée respectivement par sa matière (le marbre), sa forme (une femme), sa cause efficiente (le sculpteur) et sa finalité (le commanditaire). Sur la base de ce modèle, ne faudrait-il pas voir aujourd'hui une cinquième cause, la rétroaction, qui serait le bouclage de la cause finale sur la cause efficiente ? Et l'on retrouve l'approche systémique. Le binôme aristotélicien matière/forme, quant à lui, ne permet-il pas de penser l'imbrication de la société matérielle et de la société de l'information, du réel et du virtuel ? A-t-on finalement inventé quelque chose ? Je reviendrai sur ces questions dans le chapitre 3.

Parfois, il est intéressant de faire jouer l'opposition entre deux philosophes. Prenons l'exemple des relations commerciales. Si Thomas d'Aquin pense que l'achat et la vente bénéficient aux deux parties, Montaigne affirme à l'inverse que nul ne gagne qu'un autre ne perde. Il faudra attendre Condillac pour comprendre que l'échange est toujours profitable, puisque chaque partie donne quelque chose qu'elle possède en surplus et reçoit une chose dont elle a besoin. La théorie des avantages comparatifs de Ricardo va mathématiser cette relation. Mais Ricardo est un économiste et un sociologue, pas un philosophe, dira-t-on. C'est vrai, mais il ne faudrait pas oublier que l'économie était enseignée jadis à l'université dans les départements de philosophie (Adam Smith a d'abord été professeur de philosophie morale). Quant à la sociologie, ses fondateurs étaient presque tous philosophes de formation.

Descartes et Leibniz présentent une autre opposition riche d'enseignement. La méthode cartésienne repose sur la division d'un problème complexe pour aboutir à des parties simples et évidentes. Cette méthode, si féconde en science, est aussi un principe du travail à la chaîne (décomposition des mouvements du travailleur jusqu'à arriver aux gestes premiers).

À l'inverse, Leibniz procède par tamisage : toute information est a priori utile, à condition de savoir faire le tri. N'a-t-on pas là une méthode pour évaluer les besoins d'une clientèle, diffus mais néanmoins orientés ? Le tamisage fait songer aux sondages d'opinion et à l'analyse des achats des clients dans les grandes surfaces. Leibniz réintroduit aussi la finalité (le projet en vue de quoi est conçu un système ou un produit) dans son modèle, ce qui est sans aucun doute indispensable pour penser une organisation. Il n'est pas étonnant que ce soit à ce même Leibniz que Norbert Wiener, le fondateur de la cybernétique, a dédié son livre principal.

Comme je l'écrivais en début de paragraphe, approche systémique et philosophie ont une parenté et offrent des méthodes à la fois rigoureuses et fécondes pour appréhender le monde et l'économie planétaire.

Prenons un dernier exemple, plus récent encore. Schopenhauer nous offre une vision pessimiste de l'humain. La souffrance est le lot de l'homme, dit-il, car soit il désire ce qu'il ne possède pas et il a mal, soit il ne désire plus ce qu'il possède et il s'ennuie. Ce qui est dit ici de l'homme en général ne s'applique-t-il pas au client ? S'il est relativement facile de satisfaire un client qui désire quelque chose qu'il ne possède pas, comment éviter qu'un produit, aussi parfait soit-il, ne lasse un client ? Autrement dit, si quelqu'un rêve d'une magnifique voiture, il suffit d'en fabriquer une qui soit à la portée de son budget. Mais comment satisfaire le client qui possède une voiture parfaite… et qui ne la désire plus ?

Dans *Le philosophe et le manager*, ouvrage collectif auquel j'ai participé, Rodolphe de Borchgrave résume bien les atouts de la philosophie pour le manager et l'apport de cette discipline du questionnement à la créativité :

– « un élargissement ou simplement un déplacement de ses référentiels et de ses représentations mentales du monde,
– des approches de la complexité,
– la production de nouveaux concepts et idées,
– une sortie du contexte, une sortie du temps propre du management,
– le repérage des valeurs et des choix éthiques,
– une ascèse du langage et de la logique. »

Vécue comme une « échappée gratuite de la pensée », la philosophie peut être pour le manager source de liberté et de créativité. Et comme

« expression de la raison raisonnante », la philosophie reste un des meilleurs apprentissages de la rigueur.

De la philosophie au rôle du langage

Pièges et ressources du langage

Lorsqu'on observe de près l'usage des mots dans les discours et les déclarations des responsables, publics et privés, dans les commentaires et les analyses de la presse, les avis et les réactions de l'opinion publique, on constate qu'ils regorgent d'expressions à la mode, répétées souvent sans discernement, de grands mots brandis sans précaution, de mots utilisés indifféremment ou manipulés à dessein.

Il en va ainsi des mots-vedettes comme « citoyenneté », « mondialisation », « compétence » ou « mobilité »; des mots-alibis comme « complexité », « incertitude » ou « priorité »; des mots banalisés, vidés de leur sens profond tels que « otage », « différence » ou « valeur »; ou encore des mots pris l'un pour l'autre tels que « responsable » et « coupable », « indépendance » et « liberté », « immigré » et « étranger »... Immergés dans le bain verbal des modes langagières par les médias, nous subissons de manière plus ou moins inconsciente leur influence. Elles conditionnent notre vision du monde et contribuent souvent à dénaturer l'existant et à masquer les vrais problèmes.

Dans son *Abécédaire de l'ambiguïté*, Albert Jacquard conseille « d'arracher aux mots leur carapace pour leur faire avouer tantôt leur richesse tantôt leur traîtrise ». Que ce soit la redécouverte du mot « fraternité » ou le succès du mot « gouvernance », ils expriment sans détour les préoccupations d'une société qui demande plus d'efficacité, de responsabilité et de justice dans la gestion du bien commun. Et ils trouvent écho dans la « responsabilité sociale des entreprises » et le « développement durable ».

Interrogé quelque temps avant sa mort en 2005 dans un grand quotidien belge sur le regain d'intérêt pour la philosophie, Paul Ricœur invoque entre autres le besoin de clarification du langage. Une réponse qui fait écho aux propos d'un autre grand philosophe, Ludwig Wittgenstein, pour qui « la philosophie est une lutte contre la manière dont le langage ensorcelle l'intelligence ». Production d'un discours qui vise la vérité et la transparence, la pratique philosophique implique nécessairement une discipline de l'éclaircissement et de la précision du langage. Dans *Les premiers mots philosophiques*, Jean-Batiste Echivard, professeur de philosophie, décrit bien ce lien intime entre pensée et langage : « Dans les mots, par eux, l'intelligence ne peut qu'être en éveil : à travers la signification des mots, c'est l'identité et la différence des choses que l'on cherche et leur unité propre ».

En affranchissant le langage de la mode, de la confusion et du conformisme, c'est l'imagination qu'on affranchit d'un environnement qui parle trop. En s'efforçant simplement de préciser le sens des mots, c'est à la réflexion que l'on donne des ailes.

Concept et définition : le mot juste

Même s'il s'inspire beaucoup de la physique, le « *chaos management* » doit néanmoins se souvenir de Descartes qui nous rappelle la nécessité d'avoir des idées « claires et distinctes ». Quand il nous arrive de demander la parole pour dire ou rajouter « juste un mot », il est important que ce soit le mot juste. « Entre deux mots, il faut choisir le moindre », disait Paul Valéry.

Le rôle des concepts est en général de faciliter la réflexion autour d'un problème. Inversons pour une fois cette habitude, et choisissons un fort beau domaine – la comptabilité – qui nous permettra de préciser ces concepts.

Et d'abord, qu'est-ce qu'un concept ? Pour répondre à cette question, il faut sans doute repartir de Platon et des deux composantes qu'il identifiait chez l'être humain : sa faculté de ressentir et celle de penser, celle d'avoir des sensations et celle d'avoir des idées. Ce qui a ensuite fait dire à Aristote que l'homme était un animal raisonnable, respectant ainsi la définition qu'il donnait d'une… définition : un genre et une espèce.

1. Les principales caractéristiques d'un **concept** sont :

– l'abstraction à partir des sens,

– la production de l'esprit,

– le classement rendu possible,

– le caractère réutilisable.

Or la comptabilité a été imaginée à partir de la réalité du commerce brugeois ou florentin et a pu depuis être généralisée.

La comptabilité est donc un concept.

2. Les principales caractéristiques d'un **système** sont :

– la totalité,

– l'interaction entre les éléments,

– l'organisation et la rétroaction,
– les entrées et les sorties.

Or la comptabilité enregistre et fournit un ensemble d'informations liées les unes aux autres, à la recherche d'un équilibre.

La comptabilité est donc un système.

3. Les principales caractéristiques d'un **processus** sont :
– une logique de tâches et d'activités,
– la réalisation d'un but précis,
– une performance susceptible d'être vérifiée,
– une adaptation continue à l'environnement.

Or la comptabilité implique des hommes et des machines. Elle doit fournir périodiquement des chiffres, et la manière dont on comptabilise peut évoluer.

La comptabilité est donc un processus.

4. Les principales caractéristiques d'un **modèle** sont :
– la réduction d'échelle,
– le respect des structures,
– l'opérationnalité,
– la pertinence.

Or la comptabilité « réduit » l'entreprise en taille et en complexité, respecte un plan, permet des simulations et fournit de l'information utile.

La comptabilité est donc un modèle.

5. Les principales caractéristiques d'un **paradigme** sont :
– la vision partagée,
– la frontière,
– les règles,
– le succès prouvé.

Or la comptabilité a ses normes, ne prend pas tout en compte, fait l'objet d'une législation et a permis un progrès considérable.

La comptabilité est donc un paradigme.

6. Les principales caractéristiques d'un **changement de paradigme** sont :
– le début d'une ère nouvelle,
– une unité de mesure inédite,

– une nouvelle lecture du monde,
– une nouvelle manière d'agir.

Or tout est en place pour imaginer ce que pourrait être une « comptabilité environnementale » et… s'accorder sur son nouveau paradigme.

7. Les principales caractéristiques du **moment créatif** sont :

– la provocation,
– la rupture,
– le recadrage,
– l'audace.

Or l'introduction de la comptabilité en partie double – qui multipliait tout à coup le travail d'encodage par deux ! – a provoqué une considérable résistance au changement.

La comptabilité est un superbe thème de créativité.

Et il est temps de s'y mettre tant la présentation comptable semble aujourd'hui s'éloigner de la réalité économique !

Ces définitions sont bien sûr contestables, mais vous conviendrez qu'elles permettent de voir un petit peu plus clair : Internet est un système et non un modèle, la démocratie est un paradigme et non un processus. Et si tout à coup, vous avez envie d'une tasse de café, c'est certainement une idée – peut-être même une très bonne idée – mais ce n'en est pas pour autant un concept !

Soyons précis, méfions-nous des faux synonymes !

Jusqu'ici, seuls quelques mots ont fait l'objet d'une attention particulière, mais l'effort de rigueur peut certes être généralisé. Si les outils de gestion, les réseaux informatiques et les modélisations peuvent contribuer à améliorer les performances de l'entreprise, le langage est une autre ressource qui mériterait un peu plus de réflexion.

Car les mots, les phrases, les verbes utilisés par chacun ne sont pas toujours judicieux ou adéquats. La communication interne est faite de paroles parfois imprécises ou maladroites, or le vocabulaire utilisé est important.

Dans la langue courante – qui court d'ailleurs bien vite –, pas mal de mots sont en effet utilisés de manière interchangeable. Les nuances alors s'estompent, et les petites différences ne sont plus là pour susciter la créativité.

Les concepteurs de cartes de paiement ont bien compris que « payer » et « acheter » sont deux actes différents (ou des… actions différentes ?) puisque la carte est dite « de crédit » quand on achète d'abord et qu'on paye ensuite. Dans l'autre cas, elle est dite « de débit ».

Le choix trop rapide d'un substantif ou d'un adjectif, faussement synonyme d'un autre, induit de l'imprécision et entretient l'ambiguïté. L'utilisation d'un mot inapproprié n'est pas efficace. En faire une habitude peut même être néfaste.

Combien de fois ne dit-on pas « je n'ai pas le temps » alors qu'on devrait dire « je n'ai pas envie » ? Combien de fois ne dit-on pas « c'est important » là où c'est simplement urgent ? Or l'urgence et l'importance ne se mesurent pas sur les mêmes échelles. De même, une situation dangereuse ne doit pas être confondue avec une situation risquée, l'immatériel et le virtuel sont deux choses bien différentes, l'approche du consultant n'a rien avoir avec l'approximation, et si un secteur peut éventuellement être déréglementé, il ne peut en aucun cas être dérégulé. Tout au plus peut-on changer le type de régulation…

Si l'usage de vrais synonymes peut enrichir parfois la communication, l'utilisation erronée d'un mot à la place d'un autre peut par contre induire en erreur. C'est le cas entre autres de stabilité et équilibre. Voilà deux mots qui évoquent certes le calme ou même l'harmonie, et qu'on utilise parfois l'un pour l'autre. Mais n'est-ce pas oublier un peu vite qu'il existe des équilibres… instables ?

Les synonymes qualifiés ici de faux ne le sont évidemment pas entièrement et l'approche d'un problème par le vocabulaire peut même devenir une belle méthode de créativité. S'il est question du chômage, cherchons donc les nuances qui existent entre les mots emploi, métier, profession et travail. S'il s'agit de faire acquérir des connaissances, examinons comment se différencient les mots enseignement, apprentissage, formation, éducation, instruction ou encore pédagogie.

L'exercice peut être très riche à condition d'être fait de manière rigoureuse… et pas de manière rigide ! Tout au long de ce livre, nous veillerons à appliquer la même méthode au thème traité, en dégageant et en exploitant les nuances qui existent, par exemple, entre changement, mutation et révolution, entre imagination, créativité et innovation, entre découverte, invention et création, entre vérifiable et mesurable… La précision du vocabulaire est une des conditions du management des idées.

À la découverte de l'oxymoron : une invitation à penser plus loin

Un oxymoron, qu'est-ce donc ? Une épice orientale, un coup précis au jeu d'échecs, un produit pour traiter le bois, un petit cartilage du genou ? Non, l'oxymoron (on dit aussi oxymore ou antilogie), déjà évoqué dans l'introduction, est une figure de style. Elle cristallise un paradoxe en une expression ramassée, alliant deux mots au sens théoriquement incompatible, comme par exemple « mort-vivant », « chaud-froid » « économie d'abondance » ou « pensée unique ». L'oxymoron est plus utilisé qu'on ne le pense et nous n'en sommes même plus conscients quand nous parlons de « crevette géante », d'« image abstraite » ou de « verre en plastique ».

La littérature est bien sûr parsemée d'oxymorons. Verlaine parle d'« humide étincelle », Mallarmé de « pluie stérile », Corneille d'« obscure clarté », Balzac de « savant ignorant » et de « prêtre incrédule ». Gérard de Nerval définit la mélancolie comme un « soleil noir ». Les écrivains poussent le jeu du langage plus loin : la figure de style, la contradiction devient utile ! Elle défie la logique et pourtant contribue à clarifier la pensée. L'oxymoron n'est donc pas une impasse, c'est au contraire une invitation à penser plus loin.

L'oxymoron est ambigu, il n'est pas pour autant en équilibre, car un des deux termes semble vouloir rattraper l'autre. Ce n'est pas une ambivalence comme l'amour et la haine qui peuvent se côtoyer de manière symétrique chez des amants. Ce n'est pas non plus le « double lien » mis en évidence par l'école de Palo Alto. Sa célèbre injonction « Sois spontané ! » est là aussi faite de contraires d'égale intensité : l'ordre de ne pas obéir aux ordres. Non, le « merveilleux malheur » est de travers, il boîte. L'enfant qui reçoit un grand coup se casse en deux. Dans le meilleur des cas, une partie de lui souffre pour toujours et l'autre, moins atteinte, voit son énergie redoublée.

Notre éducation nous a donné une bien mauvaise image de l'ambiguïté. La consigne reçue à l'école était claire : il faut l'éliminer. Il y a les amis et les ennemis. C'est l'un ou c'est l'autre. Il faut qu'une porte soit ouverte ou fermée. Il faut choisir. Toute la logique d'Aristote ne tient qu'à cette condition. Descartes ne voulait traiter que d'idées claires et distinctes. Malheur au flou, ou pire encore à la contradiction.

Pourtant leur illustre prédécesseur Socrate avait été plus nuancé, il avait même laissé une porte ni ouverte ni fermée pour l'oxymoron. Quand on lui demande ce qu'est une vertu, il répond qu'elle se situe entre deux extrêmes, dont l'un pêche par insuffisance et l'autre par excès. Que le courage se trouve quelque part entre la lâcheté et la témérité, et que, si sagesse il y a, elle est sans doute quelque part entre l'ignorance et l'intellectualisme.

L'oxymoron a besoin de ses deux termes pour exister. Étrangement, il peut alors produire une grande force. Michel-Ange était un perfectionniste qui laissait beaucoup de ses œuvres inachevées. Plus près de nous, certains sportifs attribuent leur succès à une « concentration détendue ». Bill Gates doit son pouvoir économique à une « humble arrogance » particulièrement subtile. Nous avons tous les défauts de nos qualités. Peut-être faut-il aller un peu plus loin et voir dans nos défauts une partie même de nos qualités.

Par sa dissonance sémantique, l'oxymoron percute et l'énergie libérée peut être grande. C'est vrai à titre individuel et à titre collectif. Une organisation efficace est caractérisée par une « souplesse rigide » et un « réseau hiérarchisé ». Elle recrute uniquement des « jeunes expérimentés » et, pendant l'été, elle organise une « université interne » consacrée à « la réalité virtuelle »...

Pour certains, l'oxymoron est trompeur. Inventé par les poètes pour exprimer l'inexprimable, il serait de plus en plus utilisé par les technocrates pour faire croire à l'impossible, comme une « guerre propre » ou une « économie solidaire ».

À vous de juger. Nous défendons, quant à nous, une « créativité rigoureuse » !

Rigueur et créativité : règles, contraintes et discipline

Rigueur et créativité ! Ce sont bien deux mots que l'on n'a pas l'habitude de voir ensemble. Et pourtant ! L'imagination s'accommode fort bien de la discipline, la créativité se nourrit même parfois d'une rigueur qui ne l'enferme pas, mais qui l'encadre.

Prenons l'exemple de l'alexandrin. Quoi de plus contraignant que cette séquence de deux fois six pieds pour corseter l'écriture ? Vous conviendrez néanmoins que cette rigueur presque douloureuse a conduit à certaines des plus belles pages de la littérature.

Victor Hugo, pour qui « la forme, c'est le fond qui remonte à la surface », a exprimé dans deux vers magnifiques cet effet paradoxal de la contrainte qui, au lieu de bloquer l'imagination, sert au contraire à la provoquer. Mais au fond était-ce pour lui difficile d'exprimer ainsi la difficulté :

« Et je n'ignorais pas que la main courroucée

qui délivre le mot, délivre la pensée. »

Et que penser alors de cet autre alexandrin que Racine a constitué de douze mots :

« Le jour n'est pas plus pur que le fond de mon cœur. » (extrait de *Phèdre*)

de celui que l'on doit à Acajou :

« Leurs yeux semblaient moins grands, leurs fronts moins découverts. »

56 lettres, qui dit mieux ?

Celui que l'on doit à Robert Garnier :

« Métamorphoserait Nabuchodonosor. »

Deux mots, qui dit un ?

Le dernier exemple d'alexandrin nous vient de Louis Aragon. Mais la contrainte est ici double. Il fut peut-être pour lui difficile à écrire, et il est pour beaucoup d'entre nous – reconnaissons-le – un peu difficile à lire :

« Le temps d'apprendre à vivre, il est déjà trop tard. »

Notre époque, grâce à l'OuLiPo (Ouvroir de la Littérature Potentielle), a réinventé le couple « rigueur et créativité » de manière plus originale peut-être, mais certainement pas plus aisée. Le roman de Georges Perec *La disparition* ne contient pas une seule fois la voyelle *e !*

La modernité a conduit un autre de ses membres à écrire toute une histoire en n'utilisant que les lettres de la partie gauche de son clavier AZERTY. (Il serait d'ailleurs amusant d'observer une dactylo non avertie à qui l'on demanderait de taper rapidement ce texte !)

La démarche oulipienne consiste à injecter de la contrainte pour susciter de la création inédite, pour forcer le système à sortir de son fonctionnement routinier. Essayez à tout hasard d'écrire, ne fût-ce qu'une phrase (le livre, c'est pour plus tard) :

- en n'utilisant que les mots qui sont des formes verbales conjuguées (entre, couvent, livre, lui, pendant, été, fût, nuit…) ;
- en vous soumettant à la contrainte du prisonnier. (Dans sa cellule, il ne dispose que de très peu de papier et se refuse à utiliser des lettres qui « dépassent ». Donc uniquement des a, c, e, ou m et pas un seul b, g, l, ou q.)

Pour l'OuLiPo, seule la contrainte fait de l'écriture un art… et tout le restant, c'est de la littérature !

Tous les arts ont leurs règles. Les tragédies grecques et les discours de Cicéron, les fresques de la Renaissance et les concertos de Jean-Sébastien Bach, les temples, les tapisseries ou les sculptures, toutes les œuvres qualifiées de belles ou grandioses cachent en elles une structure contraignante et une discipline implacable.

Les réalisateurs de cinéma vous diront que des budgets limités sont un excellent stimulant de l'imagination ! Quand il faut évoquer la Cordillère des Andes ou une bataille navale sans pouvoir les montrer ou les reconstituer, le metteur en scène n'a d'autre choix que de se surpasser.

De manière analogue, en entreprise, l'obligation de présenter ses idées à l'aide de planches ne contribue-t-elle pas précisément à la qualité de ces idées ? Chaque planche doit être cohérente à elle toute seule (par exemple quelques points et une conclusion) et l'ensemble, limité, structuré, doit aussi faire apparaître la logique du raisonnement.

Ce sont les arbitres de football les plus rigoureux qui permettent le mieux aux joueurs de libérer leur talent. De même, les managers qui décident – et font respecter – un périmètre de réflexion, contribueront à la qualité de cette même réflexion.

La créativité n'est pas simplement un « laisser-penser ». Il s'agirait plutôt d'un « mieux penser ». Et pour répondre à une objection particulièrement fréquente, il faut affirmer et réaffirmer qu'une idée nouvelle ne requiert pas nécessairement des moyens nouveaux. Il est même souvent possible, dans un cadre très strict, de détecter des degrés de liberté inédits. L'histoire abonde d'exemples où c'est même grâce à la pénurie, à l'inconfort ou à l'absence de moyens qu'une idée est née.

Quand une montre à quartz veut signaler à son propriétaire que la pile décline, elle pourrait s'arrêter, « tourner » à l'envers, ou encore mettre la date du calendrier en position 32. Mais ce serait au détriment de la finalité du système « montre » qui dans ce cas ne montrerait plus grand chose. La solution retenue est alors de faire des sauts de quatre secondes toutes les quatre secondes. Ce qui permet de faire passer un message supplémentaire tout en continuant à donner l'heure.

Chez Lego, les créatifs n'ont droit chaque année qu'à un petit nombre de nouvelles pièces pour créer d'autres modèles, tant la fabrication d'un nouveau moule coûte cher. Ainsi pour réaliser le train à grande vitesse mis sur le marché fin 2006, seuls deux nouveaux éléments auront suffi. Quand on sait qu'il en comporte 500, c'est un exploit ! Et faisons le pari que le contrôle obligatoire de 30 000 substances chimiques pouvant être nocives pour la santé, imposé par l'Union européenne (programme Reach) invitera les industries du secteur à trouver de nouvelles formules et de meilleures solutions.

Comment une filiale peut-elle garder sa personnalité, quand la maison mère confie sa stratégie de communication à une agence d'un autre continent ? Comment un franchisé qui doit suivre des manuels entiers de règles et de procédures peut-il encore être créatif, c'est-à-dire étonner ses clients ? Comment garder, malgré la norme ISO 9000, de la place pour des idées nouvelles ? Faire ce que l'on dit et dire ce que l'on fait. Qualité et créativité doivent – et peuvent – toutes deux devenir totales.

Car le futur est au croisement de la créativité rigoureuse et de la rigueur créative.

Idées-clés de ce chapitre

Le couple « systèmes et créativité » est un fascinant ping-pong intellectuel qui alterne de manière continue la vision globale et la recherche de la nouveauté.

Être systémique, c'est voir les sous-systèmes en action, en réaction et en rétroaction.

La complication d'un mécanisme a besoin d'une solution, la complexité d'un système nécessite le recours à un modèle.

La philosophie n'est pas un savoir que l'on transmet, c'est plutôt une pratique, un éclairage du quotidien.

Un philosophe ne vous nourrit pas, il vous donne faim.

En s'efforçant de préciser le sens des mots, c'est à la réflexion que l'on donne des ailes.

L'imagination s'accommode fort bien de la discipline, la créativité se nourrit même d'une rigueur qui ne l'enferme pas, mais qui l'encadre.

Solutions des exercices

1.1. La créativité nous invite à modéliser la scène dont on ne retient plus qu'un seul élément : l'ancre. Initialement, elle se présente comme suit :

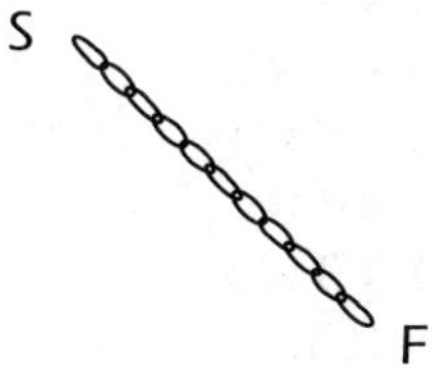

Après le rallongement de la chaîne, elle pourrait au pire se trouver dans la position suivante :

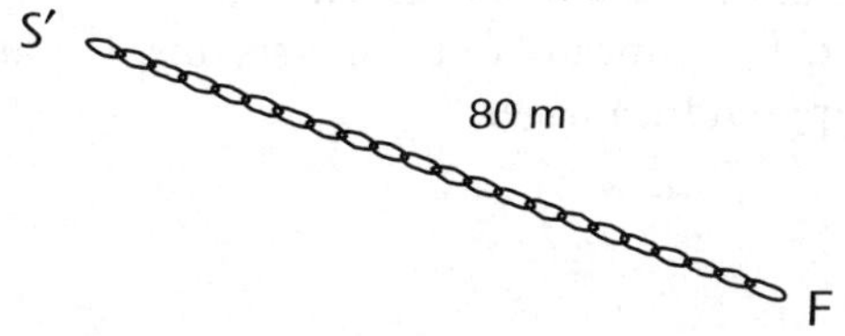

La question se résume donc à trouver le déplacement S′S. Et celui-ci apparaît irrémédiablement comme supérieur à 40 mètres car c'est la condition même de l'existence du triangle S′SF !

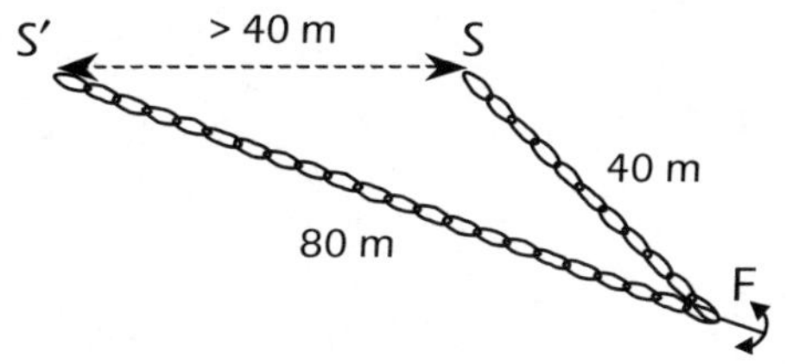

L'erreur d'une première vue consiste parfois à raisonner « toutes choses restant égales par ailleurs ». Dans cet exemple, une telle démarche revient à rallonger mentalement la chaîne dans la direction FS où elle se trouve au départ. Mais le fait de la doubler va en changer l'inclinaison. C'est bien là une des caractéristiques d'un système. Bien souvent y modifier « une chose » a comme conséquence que les « autres ne restent pas égales ».

1.2. La première étape est rationnelle et délimite le périmètre des solutions possibles. C'est le temps (S). Les différents produits et sommes possibles sont en effet :

$36 \times 1 \times 1$	38
$18 \times 2 \times 1$	21
$12 \times 3 \times 1$	16

$9 \times 4 \times 1$	14
$9 \times 2 \times 2$	13
$6 \times 6 \times 1$	13
$6 \times 3 \times 2$	11
$4 \times 3 \times 3$	10

Vient alors le tour de l'instant (C).

Le nombre de marins n'a évidemment aucune importance. L'information essentielle est qu'il persiste une ambiguïté malgré la connaissance de la somme des âges.

Autrement dit, seuls les triplets 9, 2, 2 et 6, 6, 1 sont encore à considérer puisque tous les autres ont une somme distincte (S).

Or il y a un cadet. Les jumeaux ont donc six ans, le plus jeune un an… et toute la vie pour apprendre à nager.

2

UNIFORME *versus* DIFFÉRENT : POURQUOI LA CRÉATIVITÉ EST IMPORTANTE ?

Se trouvent autant de différences
de nous à nous-mêmes que de nous à autrui.

MONTAIGNE

Le cadre conceptuel étant précisé, nous entrons dans le vif du sujet : l'enjeu que représente la créativité aujourd'hui pour les entreprises. Survivre dans les affaires requiert de rester compétitif et de distancer ses concurrents. Une société ne peut y parvenir que si elle peut établir une différence qu'elle peut préserver. Avec la généralisation des méthodes standardisées et automatisées de management des ressources traditionnelles, seules les nouvelles idées peuvent faire la différence. Elles sont l'ingrédient du progrès, le combustible de la valeur ajoutée et de l'avantage concurrentiel.

Dans cette course à la différence, si la puissance des ordinateurs et des réseaux peut être d'une aide puissante, il ne faut pas croire qu'ils priveront l'homme de son monopole de créativité. Les technologies de l'information et de la communication peuvent être autant facteur de diversité que d'uniformité. Seule la créativité permettra d'échapper à cet immense « copier-coller » induit en grande partie par la mondialisation.

Un constat : la différence uniforme

Nous sommes tous les mêmes ! Nous aimerions mieux comprendre ce qui se passe sur cette planète. Différentes approches sont d'ailleurs possibles. Pour les empiristes, par exemple, la connaissance est issue de l'expérience. Comme ils doivent avoir en partie raison, allons-y et expérimentons.

Commençons par déguster un jus d'orange fraîchement pressé. La réaction est immédiate : c'est délicieux. Rien à voir avec ce qu'on peut boire en bouteille, en carton, en canette, avec ou sans bulles, ces boissons qui utilisent l'appellation jus d'orange parce que ce dernier ne peut pas les en empêcher.

Deuxième expérience : écoutons une mélodie jouée à quelques mètres par un virtuose du violoncelle. Le plaisir est immédiat : c'est magnifique. Rien à voir avec ce qu'on peut ressentir avec un CD, un I-pod, une chaîne hi-fi, avec ou sans dolby, avec des enregistrements de cette mélodie qui aurait sans doute préféré qu'on ne l'enregistre pas.

Deux expériences, une conclusion : la technologie ne peut pas tout. Deux expériences, une opinion personnelle : tant mieux !

Le jus d'orange et le violoncelle font de la résistance, chacun dans leur catégorie, aux deux extrémités du binôme matière-information. Ils se moquent des multinationales et agacent les responsables de l'innovation. Malgré les budgets énormes dont ils disposent, les chercheurs n'ont toujours pas réussi à mettre en boîte ni l'un ni l'autre. La saveur d'un jus d'orange, la vibration d'un archet échappent toujours à la digitalisation.

Le jus d'orange pressé et le violoncelle pourraient être les porte-drapeaux, les Astérix et Obélix, face à l'empereur Mondialus Globalus désireux d'imposer sa *pax technologica*. Et leur combat est juste : outre la baisse de qualité des produits victimes de productivité ou de mécanisation excessive, c'est leur uniformisation, leur banalisation qui intrigue, qui dérange. Car cette tendance à la standardisation dépasse de loin aujourd'hui le périmètre de la technologie. L'uniformisation apparaît sous-jacente, dérivée, secondaire peut-être, mais elle fait partie des grandes transformations du monde. Une tendance lourde comme disent les sociologues et les prospectivistes. Trop lourde ?

D'un côté, plus d'uniformisation aurait du bon. C'est ce qu'on se dit quand on ne peut enfoncer la prise de son rasoir dans un socle américain, quand on ne peut comparer deux contrats de téléphone portable ou de cartes de crédit, quand on ne peut acheter un pantalon d'une certaine taille sans l'essayer ou quand on étudie la logique et la chimie et que suivant les auteurs, on change de symbole ou de nomenclature. On en arriverait même à bénir l'uniformisation quand on se voit obligé de rouler à gauche en Angleterre, de convertir en kilomètres les miles et les miles nautiques (ce ne sont pas les mêmes) ou de renoncer à ouvrir un document sur Mac parce qu'il vient d'un PC.

Mais d'un autre côté, l'uniformisation, ce n'est pas si bon que ça. C'est ce qu'on se dit en croquant une pomme qui n'a plus de goût, en limitant son vocabulaire à 200 mots pour les dire en anglais (le pourcentage des sites web en langue anglaise est de 75 % alors que le pourcentage de la population mondiale qui a l'anglais pour langue maternelle est de 5 %), en voyant comment les États-Unis ont réussi à imposer Halloween ou en déplorant la disparition des librairies et l'étroitesse du choix identique de livres présentés par les grandes surfaces. On en arriverait même à maudire l'uniformisation quand on doit payer une porte ou un châssis cinq fois plus cher, simplement parce qu'il n'est pas « standard ».

L'uniformisation a bien un côté paradoxal, les chaussures de jogging et le walkman, les jeans et les tee-shirts habillent autant les enfants que les parents, aussi bien la jeunesse occidentale que celle des pays qui combattent le modèle de l'Occident. Qu'est-ce donc que la mode si ce n'est une invitation à se ressembler en se faisant différent de la même manière ?

L'uniformisation semble donc :

– une bonne chose : elle permet de communiquer plus facilement, de payer en euros, d'économiser l'énergie et la matière première; l'uniformisation, c'est l'écologie;
– une mauvaise chose : de la pomme unique à la pensée unique, il n'y a qu'un pépin; la diversité est la condition même de la vie; l'uniformisation, c'est la négation de l'écologie.

Sommes-nous alors dans une impasse ? Non. Simplement, il faut être attentif : l'uniformité naquit un jour de l'ennui. Devenons militants de la différence : un cadeau de fin d'année n'est pas nécessairement un DVD extrait du hit parade ou un livre bardé d'un prix littéraire. Un hôtel n'est pas meilleur parce qu'il a 250 chambres identiques. L'envoi d'une carte de vœux ne doit pas être une procédure, même si l'enveloppe est normalisée. Et le meilleur management n'est pas nécessairement celui qui recourt aux logiciels de gestion standardisée, surtout quand il s'agit d'innover.

Plus que l'uniformisation des méthodes de management, c'est la différenciation qui peut garantir le succès dans un monde globalisé. Bruce Henderson, fondateur du Boston Consulting Group, à ceux qui l'interrogeaient sur la nature de la stratégie, en était déjà convaincu : « Les acteurs qui survivent au passage du temps doivent conserver un avantage unique en se différenciant de leurs concurrents. La gestion de cette différenciation est l'essence même d'une stratégie d'entreprise à long terme ».

Un jeune consultant témoigne sur le site du BCG en France : « En vue de l'ouverture à la concurrence du marché de l'énergie, le président directeur général d'un grand groupe a demandé au BCG de l'aider à redéfinir les périmètres de responsabilités de chacun des membres du ComEx. Lors d'une discussion impliquant des choix difficiles, le président nous a dit : « Vos recommandations vont à l'encontre de ce que mes concurrents font. Quand on arrive au port pour amarrer son bateau là où il n'y a personne, on prend le risque de tomber sur un écueil ». Après un moment de doute, nous lui avons répondu : « Si l'état de la mer change et que nous voulons sortir les premiers, peut-être vaut-il mieux ne pas s'amarrer avec les autres. Votre différence fera votre succès ». En souriant, il conclut « dans ce cas, travaillons ensemble à bâtir une organisation à même d'anticiper, voire d'influencer les changements d'environnement ». Ces cinq minutes de vérité résument bien l'essence de notre métier : « voir l'invisible, s'engager et trouver ensemble la différence qui fait la différence ».

Deux exemples, aux antipodes l'un de l'autre : d'un côté, la réussite du groupe LVMH, fleuron de l'industrie française du luxe, de l'autre, celle de la Grameen Bank, la banque des pauvres créée au Bengladesh par Muhammad Yunus, inventeur du concept de micro-crédit. Le rapprochement peut heurter mais les exemples sont parlants : s'adressant à des clients situés aux deux extrêmes de l'échelle socio-économique, avec des motivations différentes, l'un et l'autre n'en ont pas moins suivi une même stratégie de différenciation en prenant un autre chemin que la tendance générale.

Le premier fait de la « délocalisation à l'envers » en faisant travailler les meilleurs artisans français et en vendant leurs productions – bijoux, parfums, sacs – aux nouveaux millionnaires des pays émergeants, avec des marges importantes. Le deuxième prête de l'argent à ceux que toutes les banques traditionnelles considèrent comme n'étant pas solvables, faisant mentir l'adage selon lequel on ne prête qu'aux riches. Son entreprise est rentable et emploie douze mille personnes. L'un et l'autre ont réussi, en répondant en même temps à un problème : l'un a trouvé une bonne réponse à la délocalisation massive des emplois industriels, l'autre a trouvé la meilleure réponse pour permettre aux exclus du crédit traditionnel d'amorcer une petite activité économique, ce qui lui a valu le prix Nobel de la Paix en 2006. Vive donc la différence… bien comprise !

Les idées : une ressource stratégique

À regarder l'évolution des entreprises depuis 50 ans, le fil rouge de leurs préoccupations apparaît de manière assez claire. Envers et contre toutes les conjonctures économiques ou modes managériales, le souci premier d'une entreprise est et reste une meilleure gestion de ses ressources, de toutes ses ressources.

Au commencement étaient les ressources matérielles, comme les stocks qui furent progressivement optimisés. Puis, peu à peu, le souci du « bon père de famille » s'est étendu à l'énergie, à l'informatique ou aux ressources financières. Le besoin de mieux gérer s'est alors fait sentir dans l'immatériel, les actifs qui n'apparaissent pas (encore ?) au bilan comptable des entreprises. Les ressources humaines, le temps ou même l'image ont ainsi été à leur tour l'objet d'une plus grande attention.

De la matière à l'information, toutes les ressources de l'entreprise semblent aujourd'hui considérées en tant que telles, réclamant des soins attentifs certes, mais susceptibles alors d'une valeur ajoutée plus grande.

Toutes les ressources ? Probablement non. Il en reste en tout cas une qui est gaspillée de manière étonnante et ne fait que bien peu l'objet d'une gestion : les idées. Une lacune surprenante à combler d'urgence à entendre les discours des managers sur l'impérieux besoin de créativité. Des idées, certes on en a, mais on les perd, on s'en méfie, on les néglige ou on ne sait pas comment les exploiter. Or, tout est là désormais, dans une économie mondialisée au management normalisé, ce sont les idées qui font la différence. La nouvelle richesse des nations, c'est l'innovation.

L'entreprise et le souci de gérer ses ressources	
1960	Ressources matérielles – matières premières – stocks…
1970	Ressources énergétiques – pétrole – autres ressources naturelles…
1980	Ressources immatérielles – information – documentation – trésorerie…
1990	Ressources humaines – temps – communication – créativité : IDÉES…
2000 –	Ressources intellectuelles – connaissances – compétences – outils de pensée, philosophie : CONCEPTS…

Avant, des années 1960 à 1980, les avantages concurrentiels pouvaient perdurer. Depuis les années 1990, les avantages concurrentiels sont à réinventer sans cesse. L'informatique aidant, même une très bonne gestion des trois premiers types de ressources ne suffit plus à se différencier des concurrents. Désormais, c'est l'aptitude à gérer les idées et à générer des concepts qui sera déterminante.

« Ne venez surtout pas dans mon entreprise, nous avons déjà trop d'idées ! » Cette réflexion que m'a faite un jour un dirigeant illustre un malaise paradoxal que l'on rencontre bien souvent. La créativité est en effet reconnue aujourd'hui comme essentielle pour la survie d'une entreprise, mais ses responsables craignent parfois de devoir gérer l'abondance d'idées qui en découle !

Certains en arrivent même à considérer un supplément de créativité comme inutile, arguant de la présence déjà dans l'organisation d'« un tas d'idées » inexploitées. D'autres, adeptes de la décentralisation, évoquent plutôt « des tas d'idées », répartis sans doute dans les différents départements.

Mais toutes ces réflexions témoignent en fait d'un même désarroi. Et pour être logique avec eux-mêmes, ces dirigeants ne devraient engager alors que des collaborateurs sans idées, ou mieux encore, susceptibles de démolir les idées des autres, sous peine de voir le(s) tas devenir de plus en plus encombrants…

Avoir trop d'idées ! A-t-on jamais entendu un manager se plaindre d'avoir trop de bâtiments, trop d'ordinateurs, trop d'argent ou trop de camions ? Non, bien au contraire, il verrait même la chose comme une opportunité. Or c'est pourtant sous ce même angle qu'il faut voir l'imagination.

Les idées sont le combustible de la valeur ajoutée, l'ingrédient indispensable aux petites choses qui ont de grands effets, et aussi – ne l'oublions pas – la matière première de l'idéal.

Mais elles sont fragiles, éphémères, en désordre. Elles sont parfois vagues et – en plus – on peut en perdre le fil ! Et d'ailleurs de quoi est-il fait ce fil, n'est-il pas tout simplement une idée de plus ? Pas la moindre idée !

Typologie des idées	
Générée dans l'entreprise	Générée ailleurs (chez les clients, fournisseurs…)
Proposée par une personne	Proposée par une équipe
Utilisable localement	Utilisable ailleurs
Applicable immédiatement	Applicable plus tard
Apporte une nouvelle réponse (suggestion)	Apporte une nouvelle question (étonnement)
Est vraiment nouvelle	Existe ailleurs (benchmarking)
Améliore l'existant (quelque chose de mieux)	Suggère du neuf (quelque chose de plus)
Etc.	Etc.

Alors, par où pourrions-nous commencer ? Peut-être par une constatation de base : on y trouve de tout, au pays des idées. Certaines sont qualifiées de petites idées – soit derrière la tête, soit derrière les fagots – et rêvent de devenir grandes un jour. D'autres idées – à l'état brut – ne demandent qu'à être creusées malgré tant d'idées reçues de donateurs anonymes… Il y a aussi des idées bridées et d'autres, par contre, tout à fait folles, des « speedées » en quelque sorte.

L'important est donc de retrouver le sens du débat. Car il n'est pas rare qu'une idée fixe, surprise de sa propre immobilité, décide tout à coup d'en rejoindre une autre, une idée qui, elle, fait son chemin. Parfois une idée noire, triste de sa propre couleur, cède la place à une idée lumineuse, et une autre, bien polie, devient alors une idée brillante.

Mais plutôt que de laisser faire le hasard, pourquoi ne gérerions-nous pas ce minerai d'imagination comme des professionnels ? Dans la société de l'information, les diamants ne sont plus éternels.

Le temps des idées

« L'appareil Caselli donne de véritables fac-similés de l'écriture de l'expéditeur. Un dessin, un portrait, un plan, de la musique, une écriture étrangère, des traits confus et embrouillés, tout arrive fidèlement et se reproduit dans son intégrité d'une station à l'autre. » Sommes-nous en 1982, en 1978 ? Non. Ce texte est extrait des *Merveilles de la Science* publié chez Hachette… en 1869 !

Il est vrai que cet appareil lourd (en fonte) mesurait plus de 2 mètres pour permettre à un grand pendule d'osciller, qu'il demandait qu'on écrive avec de l'encre épaisse sur du papier d'étain conducteur, qu'il mettait 10 minutes pour transmettre un quart de feuille A4 et qu'il coûtait à l'usage 20 centimes-or par centimètre arrivé à destination… Mais quand même !

Le pantélégraphe – puisque tel était son nom – a transmis des milliers de fac-similés entre Paris et Lyon en 1866. Plus fort encore, l'abbé Caselli avait lui-même repris l'idée d'un brevet déposé 23 ans plus tôt par l'Écossais Alexander Bain… soit il y a plus de 150 ans !

Des « machines à fax » furent encore utilisées au début du XXe siècle en Allemagne et aux États-Unis, principalement par les journalistes, et sans discontinuité depuis, notamment pour ce qu'on appelait les téléphotos. Mais ce n'est qu'au début des années 1980, et sous la pression des Japonais incapables de passer leurs textes par télex, que le fax est devenu un objet de grande communication.

Il y a ici de quoi s'interroger. Pourquoi faut-il tant de temps ? Pourquoi les idées mûrissent-elles donc si lentement ?

Mais pourquoi n'a-t-on pas inventé plus tôt le bac de bière avec une poignée, la radio qu'on remonte (un ressort y remplace la pile), le morceau de sucre précoupé, la boîte aux lettres transparente (qu'il est facile de surveiller) ?

Il y a d'ailleurs beaucoup d'autres exemples. Que ce soit pour la télévision, la tirette éclair, les antibiotiques, le café instantané ou le pacemaker, à chaque fois le même constat peut être fait. Plusieurs dizaines d'années se sont écoulées entre le premier brevet et l'exploitation commerciale à grande échelle.

Ce qui paraît regrettable s'explique néanmoins de différentes façons.

L'innovation est d'abord bien difficile à mettre en équation. La première invention ne donne souvent qu'un tout petit aperçu de ce que sera le nouveau produit. N'oublions pas que le premier ordinateur était constitué de 18 000 lampes, mesurait plus de 30 mètres et chauffait tout le bâtiment !

Par ailleurs, toute découverte porte en elle l'incertitude de son propre avenir. Le moteur à vapeur est resté pendant des années exclusivement utilisé pour pomper l'eau hors des mines. Le laser, inventé pour mesurer, ne s'est vu utilisé que bien plus tard dans la navigation, la chimie, l'imprimerie, l'enregistrement musical, la chirurgie, la découpe des matériaux…

Un autre frein à l'innovation peut être la résistance à abandonner une technologie existante. On continue à utiliser un clavier AZERTY imaginé pour empêcher une frappe trop rapide, et le Minitel a été certainement en France l'obstacle principal à une utilisation plus ambitieuse d'Internet. Mais comme il est difficile de survivre au succès !

L'être humain préfère bien souvent se complaire dans un système qu'il sait moins efficace, mais « qu'au moins il connaît ». L'état actuel du calendrier et de toutes ses bizarreries illustre bien ce propos. Les améliorations possibles semblent tout à la fois évidentes et… impossibles !

Le système bancaire n'est pas épargné. Un Belge ne peut comprendre pourquoi les banques françaises ne se sont pas mises d'accord sur une même structure de numéro de compte. Comment peut-on encore utiliser autant de chèques ?

Un autre exemple flagrant : le système métrique. Son efficacité a beau être mathématiquement démontrable, des centaines de millions de personnes de par le monde continuent à peser en livres, à faire des pleins en galons, à mesurer en pouce et à confondre les deux sortes de miles. Tout est compliqué, les chiffres se prennent les pieds dans les millibars, les fautes d'orthographe abondent. Pourtant…

Et même quand, par un effort surhumain, le système est rendu plus humain, des traces du bon vieux temps compliqué subsistent. Jusque quand parlera-t-on encore de francs et de marks ?

Une invention nécessite parfois une contrepartie de la part du public. « La technique n'est jamais seule, elle n'est rien sans une société prête à la recevoir » disait même Fernand Braudel. À la Renaissance, une des raisons de la lenteur avec laquelle l'imprimerie se répandit était simplement le nombre réduit de gens qui savaient lire.

Les idées, comme le buis, poussent lentement. Elles s'inscrivent dans le temps, dans une histoire. Pour éviter les accidents – comme cette entreprise à la mémoire courte qui, à dix ans d'intervalle, a breveté deux fois la même invention ! – un échéancier des idées doit être construit, avec rappel automatique. Toute idée doit être instantanément écrite avec n'importe quoi car beaucoup d'entre elles ne passent qu'une fois. Une fiche et un crayon dans la poche de chacun, toujours, c'est l'article un de la Constitution d'une entreprise qui innove. L'article deux suggère de préimprimer sur chaque fiche, en bas, les lettres ETC.

Les idées à l'heure du cyberespace

Un nouveau style de communication, un nouvel espace de création

Entre les idées exprimées oralement où pensée et langage sont simultanés, et les idées mises par écrit où les mots viennent après la réflexion, il n'est pas utile de désigner un meilleur et un moins bon. Mais il est intéressant de regarder ce qu'il en est aujourd'hui, d'examiner ce qu'il advient de l'oral et de l'écrit dans le cyberespace.

Combien de fois le *parlé* de l'entreprise n'est-il qu'une triste lecture d'un texte ou une rigide séquence de PowerPoint ? Combien de fois le *dit* de la politique n'est qu'un fade différé, un préenregistré plat ? C'est de l'oral sans dialogue, artificiel, diffusé, usé. C'est de l'écrit sans imagination, gris, banal. Bref, c'est le moins bon des deux mondes. À mélanger ou même à confondre l'oral et l'écrit, on risque des débats sans échange, des textes sans style.

La situation est pratiquement à l'opposé de celle qu'ont connue les philosophes grecs. Le langage et la pensée sont aujourd'hui très souvent décalés dans l'expression orale mais l'écrit, lui, tend vers la simultanéité. La vitesse d'échange des mails, chats et autres forums sur Internet est élevée. C'est un peu comme si les claviers parlaient, avec leur accent et leurs touches personnelles. L'écrit devient interactif, vivant, mais aussi un écrit jetable qui ne laisse pas de trace ! Du jamais vu, du jamais lu. Le lapsus devient faute de frappe. *Scripta manent*[1]. Plus vraiment. Quoique…

Au cœur du changement, évidemment, on trouve la technologie. Mais au cœur du débat, tout aussi évidemment, le refus du déterminisme. Il n'y a ni automatiquement mieux, ni automatiquement pire. Il y a simplement autre chose, un nouvel espace pour une nouvelle créativité. L'oral et l'écrit tendent à se confondre. Ce ne sont plus les deux dimensions de la communication.

Cicéron aurait été un tout aussi grand orateur s'il avait utilisé des schémas et un écran géant. Émile Zola n'aurait pas été moins grand écrivain s'il avait utilisé un traitement de texte. Et Socrate aurait peut-être été ravi de travailler en hypertexte. Quoique…

Vous l'aurez donc compris : sur cette question particulière de l'oral et de l'écrit, je défendrai un point de vue résolument optimiste.

D'abord, Internet c'est le grand retour de l'écriture et, même si elle est en partie devenue automatique, c'est peut-être une bonne nouvelle pour l'orthographe. C'est une écriture décomplexée, une communication qui n'intimide plus. Cent fois sur le clavier, on peut remettre son message sans se soucier de l'abondance des ratures et du coût des corrections. On peut laisser exploser la quantité d'idées, attendre un peu, et extraire plus tard des idées de qualité.

Sur Internet, on n'a plus besoin d'un éditeur pour être lu. On peut inventer de nouveaux mots, proposer un style écrit inédit et inécrit, s'e-mailer des messages à qui on veut, jouer avec son tapuscrit, imaginer des concepts révolutionnaires. L'Antiquité ne connaissait ni la ponctuation ni le paragraphe. Pourquoi s'arrêter en si bon chemin ?

1. Les écrits restent.

Sur Internet, plus de « Je vous prie d'agréer, cher Monsieur, l'expression... ». Non, on va à l'essentiel : « Bien à vous ». Ou « Bàt » qui est la nouvelle forme du vieux « Bon à tirer ».

La vraie rupture ne fut pas tant l'imprimerie mais bien le passage du rouleau (codex) au livre relié, ce qui se produisit entre le IIe et le IVe siècle après J.-C. L'imprimerie a surtout permis la diffusion des livres, mais c'est l'abandon du rouleau qui a véritablement vu la naissance du livre et affecté ainsi la structure même de la pensée. Finalement à l'écran, n'avons-nous pas à la fois le déroulé et la page ? Merci, fenêtres de Microdoux.

Les textos changent l'écrit des adolescents, principalement. Mais le message compact, sibyllin, essentiel a néanmoins une longue histoire. Victor Hugo, exilé à Guernesey, voulut savoir comment se passait le lancement de son nouveau roman *Les Misérables*. Il envoya à son éditeur un télégramme d'un seul caractère : ?. La réponse fut tout aussi courte : !.

Les outils de l'écriture sont une invitation à écrire. Comment condenser le sujet d'un mail en quelques mots ? La zone « sujet » est l'endroit où l'auteur peut montrer toute sa créativité. La structure d'une présentation PowerPoint peut pousser le consultant en dehors de ses habitudes.

Et puis personne n'est interdit de papier, si je ne m'abuse. Si le clavier est pour moi la phase deux, le cahier reste la phase un. Je veux pouvoir griffonner à gauche et écrire à droite, à l'encre rouge. Jeter des mots d'un côté, les aligner de l'autre.

Je trouve donc qu'il ne faut pas dire, et c'est pourquoi je l'écris :

– en uniformisant les outils de l'écriture, on uniformise la pensée;
– en devenant universel, l'anglais se rétrécit, s'appauvrit;
– la technologie américaine induit une américanisation du monde;
– les textes sont dégradés pour pouvoir être traduits automatiquement;
– on va perdre les hésitations, les brouillons, le chemin de l'écrivain;
– il n'y a pas de vie dans ces lignes millimétrées, parfaitement parallèles;
– il est si facile de publier qu'on publie n'importe quoi;
– le copier-coller augmente la triche des étudiants;
– etc.

L'ordinateur est une très bonne nouvelle pour la communication. Qu'on se l'écrive !

Le défi de la valeur ajoutée

La généralisation des technologies de l'information rendra sans doute un jour caduques les expressions « contrat d'emploi », « plan de carrière » ou « temps de travail ». Dans une économie vraiment ouverte et en mouvement, l'apport de l'individu à un projet sera l'élément-clé, sa contribution à faire avancer les choses sera déterminante, sa créativité pour renouveler sans cesse l'avantage compétitif sera essentielle. La mesure de tout cela aura pour nom « valeur ajoutée » et c'est elle qui sera rémunérée. Car la valeur réellement ajoutée sera la seule reconnue par le client, le jour où il sera devenu roi.

Il n'y a pas, dans ce scénario, d'élitisme sous-jacent. La valeur ajoutée doit s'entendre à tous les âges, dans tous les secteurs, à tous les niveaux. C'est la capacité à améliorer, à embellir, à faire progresser ou à aider. Que l'on soit dans une cuisine ou sur un chantier, dans un train ou à l'hôpital, dans un bureau ou à l'école.

Mais cette notion de valeur qu'on ajoute reçoit un éclairage nouveau quand l'objet mis en valeur est de l'information. C'est cela qu'il faut regarder d'un peu plus près. Car la longue histoire de l'homme et de ses machines offre aujourd'hui tout à la fois une impression de déjà vu et un sentiment de n'avoir encore rien vu du tout.

Les tout premiers wagons de « chemin de fer » avaient sept ou huit portes, parfois même plus. A posteriori, on comprend difficilement. Un couloir et une porte à chaque extrémité semblent plus logiques. Mais voilà, il y a plusieurs logiques. Et le wagon originel avait été pensé dans la logique du compartiment de diligence considéré comme un module de base, à multiplier et à assembler comme des blocs de Lego. L'autre logique – la nôtre – supposait de « déconstruire » la diligence et d'inventer un nouveau module. C'est toute la différence entre « plus de la même chose » et « autre chose ». La première relève des automatismes, peut-être un jour de l'automatique, la deuxième procède de l'imagination.

Une technologie nouvelle est bien souvent perçue comme le remplacement d'une autre, plus ancienne. On a « remplacé » son télex par un fax puis par un mail, et on a « remplacé » sa machine à écrire par un PC. Le risque est d'oublier qu'à chaque informatisation, bien des contraintes se trouvent tout à coup abolies et que « sortir du cadre » devient soudain possible car tout simplement il n'y a plus de cadre.

Aujourd'hui, ajouter de la valeur, c'est aussi exploiter au mieux ces nouveaux espaces accessibles. Il est toujours nécessaire de penser ce qui est possible de faire… quitte à ne pas le faire !

Prenons un exemple extrait de notre vie quotidienne : une revue de presse. Elle ne peut plus être aujourd'hui un tas de photocopies agrafées, bien souvent redondantes et mal ciblées. Il faut l'imaginer multimédia : un fragment d'interview diffusé à la TV sera par exemple lié à la notice biographique de la personne en question et aux différents commentaires parus dans la presse écrite. La revue de presse sera construite au moment de la demande, elle fera éventuellement le lien avec une édition passée, tiendra compte des statistiques d'utilisation et de suggestions faites par les télé-audi-spectateurs. Et bien sûr, la revue de presse sera différente pour chacun, classée par mots-clés suivant ses centres d'intérêt et hobbies, et elle préviendra son client des émissions ou revues susceptibles de l'intéresser dans les jours qui suivent.

Le futur n'est pas l'addition des idées d'hier à celles d'aujourd'hui. La question n'est plus « dispose-t-on de la technologie pour réaliser tel projet ? » mais « maintenant que tout est possible, quel projet va-t-on inventer ? ».

L'espace Internet est avant tout un espace d'imagination. Le futur d'Internet est tout sauf une reproduction informatisée du passé et son succès dépendra de la valeur ajoutée par le nouveau média.

Plus précisément cinq pistes de créativité doivent continuellement alimenter la réflexion, cinq différences fondamentales avec un support papier :

- Réaliser le temps réel : un site doit vivre, bouger, inventer, évoluer. Il doit toujours s'y passer quelque chose, même une petite chose.
- Faire du multimédia un unimédia : les sons et les images doivent rejoindre les chiffres et les lettres. Internet est le premier des infoducs. L'information qui y circule peut se présenter sous toutes les formes.
- Rendre l'interactivité active : cyber vient du grec *kubernan* : conduire, piloter. Un monitoring bien conçu offre des statistiques étonnantes et une fenêtre doit toujours être là pour permettre à quiconque de s'exprimer.
- Ouvrir le système ouvert : les hyperliens sont une des clés du www. Il faut les choisir judicieusement. Si votre site s'ouvre vers le monde, beaucoup de monde le visitera.
- Permettre de trouver l'introuvable : les méthodes de recherche accélérée aideront à résoudre le vieux dilemme information-connaissance. Le savoir est la seule ressource qui augmente lorsqu'on la partage.

Exploiter les avantages que n'offre pas le support papier, c'est nécessaire mais non suffisant. La différence entre un bon site Internet et un mauvais se mesure aux résultats obtenus : l'un apporte une plus-value à l'entreprise, l'autre pas !

Bien au-delà de ses atouts médiatiques, la valeur ajoutée d'Internet se mesure par exemple aujourd'hui au succès croissant d'un jeu planétaire : *Second Life.* Avec l'activité et les projets de ses résidents, sa monnaie locale convertible en dollars, les affaires qui s'y traitent, *Second Life* est bien plus qu'un simple jeu vidéo, c'est un univers en ligne, une économie parallèle, de nouveaux marchés. Tirer parti d'Internet, ce n'est plus seulement y avoir une vitrine, un guichet, un poste d'information, c'est aussi habiter ce monde virtuel et y travailler.

Les idées en partage : l'open source

Devinette : cela a commencé dans l'informatique mais cela pourrait s'étendre à l'ensemble de l'économie. Cela pourrait être à l'innovation de masse ce que les lignes d'assemblage ont été à la production de masse. Cela pourrait même signifier la fin du vieux débat entre la main visible et la main invisible (tout simplement parce qu'il y a mille mains). Qu'est-ce ?

Réponse : l'*open source.*

Deux mots d'explication. Plus exactement, voilà deux mots qui nécessitent une longue explication. La « source » est le nom que les informaticiens ont donné dès le début à l'original de leur programme. Source, origine, original. C'est l'amont de leur travail intellectuel, là où ils remontent en cas de problème ou s'ils veulent changer quelque chose d'important. La source est par définition codée dans les deux sens du terme. Code comme langage de programmation, et code comme inaccessible au grand public.

Le langage source était la propriété, la valeur, la richesse du programmeur – ou de son employeur ! Il était protégé, voire délibérément non documenté. Quand on détenait le langage source, on détenait le savoir et le pouvoir. Au village des informaticiens, il était bien respecté, celui qui connaissait le secret de la potion logique !

La source était codée, opaque, close, fermée. La phrase est à l'imparfait. Aujourd'hui, on parle en effet d'*open source.* Que se passe-t-il ? L'ouverture serait-elle l'attitude parfaite ?

Tout a vraiment commencé quand un programmeur finlandais du nom de Linus Torvald s'est dit que l'informatique faisait fausse route, ou plus exactement avait un problème de routage. Il était convaincu qu'une communauté refermée sur elle-même n'avait pas d'avenir, que détenir le monopole d'une application indispensable n'est pas plus éthique – ou pas plus faisable – que détenir les droits sur une langue parlée, sur le génome humain, sur la philosophie.

Il écrivit donc un système d'exploitation ouvert pour contrer le(s) monopole(s) de l'époque. (Le système d'exploitation dans un ordinateur est le programme premier, celui qui permet l'utilisation de tous les autres. C'est un peu la source de la source.) Dans un mail historique daté du 25 août 1991, Linus Torvald propose à une communauté pas bien définie de découvrir son travail et de se l'approprier ! Ce qui était bien sûr son droit (d'auteur). On imagine les sourires provoqués chez Microsoft lorsque la rumeur de cette ambition ouverte est arrivée à leur système acoustique.

Il utilise dans son message le mot *free* pour qualifier son système et le différencier des systèmes propriétaires. Depuis ce jour d'ailleurs, les mots *open source* et *free software* sont presque indissociables. Mais depuis ce jour aussi, une ambiguïté demeure car *free* se traduit en français aussi bien par libre que par gratuit. Et Linus Torvald penchait sans doute pour la première interprétation.

À la base de la philosophie – car c'en est bien une – de l'*open source*, il y a une volonté de partager :

– un objectif : un besoin est identifié et un groupe adhère au projet;
– un travail : la tâche est morcelée dans une architecture de participation;
– un résultat : le produit de la collaboration est disponible pour tous. À charge pour tous de l'améliorer.

Le comportement inédit de ces programmeurs va probablement changer le monde. Car l'esprit qui les anime peut donner des idées à d'autres communautés. L'approche *open source* peut être utilisée pour écrire un livre de recettes de cuisine, un roman ou toute une encyclopédie. En effet ! Lancée en janvier 2001, Wikipédia, l'encyclopédie en ligne, gratuite et participative, s'enrichit chaque jour de plusieurs nouvelles notices, rédigées, modifiées, complétées, corrigées par la communauté des internautes. Sans vérification ni coordination éditoriales, et donc sans guère de fiabilité, elle est surnommée par certains « l'encyclopédie du joyeux bordel ambiant ». Peu importe, l'engouement est énorme : Wikipédia existe à ce jour en plus de 250 langues et dialectes et comporte plus de six millions d'articles. Et ses défis sont à la mesure de son succès.

Dans d'autres registres, des mathématiciens peuvent essayer de prouver ensemble que tout nombre pair peut être la somme de deux nombres premiers (à ma connaissance, la conjecture de Goldbach tient toujours). Des enquêteurs peuvent ensemble élucider un crime. Et pourquoi s'arrêter ? La NASA utilise bien des volontaires pour analyser la surface de la planète Mars. Alors l'*open source* pour trouver un vaccin, pour construire un avion…

Ceci n'est peut-être pas aussi neuf qu'on le pense. Pendant des siècles, la majorité des savants, d'Euclide à Newton, semblent avoir partagé ce même idéal. La première version du dictionnaire anglais d'Oxford fut l'occasion d'innombrables courriers entre étymologistes de toute origine.

Il ne faut pas voir dans l'approche *open source* un mouvement anti-capitaliste, anti-profit ou alter-mondialiste (même s'il l'est en partie). Peut-être est-ce au contraire l'avènement d'une vraie économie de marché qui concilie liberté et vitesse.

Une économie des idées

On est habitué à la mention « Tous droits réservés » qui apparaît au début de chaque livre. Verra-t-on bientôt l'expression « Certains droits réservés » prendre la place de l'autre ? Le problème de la propriété intellectuelle – et de ses excès – est en tout cas posé. Comme nous le verrons plus loin, nous appelons respectivement découverte, invention et création le fait de trouver quelque chose qui était, qui va être et qui peut être. Trois dimensions, autant de questions d'un nouveau type :

– une découverte peut-elle rapporter de l'argent à celui qui l'a faite ?

– le brevetage systématique des inventions encourage-t-il ou freine-t-il l'innovation ?

– un logiciel est-il inventé ou créé ? Si c'est une création, passe-t-on alors sous une protection du type « droit de l'auteur » ?

Comme les lois qui régissent les brevets ne sont pas les mêmes que celles des droits d'auteur, on peut imaginer les intellectuels préférer l'une ou l'autre catégorie pour y loger leur propriété.

Un brevet est un titre qui accorde à son détenteur un droit exclusif sur son exploitation pendant une période donnée, mais il contraint l'inventeur à rendre public un jour ou l'autre les détails de son invention. On comprend que les sociétés informatiques ont préféré réclamer plutôt un droit d'auteur, qui est une forme de protection juridique qui attribue à une œuvre un caractère intellectuel ou artistique original, et qui donne à son auteur le droit de prélever une redevance.

Mais une nouvelle nuance importante surgit entre le droit d'auteur à la française et le copyright à l'américaine. Le premier est centré sur l'auteur, le second est centré sur l'œuvre. Seuls dans le premier cas, les droits appartiennent vraiment à l'auteur et il les cède contre rémunération pour permettre l'exploitation de son œuvre. À son décès, les droits vont à ses héritiers, et après soixante-dix ans, ils tombent dans le domaine public.

Cette assimilation d'un programme informatique à une œuvre intellectuelle n'avait a priori rien d'évident. Mais il est difficile d'être à jour sur le sujet. Au moment où vous lirez ces lignes, les lois auront peut-être à nouveau changé car les grands groupes informatiques souhaitent à présent cumuler ! En plus des droits d'auteur qui protégent l'œuvre littéraire, ils souhaitent breveter l'idée, le concept qui sous-tend leurs logiciels... Un peu comme si l'éditeur de Harry Potter voulait empêcher dorénavant à quiconque d'écrire un roman dont le héros serait un apprenti magicien.

Les actions excessives en matière de copyright ne pouvaient qu'entraîner une réaction sous forme de *copyleft*. Le calembour (intraduisible) était trop tentant. À son origine, on trouve un dénommé Richard Stallman – peut-être le vrai fondateur de l'*open source* – le soldat presque inconnu de la guerre contre les monopoles et mentor de Linus Torvald.

Les partisans du *copyleft* ont contesté une idée particulièrement bien reçue : un exemplaire pirate = un exemplaire non vendu. « Eh bien non, disent-ils. Un exemplaire piraté entraîne la vente en toute légalité d'un exemplaire supplémentaire, au moins ! »

C'est vrai que pour des raisons de facilité, de présentation ou d'urgence, un passage au magasin ou un téléchargement légal valent mieux que des photocopies mal faites ou un enregistrement sans documentation. Dans l'édition, plus une œuvre fait du bruit et circule, plus elle se vend.

Et comment va Adam Smith dans tout cela ? Sa loi de l'offre et de la demande semble bien malmenée. Lors de la bulle spéculative, plus les actions des *start-up* montaient, plus les gens achetaient, ce qui est contraire au principe de cette loi. De plus, on n'a jamais autant parlé de gratuité : journaux gratuits, transports gratuits, musique gratuite, téléphone gratuit, logiciel gratuit. Mais bien sûr la gratuité n'existe pas. Elle est aujourd'hui une manière de parler, de présenter les choses.

Traditionnellement, l'économie et les échanges intègrent un critère inhérent à tout bien : sa rareté. Une première tentative d'« économie des idées » – musique, image, texte, conseil, information, marque – est donc basée sur un rêve : rendre la rareté artificielle, puisque naturellement elle ne l'est pas.

C'est une lutte permanente des multinationales contre les faussaires, les pirates et les photocopilleurs, c'est un combat incessant contre les logiciels copiés, les médicaments génériques, la musique téléchargée. Il suffit d'un technicien-monteur qui le veuille, et un nouveau film se retrouve sur Internet avant même la première projection dans une salle de cinéma.

Cryptage, code secret, droit des marques, procès. On essaye tout. En vain ? Le profit est-il devenu une notion dépassée ? D'autres motivations apparaissent en tout cas. L'absence d'un cadre légal pour la propriété intellectuelle n'a pas empêché Euclide, saint Augustin, Michel-Ange ou Jean Sébastien Bach de travailler et de produire.

Et si les acteurs remontaient sur scène, si les chanteurs passaient plus de temps devant leur public, si les philosophes donnaient plus de conférences, serions-nous vraiment perdants ? Et si une nouvelle version d'un logiciel rendait automatiquement la précédente gratuitement accessible ? Les consultants sont comme les artistes. Ils vendent ce qu'on ne peut leur voler : leur point de vue, leur énergie et leur talent au moment où ils le donnent (!).

La génération qui me suit n'a que peu le sentiment de voler lorsqu'elle copie. La propriété, c'est le vol, ou le vol, c'est la propriété ? Aucune loi n'est vraiment tenable lorsqu'une partie importante de la population n'y voit que peu de raison morale.

Dans l'écosystème Internet, des milliards d'idées existent parce que des milliards d'idées existent. On ne peut écrire un livre que si on a lu des centaines de livres. Pourrait-on composer une chanson si l'on n'a jamais entendu quelqu'un chanter ?

Amazon.com propose au lecteur de commander un livre en utilisant non pas un mot-clé mais bien une phrase-clé. Autrement dit, une phrase extraite de l'ouvrage désiré. Ce qui signifie qu'Amazon a donc digitalisé l'entièreté de centaines de milliers de livres.

Contrairement à l'économie traditionnelle, ici l'abondance entraîne l'abondance, la consommation augmente les stocks. La rareté ne fait pas augmenter la valeur, bien au contraire. La culture n'est pas une propriété privée. Un chanteur voit sa cote d'autant plus élevée que les pirates en tout genre distribuent sa musique gratuitement. Il faut peut-être voir la création comme un service, quasi comme un don, et pas comme un produit.

Peut-être que la nouvelle économie simplement englobe l'ancienne, sans la nier. Peut-être que sans la culture, la générosité, l'entraide – incompréhensibles pour le marché – ce marché ne fonctionnerait pas. Peut-être que les artistes sont très heureux d'être en contact direct avec leur public via Internet et d'échapper ainsi à leurs agents, intermédiaires, et autres distributeurs ?

Peut-être que toutes les lois en manière de propriété intellectuelle sont néfastes à la création. Est-ce qu'Andy Warhol détournerait encore de grandes marques internationales pour en faire de l'art ? Peut-être n'y a-t-il pas de croissance sans quelque chose qui lui échappe ? Peut-être que dorénavant profit ira de pair avec gratuité, et qu'il faudra substituer le mot relation au mot propriété.

Peut-être que le fondement de l'ancienne économie était le secret, et que l'e-conomie reste à découvrir, qui n'est pas une simple addition électronique + économie. On y trouvera sans doute une segmentation en micro-marché, une absence de prix fixe, un retour de l'éthique, une taxation et un contrôle remis en question, des équations mathématiques surprenantes… et un énorme appel d'air pour de nouvelles idées, de nouvelles approches, de nouveaux concepts.

Idées-clés de ce chapitre

Soyons attentifs : l'uniformité naquit un jour de l'ennui. Devenons militants de la différence.

Seules les idées permettront à l'entreprise de faire et de maintenir la différence face à ses concurrents.

La nouvelle richesse des nations, c'est l'innovation.

Les idées sont le combustible de la valeur ajoutée, l'ingrédient indispensable aux petites choses qui ont de grands effets.

À chaque informatisation, bien des contraintes se trouvent tout à coup abolies et « sortir du cadre » devient soudain possible car tout simplement il n'y a plus de cadre.

L'espace Internet est avant tout un espace d'imagination. Son futur est tout sauf une informatisation du passé.

L'approche *open source* marque peut-être l'avènement d'une vraie économie de marché qui concilie liberté et vitesse.

J'AI DEMANDÉ A MONSIEUR PINGO DE PASSER POUR RÉPONDRE A VOS QUESTIONS RELATIVES AU CHANGEMENT CLIMATIQUE ET A SES CONSÉQUENCES SUR NOTRE ENTREPRISE.

3

CHANGER *versus* NE PAS CHANGER : LA CRÉATIVITÉ EST UN THÈME TRÈS ANCIEN

On ne commande bien qu'aux forces auxquelles on obéit.

FRANCIS BACON

L'histoire de la pensée créative rejoint celle de la réflexion philosophique lorsque celle-ci s'interroge sur les notions de changement et de permanence. Depuis Parménide, qui considérait que le changement était impossible, et Héraclite, qui pensait qu'il était inévitable, le monde semble divisé en deux camps.

« Tout coule… » C'est la vision d'Héraclite, pour qui il est impossible de ne pas changer, qui nous a inspirés dans la rédaction de ce livre, et en particulier de ce chapitre. Des siècles plus tard y fait écho cette boutade d'Alphonse Allais : « Impossible de vous dire mon âge, il change tout le temps ».

La conduite du changement fait corps avec la stratégie de l'entreprise. Il est donc utile d'examiner la nature profonde du changement, de même que la nature, l'essence et le rôle de l'imagination, à l'œuvre dans le changement. Il est utile de comprendre pourquoi même le changement n'est plus ce qu'il était. La réflexion menée par les grands penseurs d'hier et d'aujourd'hui y contribue sans conteste. C'est la première règle à prendre en considération : pour percevoir ce qui bouge dans le monde, il faut disposer de points fixes !

Héraclite au bord du fleuve : il est impossible de ne pas changer

Aux environs de 500 avant J.-C. – donc également bien avant Socrate – vivait du côté d'Éphèse, un penseur énigmatique. C'est en tout cas l'image que nous avons aujourd'hui d'Héraclite car seuls quelques fragments de ses pensées, quelques bribes de sa réflexion, sont arrivés jusqu'à nous. Une centaine de petites phrases seulement ont résisté à l'érosion du temps. Quelques-uns de ces aphorismes en granit sont devenus célèbres :

– *« On ne peut se baigner deux fois dans la même rivière. Si l'on y retourne, non seulement l'on n'est déjà plus le même mais l'eau de naguère est déjà loin : c'est donc une nouvelle rivière, une autre eau que nous expérimentons. »*
– *« Si tout était fumée, nous apprendrions par les narines. »*
– *« Le médecin doit faire mal pour faire disparaître la souffrance. »*

Ces quelques phrases suffisent à montrer qu'Héraclite a eu, vingt siècles avant les plus grands savants et philosophes, l'intuition de la complexité du monde (thermodynamique, irréversibilité, chaos) et de la complexité avec laquelle doit donc être pensé le monde (paradoxe, perception, créativité). Même quelques idées de Freud sont latentes dans sa pensée. Héraclite écrit : « Les hommes veulent vivre, mais ils désirent encore plus mourir. Ils procréent pour que naissent d'autres destins de mort ! »

« Panta rei » : tout coule. Le plus court de ses aphorismes contient pratiquement tous les autres. Il est impossible de ne pas changer, le mouvement est l'essence des choses, c'est même là qu'elles trouvent leur repos. Paradoxalement, bien sûr…

L'apport d'un philosophe n'est jamais absolu. Sa manière de penser, les principes qu'il pose, son étonnement, son questionnement sont à mettre en relation avec une époque, avec un environnement. C'est alors qu'ils portent leurs fruits. Le progrès, les technologies, font bouger le monde. Ils sont aujourd'hui au cœur de tous les changements. Le grand penseur se rappelle alors à nous, plus actuel que jamais, jongleur de l'ambigu et virtuose de l'incertitude. Il nous empêche de rester à l'arrêt, nous invite à la philosophie et nous contraint à changer de regard.

Philosophe de l'éternel devenir, Héraclite imaginait des choses inouïes avant qu'on ne se pose la question de l'imagination. Héraclite avait des idées extraordinaires alors que personne ne s'était vraiment demandé ce qu'était une idée. Sauf peut-être lui : en affirmant que ce qui est, n'est pas ce qui sera, ne définissait-il pas ce que pouvait être une idée nouvelle ?

Héraclite est l'ancêtre de tous ceux qui s'intéressent à la créativité. C'est notre maître à tous.

Et pourtant, un peu plus tard, Parménide, son grand rival, soutenait que le changement était impossible… Parménide continue à avoir de nombreux disciples et son fan-club reste très actif. Mais c'est Héraclite qui a raison, c'est bien lui qui nous invite à rechercher inlassablement, créativement, impérativement, le sens des idées.

On ne peut pas ne pas changer mais le changement reste une chose difficile. Quinze siècles plus tard, la Renaissance redécouvre les textes de l'Antiquité grecque. Machiavel écrit *Le Prince* à la demande de Laurent le Magnifique, prince de Médicis. Il y explique sa conviction qu'il n'est « d'affaire plus difficile, plus dangereuse à manier, plus incertaine de son succès que d'entreprendre et d'introduire un changement dans l'ordre des choses » et aussi que « tout changement en prépare un autre ». À l'époque où, pour la première fois, un navigateur fait le tour du monde et change pour toujours la vision de la planète, un philosophe italien, dans un texte immortel, décrit ce qui paraît plutôt être une constante dans l'humanité.

Et aujourd'hui, si les princes rêvent autant de conquêtes, les armées dont ils disposent et les champs de bataille sur lesquels ils s'affrontent sont, eux, d'un autre type. Aujourd'hui, ce ne sont plus les explorateurs, mais bien l'information qui fait le tour du monde…

Qu'est-ce qu'une idée nouvelle ?

L'idée nouvelle dérange parce qu'elle est le plus souvent synonyme de changement et que le changement fait peur. Mais qu'est-ce qu'une idée nouvelle ? La question semble anodine. Elle ne l'est pas. Un simple échantillonnage dans l'histoire de la philosophie montre déjà à quel point les réponses peuvent être variées.

Si on avait par exemple demandé à Platon « Est-il possible d'avoir une idée nouvelle ? », il aurait certainement répondu par la négative ! Le grand problème du philosophe était de penser la permanence dans un monde qui bouge. Pour cela, l'illustre disciple de Socrate inventa (dans son vocabulaire : découvrit) le monde des Idées, un monde qui contient un modèle idéal pour chaque chose : homme, cheval, table, pierre, Vrai, Beau, Bien… Tout ce qui existe dans notre monde sensible est la copie d'une Idée modèle, de sorte qu'on ne saurait imaginer une « nouvelle » Idée. La faculté par excellence des Idées est la mémoire ! Si Platon avait découvert le principe d'Archimède, il ne se serait pas écrié « J'ai trouvé » mais « Je me souviens ».

Pas d'idées vraiment… nouvelles sur le sujet pendant quelques siècles, jusqu'à l'Anglais John Locke, père de l'empirisme. Pour ce philosophe, par ailleurs médecin, l'esprit est une table rase où viennent s'inscrire les impressions issues de nos sens. Au commencement étaient les sens, l'expérience sensible. Ces impressions sensibles forment des idées simples qui, en se combinant, composent des idées de plus en plus complexes, jusqu'à arriver aux idées abstraites. Pour Locke, une idée nouvelle est le fruit d'une expérience.

René Descartes s'oppose à l'empirisme. Il soutient que certaines idées – la perfection, l'infini, Dieu – nous dépassent tellement qu'elles ne sauraient être bâties à partir des perceptions de nos sens. Ces idées viennent d'ailleurs, elles sont mises en notre esprit par notre créateur tout-puissant, Dieu. Lequel Dieu garantit que si une idée nouvelle qui nous vient à l'esprit est évidente, claire et distincte, elle est nécessairement vraie.

Empiristes et rationalistes du XVIIe siècle s'accordaient sur un point : le sujet reçoit passivement l'idée nouvelle. C'est justement cette passivité de l'esprit qu'Emmanuel Kant remet en cause. L'auteur de la *Critique de la raison pure* assigne à l'entendement le rôle de construire un objet à partir des perceptions sensorielles et de catégories innées en tout être humain. Kant confie en outre à la raison la tâche de penser trois Idées régulatrices qui unifient toutes nos perceptions : l'Idée de monde englobe toutes nos perceptions extérieures, l'Idée d'âme donne un contenant à toutes nos perceptions internes, l'Idée de Dieu permet d'articuler les Idées de monde et d'âme. En résumé, une idée nouvelle est une nouvelle construction.

La psychologie constructiviste (dont Paul Watzlawick et Heinz von Foerster sont parmi les représentants les plus connus) reprend cette idée à Kant. Ce qui signifie que nous ne pouvons appréhender le monde tel qu'il est. Non seulement nous construisons nos idées nouvelles, mais d'une certaine manière, elles construisent le monde, puisqu'elles façonnent notre regard sur lui.

On peut trouver une autre filiation entre Kant et Karl Popper. Philosophe des sciences, Popper distingue trois mondes : le monde mental, le monde physique et un troisième, bien distinct, le monde des idées.

L'idée du chiffre *2* peut exister dans une représentation mentale (quand je pense *2*) ou dans le monde physique (quand j'écris *2*). Mais les mathématiques n'obéissent pas qu'à des règles psychologiques ou physiques, elles ont leurs propres lois. Il existe donc un monde des idées.

Ce dernier peut influencer le monde physique : ainsi, l'idée d'avion a précédé et conditionné l'existence des avions. Toutefois, le monde des idées de Popper n'est pas une copie de celui de Platon. Car chez Popper, les idées se renouvellent. C'est même une de leurs caractéristiques principales, puisque le philosophe autrichien assigne à la science la tâche de se falsifier. À ses yeux, une théorie scientifique est un assemblage d'idées qui décrivent correctement le réel jusqu'à ce qu'on les ait remplacées par de nouvelles idées, meilleures. C'est que le monde n'est pas entièrement notre construction; il est plutôt ce qui résiste à nos constructions et en souligne les imperfections. Une idée nouvelle est un outil de connaissance.

Le philosophe et psychologue américain William James aurait sûrement été d'accord avec cette définition. Représentant le plus connu du pragmatisme, James considère que la valeur d'une idée neuve tient à son usage. Avec lui, une idée (par exemple celle d'un avion) ne se définit pas uniquement par ses caractéristiques (deux ailes, un moteur…) mais aussi par ce à quoi elle sert et servira (voler, transporter des passagers, réduire les distances…), c'est-à-dire par son caractère novateur. Avec James, une théorie devient un instrument de recherche. Là où les définitions classiques de l'idée s'intéressaient à la forme et à l'origine, les pragmatistes orientent le regard vers l'usage et le futur : l'idée nouvelle permet de se projeter dans l'avenir car elle est une préfiguration de l'action. « Je pense pour agir » serait la version « jamesienne » du *cogito*, car une idée nouvelle est ici une nouvelle action.

Ludwig Wittgenstein, philosophe aussi génial qu'excentrique, affirme que l'idée nouvelle prend sa source dans le langage. L'idée serait une sorte de jeu de langage qui ne renverrait pas nécessairement à quelque chose de réel. Wittgenstein assigne à la philosophie un rôle thérapeutique : purifier les pensées, éliminer les idées obscures et clarifier les théories. Les derniers mots du *Tractatus*, son plus célèbre ouvrage, ne sont-ils pas : « Tout ce qui peut être dit peut être dit clairement; et ce dont on ne peut parler, il faut le taire » ? Alors, silence les créatifs ?

Brève histoire de l'imagination racontée par les philosophes

Cette histoire n'a en fait pas trop bien commencé pour nous, Occidentaux. L'avènement du dialogue socratique trouve ses origines dans la volonté du philosophe de se démarquer des artifices rhétoriques des sophistes. Le père de la maïeutique érigea le questionnement en un véritable art de la pensée. Mais l'essence de la pensée était pour Socrate avant tout rigueur et critique. Logique et non magique, utile et non futile, la pensée devait surtout prouver que l'autre avait tort.

Platon, son fils spirituel, abonda dans ce sens. Comme nous venons de le voir, toujours pas de place pour l'imagination, même le mot n'existe pas. La vérité n'est possible qu'en soutenant la transcendance des idées et en se méfiant des mondes sensibles et des images qu'on en aurait. Une simple imitation n'est pas plus recommandée, mais là au moins le mot existe ! La mimétique – l'art d'imiter – est bien éloignée du vrai, soutient Platon. Et la mimésis ne produit que leurres et faux-semblants.

Platon privilégie la géométrie et définit l'idée comme étant une forme. La forme est le modèle de tout ce qui est supérieur, éternel et unique selon un modèle vertical d'intégration. Il n'y a pas chez Platon d'interaction dans le vrai sens du terme. Les processus sont non réciproques, non réversibles. Plus important encore pour la question qui nous occupe, Platon construit un univers métaphysique et un système épistémologique dans lequel la perfection est donnée à l'origine. C'est un système de conservation qui ne laisse aucune place à l'imagination, à la créativité, à l'invention, au devenir. Même s'il a dit un jour que la nécessité est la mère de l'invention.

Ce n'est pas le cas chez Aristote où se côtoient les concepts de mouvement, de dégradation, d'évolution. « La matière aspire vers la forme comme la femelle vers le mâle. » Cette formule célèbre illustre la place du devenir dans le système aristotélicien qui pousse l'être vers son état d'entéléchie.

Et si l'imagination a un acte de naissance, c'est sans aucun doute le traité *De l'âme* d'Aristote. Convaincu que l'universel ne pouvait se former qu'à partir de l'expérience, le philosophe se met dans une position antithétique à celle de son maître Platon. Il soutient qu'on ne peut penser sans image et distingue au sein de la pensée la perception, l'imagination et l'entendement. Nous percevons par les sens une réalité qui nous est présente et nous pouvons imaginer par contre une réalité qui n'existe pas.

L'objet de l'imagination est la *forme* du sensible. Aristote l'appellera *phantasia* (de *phaos*, lumière) et la définira comme « la faculté de produire des images, à partir desquelles nous formons des jugements susceptibles du vrai et du faux ». On retrouvera d'ailleurs cette place médiane de l'imagination chez Kant. En amont de la pensée proprement dite, rationnelle par essence chez Aristote, l'imagination jouit d'une totale liberté pour relier l'expérience directe proposée par les sens et la détermination conceptuelle demandée par l'intelligence.

Pour Aristote, le rôle de l'imagination dépasse celui d'un outil cognitif. Elle est par exemple à l'origine du désir, c'est une affection du sens commun, tout en mouvement, qui élargit la vie psychique des êtres et leur permet de s'élever. Le Stagirite rêvait même d'une « navette qui court d'elle-même sur la trame ». Mais on est encore bien loin de Mai 68 ! Quand Aristote dit « L'Homme est un animal pensant », il parle bien sûr de pensée logique, convergente, linéaire…

Après la publication du texte *De l'âme,* la question de l'imagination ne quitta plus jamais l'ordre du jour des philosophes, ou celui de leur nuit. Saint Augustin par exemple, même si on le dit plus proche de Platon, reprendra la trilogie d'Aristote. « *Sensus percipit, imaginatio representat, cogitatio format*[1] » écrit-il.

Mais que les choses soient claires. Pendant des siècles et des siècles, c'est la Raison qui domine et l'imagination, officiellement censurée, sombre même dans l'ésotérisme ou disparaît dans la clandestinité des recherches alchimiques de la Renaissance. La Raison domine depuis Socrate, culmine avec saint Thomas d'Aquin, triomphe avec Descartes. Mais l'imagination est toujours là, irréductible, dérangeante. On le voit quand le philosophe français parle de chimères ou de chiliogone (polygone à mille côtés). Est-ce vraiment irrationnel ? Descartes voit l'imagination comme une redoutable cause d'erreur, même s'il lui reconnaît une certaine utilité à l'entendement… et même à sa philosophie qui est basée sur le doute radical.

Même sorties de leur contexte, les assertions suivantes ne peuvent laisser indifférents. Spinoza déclara l'imagination « puissance amorale, principe des plus féconds des idées inadéquates » ! Malebranche l'appelle « folle du logis » et Pascal « maîtresse de fausseté et d'autant plus fourbe qu'elle ne l'est pas toujours ». Surprenant de la part de celui qui a inventé « l'esprit de finesse » ? Pas autant qu'on le croit. Car Pascal nuance. Il donne l'exemple des illusions d'optique, qui ne trompent que ceux qui ne connaissent pas la géométrie, ceux qui ne savent pas qu'un cercle peut être perçu comme une ellipse.

1. Le sens perçoit, l'imagination représente, la pensée construit.

Si l'Anglais Newton est célèbre pour avoir prétendu qu'il « n'imaginait pas d'hypothèse », son grand rival du calcul infinitésimal, l'Allemand Leibniz, ouvre lui une porte en disant : « J'approuve fort la recherche des analogies ». Le philosophe anglais Berkeley avait troublé ses contemporains en faisant remarquer qu'une forme d'image était inacceptable, celle qu'on qualifie d'abstraite. « Nous ne pouvons nous représenter un homme en général, dit-il, parce que l'homme qu'on se représente est toujours grand ou petit, chevelu ou chauve... » L'image sensible ne peut donc être générale.

Les grands philosophes du XVIIe siècle entretiennent avec l'imagination une relation bien complexe, souvent paradoxale et c'est Kant qui, une fois de plus, remettra de l'ordre dans la maison.

Kant se comparait à Copernic. Si le savant polonais est célèbre pour avoir enlevé à la Terre son statut de centre du monde, le philosophe allemand revendiquait, lui, une inversion de la relation de l'Homme avec le monde. Avant lui, le sujet tournait autour des objets pour essayer d'en comprendre la nature et les principes. Kant mit le sujet au centre, équipé de catégories a priori – le temps, l'espace, la causalité... – pour construire les objets autour de lui. [1]

Et c'est là bien sûr qu'on retrouve l'imagination et son rôle médian entre les sens et le concept, entre la sensibilité et l'entendement. La médiation a lieu dans les deux sens. Face à un ensemble d'impressions, l'imagination coordonne jusqu'à nous permettre de reconnaître un objet concevable. Et inversement, l'imagination procure à un concept son image grâce à un procédé que Kant appelle schème de ce concept. Imaginer un arbre ou le nombre mille nécessite une méthode, une représentation simplifiée, située quelque part entre l'image précise d'une chose et l'idée de cette chose. Le schème est cette méthode. Le nombre est ainsi le schème de la catégorie de la quantité et la succession dans le temps est le schème de la catégorie de la causalité.

À partir de Kant, l'imagination change de statut. Elle n'est pas simplement construction d'images et outil de compréhension et de connaissance. Elle est associée maintenant avec le rêve et la création artistique. Témoin de ce changement, le mot « imaginaire » passe du statut d'adjectif à celui de substantif. Autre mutation sémantique : le roman, pur produit de l'imagination, qualifie une époque. Le romantisme est né, réaction privilégiée de ceux qui ont grandi du bon côté de la révolution industrielle. Victor Hugo

1. Pour Aristote, les catégories étaient dans les objets (lieu, quantité...).

dit de l'imagination qu'elle est « intelligence en érection ». Baudelaire la qualifiera de « reine des facultés ».

Le romantisme véhicule une nouvelle vision du monde. Ceux qui considèrent qu'il est né en Allemagne parlent de « *Weltanschauung* ». Il pose le primat de la subjectivité. L'imagination devient un sens visuel élargi qui rend présent ce qui ne l'est pas. À côté de la clarté et de la qualité des idées, les romantiques valorisent également la quantité et l'originalité des idées. Il devient utile, voire nécessaire, de rêver, il devient possible, voire obligatoire, de créer. L'imagination peut mobiliser les autres facultés intellectuelles. Ce qu'elle ne manquera pas de faire.

Freud accordera un privilège à l'inconscient dans la vie psychique de l'individu. L'imagination y devient thérapeutique. Jung se distinguera de son maître – il tuera le père – en affirmant que les imaginaires personnels s'enracinent dans un fond commun, ce qu'il appelle l'inconscient collectif.

En 1936, Jean-Paul Sartre publie *L'imagination* et quatre ans plus tard *L'imaginaire*. Il y reprend le thème d'intentionnalité de Husserl qui affirme que toute conscience est conscience de quelque chose. Pour lui, perception et imagination sont complémentaires. La première vise un objet réel présent, la seconde produit l'objet comme absent. Mais toutes deux sont des formes par lesquelles la connaissance se donne un objet.

À la même époque, Gaston Bachelard soutient qu'il y a deux versants opposés du psychisme humain. La conceptualisation d'une part, qui culmine dans la science, la rêverie d'autre part, qui trouve un accomplissement dans la poésie. Pour lui, il existe une grammaire de l'imagination qui fait d'elle un principe organisateur et puissant de la conduite humaine.

Sartre et Bachelard se sont opposés tous deux à la thèse de l'inconscient défendue par Freud. Pour eux, l'imagination est une forme particulière ou partielle de la conscience. Mais la méfiance de Sartre contraste avec l'enthousiasme de Bachelard qui voulait rendre la poésie et la science complémentaires.

Cette brève histoire de l'imagination est trop succincte. Elle n'est même pas une table des matières grises comme le prouve l'absence de nombreux géants de la pensée. Est-il simplement imaginable d'ignorer dans une rétrospective Bergson ou Mircea Eliade… ?

Mais elle montre un mouvement. La fabrique d'images est lentement devenue faculté de connaissance et ensuite exploration de l'imaginaire. L'outil esthétique s'est petit à petit mué en ressource stratégique, plus puissante que le savoir selon Einstein. Les vieilles oppositions réel *versus* virtuel, sensible *versus* intelligible, image *versus* concept, profane *versus* sacré, ont du mal à rester les repères de la pensée. Platon affirmait dans *Le Sophiste* : « Est réelle toute chose qui offre résistance et contact ». Mais un atome est tout à la fois matériel et inaccessible aux sens. Et que dire alors des logiciels de réalité virtuelle ?

Cette brève histoire révèle cependant quelques constantes. L'imagination reste située quelque part entre le donné sensible et l'objet conceptuel. Comme le dit Julien Green, c'est la mémoire de ce qui ne s'est pas encore produit. Elle fonctionne dans les deux sens. C'est un mouvement perpétuel et une intelligence intime, improgrammable. C'est le sens des sens, elle nous entraîne. Cyrano de Bergerac disait : « L'imagination mène la vie de l'Homme. S'il pense au feu, il est en feu ! ».

Mais l'imagination demeure insaisissable.

Si je vous demande d'imaginer le Parthénon, cela semble simple. Dites-moi maintenant combien a-t-il de colonnes ? C'est plus difficile. Mais que voyez-vous alors, l'imagination ne produirait-elle qu'une image dégradée ? Ne serait-elle alors qu'une sous-perception ?

Si je vous demande de vous souvenir de votre première leçon d'anglais, l'imagination semble se confondre avec la mémoire. Toutes deux sont capables de présenter ce qui est absent. Mais l'imagination ne replace pas ce premier cours dans le temps, elle reste dans le flou. Ne serait-elle alors qu'une sous-mémoire ?

Tentons néanmoins une définition. L'imagination rend sensibles les objets concevables qui ne le sont pas. Suivant qu'ils existent déjà, qu'ils n'existent pas encore ou qu'ils n'existent que fictivement, l'imagination a un rôle reproducteur, créateur ou producteur. Cette même activité peut donner un contenu intuitif tout à la fois au pôle Nord, au président de l'Europe et au mouvement perpétuel. Cette triple faculté explique sans doute pourquoi l'imagination continue à faire peur !

Francis Bacon : il est possible d'orienter le changement

Si Héraclite affirme que le changement est non seulement nécessaire mais inévitable, Francis Bacon pousse la balle plus loin en prétendant que non seulement le changement est inévitable, mais que nous pouvons le provoquer et l'orienter en agissant, par l'expérimentation, sur la nature. Nous devons obéir aux forces que nous voulons commander. Autrement dit,

Bacon invente la notion de progrès par la science, le savoir, les idées, et nous intéresse donc tout particulièrement.

Très tôt, Francis Bacon (1561-1626), à la fois homme politique et philosophe, se défie des sciences de son temps. La scolastique est selon lui une science de la répétition, inapte à découvrir ou créer quoi que ce soit. Quant aux sciences de la nature, elles sont tout entières issues de la pensée grecque et de l'alchimie, mélange d'impostures et de superstitions. Bacon reproche surtout à la science de ne pas avoir réussi à avancer méthodiquement sur la voie du progrès. Il en est convaincu :

« *Aucun parmi les mortels n'a eu à cœur ni n'a pris soin de diriger les forces de l'esprit et de l'entendement humain vers l'invention et l'avancement des arts et des sciences, et d'aménager la voie dans ce but.* »

Aucun... sauf lui. Sur ce chemin, l'auteur du *Novum Organum* a conscience d'être le premier.

Face à l'impasse des connaissances de son temps, Bacon veut (re)fonder la Science et développer une méthode. Il ne veut pas se contenter d'une refondation pour son propre compte, il souhaite que soient mises en place les conditions économiques et techniques favorables à la recherche scientifique. Sa stratégie éditoriale en témoigne : Bacon n'écrit pas pour le plaisir mais pour que ses livres aient un impact sur leurs lecteurs. Il les destine au roi d'abord – le plus à même de financer ses projets –, puis aux autorités religieuses et universitaires.

La réforme qu'il propose est technique avant d'être conceptuelle. Il s'agit de réunir en un même lieu une bibliothèque la plus complète et la plus générale, un jardin spacieux où seraient réunies les plantes de tous les climats, des bâtiments pour recevoir tous les animaux et tous les oiseaux, deux pièces d'eau douce et d'eau salée pour toutes les variétés de poissons, un musée pour recevoir tout ce que, par l'habileté de l'art ou les machines, la main de l'homme a produit d'exceptionnel, et tout ce que la chance et le travail de la nature ont produit, qui mérite d'être conservé; enfin un laboratoire de physique, chimie et géologie...

À lire ce que demande Bacon, plusieurs choses frappent. Premièrement, il pousse à son terme l'idée médiévale selon laquelle la nature est un grand livre qu'il faut apprendre à lire. À ses yeux, la science véritable doit être descriptive et expérimentale (c'est le sens du jardin et du laboratoire). Deuxième apport : la science est collective, c'est-à-dire qu'elle se pratique à plusieurs dans l'espace et dans le temps (ses résultats sont cumulatifs).

Cette dernière condition est la clé de la possibilité d'un progrès du savoir. Troisième apport : Bacon envisage toutes les sciences, physique, chimie, géologie, biologie, botanique, zoologie mais aussi les sciences humaines (histoire, linguistique…). Enfin, la science rêvée par Bacon possède une finalité technique : elle vise à améliorer la condition humaine.

Bacon lui-même s'intéressait à quantité de choses. En témoigne une liste intitulée « Merveilles naturelles, surtout celles qui sont destinées à l'usage humain » clôturant un volume reprenant le *Sylva Sylvarum* et la *Nouvelle Atlantide*. Cette liste montre un Bacon humaniste, au sens moderne de bienfaiteur de l'humanité et au sens renaissant d'esprit prolifique, curieux de tout. Certaines de ces idées ont été développées, d'autres sont encore d'actualité :

– *Prolonger la vie.*
– *Rendre, à quelque degré, la jeunesse.*
– *Retarder le vieillissement.*
– *Guérir des maladies réputées incurables.*
– *Amoindrir la douleur.*
– *Augmenter la capacité à supporter la torture ou la douleur.*
– *Transformer le tempérament, l'embonpoint et la maigreur.*
– *Transformer les traits.*
– *Augmenter et élever le cérébral.*
– *Fabriquer de nouvelles espèces.*
– *Transplanter une espèce dans une autre.*
– *Rendre les esprits joyeux, et les mettre dans une bonne disposition.*
– *Puissance de l'imagination sur le corps, ou sur le corps d'un autre.*
– *Accélérer le temps en ce qui concerne les maturations.*
– *Accélérer la putréfaction.*
– *Accélérer la germination.*
– *Forces de l'atmosphère et naissance des tempêtes.*
– *Produire des aliments nouveaux à partir de substances qui ne sont pas actuellement utilisées.*
– *Fabriquer de nouveaux fils pour l'habillement; et de nouveaux matériaux, à l'instar du papier, du verre, etc.*
– *Minéraux artificiels et ciments.*
– Etc.

Le programme de réforme tant désiré par Bacon n'eut que peu de succès, tout au moins sur le plan pratique. Il n'obtint jamais les fonds nécessaires à la réalisation de son projet. Cependant, les raisons de l'échec ne sont pas uniquement contingentes. Elles tiennent aussi à la nature humaine, ce que Bacon avait parfaitement identifié 400 ans avant tous les auteurs de livres de management.

Pourquoi les hommes ne se laissent-ils pas convaincre aisément par le vrai ? Pourquoi s'accrochent-ils à leurs erreurs, ralentissant ou parfois même bloquant le cours du progrès scientifique ? C'est que les connaissances ne s'effacent pas d'un coup, nous sommes conditionnés par nos habitudes et nos structures de pensée. Ce qui est très utile lorsqu'il s'agit de recommencer une opération maintes fois résolue dans le passé (additionner deux nombres, lire, marcher…) mais qui se révèle handicapant dès lors qu'il faut développer de nouvelles idées.

Il importe donc, à qui veut mettre en place les conditions d'un savoir nouveau, de déconstruire l'ancien, en en critiquant ce que Bacon nomme les idoles. Produites par l'esprit, les idoles, dans le sens platonicien d'images de la réalité, le conditionnent pourtant, s'imposant à lui avec la puissance de la vérité.

Bacon distingue quatre sortes d'idoles suivant qu'elles sont issues de la nature humaine en général, de la nature individuelle (on dirait aujourd'hui psychologique), de la société ou des théories en vogue. Ces idoles se complètent les unes les autres pour former un prêt à penser nocif pour les idées nouvelles. Une méthode d'invention scientifique doit donc les combattre. Mais cette méthode ne peut se contenter d'être critique; elle doit aussi fournir des instruments pour développer un savoir neuf.

Le premier pas sur la voie d'une refondation de la science est d'obtenir des hommes qu'ils s'imposent pour un temps de renier leurs préjugés et qu'ils commencent à se familiariser avec les choses mêmes. Qu'est-ce à dire ? La science antique et médiévale partait du général pour en déduire le particulier. Bacon propose l'inverse : partir du particulier, saisi par les sens. Toutefois, nos sens nous trompent, puisqu'ils sont les victimes possibles des idoles. Autrement dit, ils nous donnent à voir la réalité, non telle qu'elle est mais telle qu'elle apparaît aux humains. Alors, que faire ?

Bacon propose de seconder les sens par des instruments conceptuels (notamment mathématiques). Le modèle de ces instruments ne doit pas être la lunette astronomique, qui n'est qu'un prolongement des sens, mais la règle ou le compas qui permettent à chaque main de tracer une droite et un cercle parfaits, ou la boussole qui permet au marin de naviguer avec certitude sur un chemin inconnu parce qu'elle tire des choses mêmes les forces qui l'orientent.

Bacon promeut une méthode inductive, basée sur une collecte large des faits, le renouvellement des expériences et la variation des conditions d'expérimentation. Par son idée de « tables » où on classe les faits observés, il préfigure l'usage des méthodes quantitatives. Enfin, il revalorise la cause efficiente aux dépens de la cause finale.

La pensée de Francis Bacon constitue une étape décisive de l'histoire des Idées. Il y a un avant et un après, la science qualitative de la nature est invitée à devenir quantitative. La légende dit qu'il est mort de froid en tentant de congeler des poulets pendant l'hiver pour tester une théorie. C'était un empiriste convaincu !

La technologie au cœur de tous les changements

Du monde-machine au monde-système

Pendant des siècles, personne ne s'est vraiment posé la question du « début ». Tout semblait si évident. Pour apprendre les mathématiques, on commence par les chiffres. Pour apprendre à écrire, on commence par l'alphabet. L'histoire de Rome commence avec Romulus et Remus. Et celle des Croisades commence avec Godefroi de Bouillon. L'apprentissage du latin commence par la première déclinaison et Mendeleïev a classé les atomes de la nature par ordre croissant d'électrons. On aborde une langue étrangère par les mots les plus courants et on s'initie au jeu d'échecs en apprenant les règles. Comme le disait le dicton, « il y a un début à tout ». Même les labyrinthes les plus compliqués ont une porte d'entrée.

Pour penser, on savait par où commencer. La logique d'Aristote commence par trois principes (identité, non-contradiction et tiers exclu). Les philosophes aiment bien les principes, même s'ils donnent parfois l'impression de s'appuyer sur eux… pour les faire céder. Descartes, par exemple, a regroupé quatre principes pour construire sa célèbre méthode pour penser. (Il était d'autant plus motivé que cela lui permettait d'être !) Grâce au philosophe français, la réflexion face à une question complexe disposait d'un plan d'accès. Le troisième principe de Descartes est très clair (et distinct) :

« Conduire par ordre mes pensées en commençant par les objets les plus simples et les plus aisés à connaître pour monter peu à peu, comme par degrés, jusqu'à la connaissance des plus composés. »

Executive summary : si vous voulez penser à un problème, avec Descartes, il n'y a pas de problème. Vous commencez en bas, et vous prenez l'escalier. Les trois autres principes de la méthode vous faciliteront en plus l'ascension. Le premier vous conseille de douter de tout, le deuxième de morceler les difficultés et le quatrième de ne rien oublier.

La pensée cartésienne a un côté confortable. Elle est séquentielle, linéaire, ordonnée. On commence par le commencement et on finit par la fin. Mais c'est là aussi que commencent nos ennuis. Car le cyberespace et le temps réel exigent un autre système d'axes. Aujourd'hui les réseaux sont maillés, les diffusions sont en boucles, les croisements sont devenus des ronds-points. Quand on dit qu'il n'y a personne au bout du fil, ce n'est pas parce qu'il n'y a personne mais parce qu'il n'y a plus de bout au fil. Même les proverbes évoluent. « *Think globally, act globally* ». Tout va de plus en plus vite. C'est la tendance ADHL (ADSL à la maison et DHL pour le courrier). Tout va dans tous les sens. On ne sait plus si ce sont les ONG qui sont opposées aux OGM ou si c'est l'inverse.

Le monde actuel demande donc une pensée actualisée. Pas contre Descartes, mais au-delà de Descartes. Une pensée holistique, totale, qui prend en compte les éléments et les relations entre les éléments, les actions et les rétroactions. En un mot, toujours la même pensée systémique.

La complexité s'accroît mais elle n'a pas de début, pas de frontière, pas d'origine, pas d'extrémité… Cela n'a pas toujours été le cas. Le monde-machine a précédé le monde-système.

À l'enterrement de Newton, Laplace a déclaré : « Il n'y aura pas un deuxième Newton, car il n'y a qu'un seul monde à découvrir ». C'est vrai que les travaux du génie anglais avaient de quoi éblouir. Quel culot ! Oser briser un principe vieux de 2 000 ans ! Oser affirmer qu'une pomme qui tombe et une lune qui ne tombe pas obéissent néanmoins toutes deux à une même loi d'une même physique ! Contre Aristote qui affirmait le monde coupé en deux : parfait et éternel du côté du ciel, corruptible et mortel du côté de la terre.

Avec Newton, la métaphore du monde-machine a trouvé son apogée. La lunette ou l'horloge, encore outils pour Galilée et Huygens, prennent un statut de modèle. La science, qui a d'abord cherché des machines pour comprendre le monde, est passée ensuite à une compréhension du monde vu comme une machine.

Une machine certes, mais pas trop compliquée, avec des engrenages et des bras de levier, capable d'aller en avant et en arrière de manière symétrique. Remplacez un + par un – dans les équations de Newton et voilà la pomme qui remonte dans l'arbre et la lune qui fait demi-tour.

Conséquence de cette vision mécanique et mécaniste des choses : il devient possible de prévoir l'avenir et de remonter dans le passé, il suffit de connaître le présent et la loi qui gouverne l'univers.

Ces principes de la physique devaient entraîner trois questions philosophiques, car on pouvait en effet se demander :

– Qui a construit la machine ?

– À quoi sert la machine ?

– Qu'en est-il de la liberté de l'homme au sein de la machine ?

Si Newton alla chercher du côté de Dieu la réponse à la première question, il laissa plutôt de côté les deux autres.

Ce n'est qu'au XIXe siècle que la métaphore du monde-machine cède sa place à une autre : celle du monde-système. Carnot et sa théorie de la chaleur ou Darwin et son approche du monde vivant introduisent en effet des mots nouveaux pour la science : évolution, dissipation, irréversibilité...

Le mouvement perpétuel à la Newton est dénoncé dans son impossibilité pratique. Le temps a désormais un sens, il n'y a pas de marche arrière sans coût énergétique. Le monde est maintenant un système qui consomme, qui s'abîme. Et si machine il y a encore dans la métaphore, ce n'est plus une horloge bien huilée mais plutôt une machine à vapeur bruyante, fumante, qui un jour ou l'autre finit par s'arrêter, ou par se casser.

La discussion philosophique s'en trouve en partie débloquée car s'il y a hasard, il n'y a pas déterminisme. Il y a donc place pour une forme de liberté de l'homme, il y a place pour un débat sur les objectifs du système, de la machine.

En basculant d'une métaphore dans l'autre, la physique entraîna avec elle l'économie. Côté machine, la loi de l'offre et de la demande était un peu la gravitation universelle pour Adam Smith. Côté système, la lutte entre le capital et le travail fait penser aux températures chaudes et froides du cycle de Carnot.

Ces quelques siècles de recul sont bienvenus pour analyser a posteriori l'éclatement de la bulle Internet et le mythe de la « nouvelle économie ». Attention au regard newtonien. Même si beaucoup d'espoir et d'argent se sont envolés, il ne s'agit en rien d'un retour à la case départ. Il n'y a d'aucune manière un retour à l'« ancienne économie »[1].

Non, c'est Darwin qui doit guider notre réflexion car la révolution Internet est irréversible. Comme beaucoup d'autres, elle a mangé ses enfants. Mais le temps et l'espace sont définitivement autres, le nombre d'accès et d'utilisateurs a dépassé le milliard, des secteurs entiers – les petites annonces, le transport aérien, la poste… – ne sont déjà plus comme avant. Une génération entière a redécouvert ce qu'entreprendre voulait dire et des millions d'adolescents ne consommeront jamais comme nous.

Une nouvelle économie est latente, c'est l'acte III d'Internet. Après la bulle qui gonfle et la bulle qui éclate, les choses sérieuses commencent, sans bulles. Après l'Internet-machine, place à l'Internet-système.

Et les idées dans tout cela ? Elles sont à l'origine d'Internet, c'est sûr. Teilhard de Chardin – en 1955 déjà – voyait l'individualité humaine comme un élément, comme une étape vers la réunion totale des esprits. Sa noosphère a d'ailleurs inspiré Marshall Mc Luhan qui rendit célèbre dix ans plus tard la métaphore du village global. Le jésuite français et le philosophe canadien, à qui l'on pourrait adjoindre Gilbert Simondon, partageaient un optimisme technoscientifique et une confiance totale dans la science, qui ont toujours leurs adeptes aujourd'hui. En tournant définitivement le dos à l'humanisme, les technophilosophes voient l'homme devenir un neurone d'un cortex mondialisé, ils imaginent le sujet se dissoudre dans la structure. L'unification des esprits se poursuivrait. C'est l'hypothèse Gaïa d'un cerveau planétaire et d'une planète qui pense, la frontière qui disparaît entre la matière et le vivant, les machines qui deviennent des prothèses…

Les lois de l'évolution se doubleraient en plus de la loi du marché et le cyberespace serait issu de cette convergence. L'ère numérique aurait toutes les qualités, il suffirait simplement de laisser les choses se faire. Encore un peu de patience, Internet est l'achèvement, l'Oméga de la culture humaine, l'idéologie de la fin des idéologies. L'aveuglement technologique est tellement confortable.

Ce n'est évidemment pas notre position. Faire circuler les idées est une chose, avoir des idées est une autre chose. Une canne à pêche, une boîte de

1. Voir le modèle des deux types d'économie dans le chapitre 5, p. 131.

vitesse ou une photocopieuse n'ont pas d'idées. Internet n'a pas d'idées non plus.

Espace, temps, causalité, perception : rien n'est plus comme avant

Le malaise et le désarroi ressentis aujourd'hui ont des racines multiples. L'une d'entre elles semble être cette incapacité d'encore comprendre entièrement et donc de contrôler efficacement des institutions qui changent dans un monde qui change, la difficulté désormais de repérer les commandes de mutations qui nous échappent.

Nous vivons mal l'inadéquation d'un certain nombre de systèmes (économique, juridique, politique...) dont les excès, les déviations ou les aliénations sont aujourd'hui montrés du doigt, alors qu'à l'origine, ils semblaient pourtant convenir à une large majorité d'entre nous.

La justice apparaît tout à coup moins juste, la sécurité sociale semble soudainement moins « sécure » et même moins sociale, la démocratie donne en une fois l'impression de ne plus être très démocratique. Il y a pour cela des explications internes à ces systèmes et elles font l'actualité. Il en existe au moins une autre, l'évolution relativement brutale de quatre piliers sur lesquels tous ces systèmes ont été construits : l'espace, le temps, la causalité et la perception.

L'espace était un concept tranquille. Bâti depuis longtemps en trois dimensions, compartimenté, structuré de part et d'autre de frontières, le voilà tout à coup agité, mondialisé, délocalisé, cybernétique même.

L'écologie montre qu'il n'y a plus d'ailleurs, l'économie remplace le chacun chez soi par le tout le monde chez tout le monde, la technologie permet à une information d'être partout, c'est-à-dire nulle part, insaisissable. L'aviation permet d'aller en « non-stop » à l'autre bout de la planète pour aussitôt demander par téléphone des nouvelles du pays à peine quitté. Et on ne sait plus où l'on en est.

Que deviennent les « frais de transport » quand on se rend dans son entreprise par téléphone ? Le télétravailleur peut-il mettre, dans sa note de frais, le coût du modem à la place des kilomètres parcourus ? Qu'est-ce que taxer à la superficie une entreprise virtuelle et faire payer les petites annonces en euros par centimètre carré ? Même la frontière entre l'intranet et l'Internet est indéfinie, voire indéfinissable. Peut-on entrer dans le cyberespace, puisqu'il est partout ? Qu'est-ce encore qu'une place financière ? Et que veut dire délocaliser dans un marché où le lieu a de moins en moins d'importance ? Ne serons-nous pas tous à terme des Sans Domicile Fixe ? N'est-ce pas une entreprise comme Visa qui a raison, puisque ne sachant pas où elle est, on la voit partout ?

Le temps était lui aussi un concept paisible : uniforme et universel, mesurable et mesuré, il avait l'habitude de s'écouler à ses rythmes. Jours et nuits, printemps et automne, la grande pendule du monde disait oui, disait non, et ronronnait dans nos salons.

Mais la pendule est aujourd'hui bien perplexe. Comment doit-elle battre dans cette société devenue en « temps réel » ? Et d'ailleurs comment le temps était-il avant d'être réel, à une époque où l'on disait parfois n'avoir pas le temps « matériel » de faire quelque chose ? Un distributeur de billets de banque permet de consulter le solde de son compte, en un mot d'avoir en temps réel une information qui date de la veille (au mieux !). Tel quotidien ne propose-t-il pas de consulter ses archives… en temps réel ! ?

Le temps n'est donc plus le même pour tout le monde, statique pour les uns, dynamique pour les autres. Le « temps long » identifié par Fernand Braudel n'est plus une référence. Il n'y a plus d'après, il n'y a plus d'ailleurs.

Le temps, c'est de l'argent ? Aujourd'hui la richesse serait plutôt la vitesse. À quoi riment encore des pointeuses dans des entreprises, comme si la création attendue se comptait en minutes ! « *Just in time* », juste à temps de quoi ? Se dirige-t-on vers des carrières de sportif, pensionné à 35 ans ? Ou au contraire, la vie ne commence-t-elle pas à 60 ans ?

Dans l'avenir sera-t-il encore possible de prendre du temps, ou de perdre son temps ? On en perd ses repères, comme lorsqu'on regarde CNN, la chaîne américaine d'information en continu. CNN se moque des fuseaux horaires comme une mouche des trous d'air. Les montres de CNN n'ont d'ailleurs qu'une seule aiguille, celle des minutes. L'heure des informations est l'heure juste, un point c'est tout. Les journalistes disent bonjour 24 fois par jour et ne disent pas « au revoir », ils disent « à tout à l'heure ». Sur CNN, le temps n'existe pas plus que l'espace. Où sont-ils finalement ces diseurs du matin et ces diseurs du soir ? En Amérique ou en duplex, en mission ou en différé ? CNN, c'est le mouvement médiatique perpétuel.

Le temps et l'espace ne sont plus les bons instruments de mesure. Il suffit de demander ce qu'ils en pensent à un chauffeur de taxi et à son passager, coincés dans un embouteillage. Et si la vitesse a un jour été définie comme l'espace divisé par le temps, il sera amusant de voir un jour le cyberespace divisé par le temps réel et ce qui reste des plans comptables ou des plans de carrière.

La causalité, ensuite. Depuis toujours, l'homme aime à comprendre le pourquoi des choses. Quelle cause entraîne quel effet, quelles hypothèses peuvent conduire à quelles conclusions ?

Pas de chance, là aussi ça se complique, sans très bien savoir… pourquoi ! Aux causes et explications traditionnelles s'ajoute en effet un nouveau venu : l'effet de rétroaction, de feed-back. C'est-à-dire la confusion permanente entre l'action et la réaction, l'impossibilité de pouvoir encore conclure. Exactement comme la publication d'un sondage modifie les résultats d'une élection, les infoducs permettent une adaptation à ce point rapide aux événements que ceux-ci s'en trouvent modifiés.

Combien de temps dira-t-on encore que le brouillard a causé un accident, que l'informatique cause du chômage. Et combien de temps dira-t-on encore dans les aéroports qu'un avion partira en retard parce qu'il est arrivé en retard ? Nous y revenons longuement plus loin.

Quatrième pilier, *la perception* de l'environnement par son occupant humain est, elle aussi, reposée de manière radicalement différente. Le vieux débat qui consistait à opposer réel et virtuel pourrait même être clos puisque les spécialistes ont mis au point la réalité… virtuelle et que le monde virtuel devient… une seconde réalité !

Les paradoxes y sont en effet omniprésents. La digitalisation de l'information permet par exemple de ne plus la dégrader, d'en garder une qualité parfaite. Mais d'une certaine manière, cette vérité absolue peut mener à une fausseté totale. Il y a quelques années, on a récompensé le film *Forrest Gump* où le héros serre artificiellement la main du président Kennedy, montage virtuel et impressionnant d'images tournées à 30 ans d'intervalle. Aujourd'hui, on peut se représenter soi-même sous une forme virtuelle ou avatar, et serrer en ligne la main du président Sarkozy !

Paradoxe, confusion et mélange des genres. Best-seller des jeux de rôle, *Second Life* invite à « vivre une seconde vie », parallèlement à la réalité, et vise à recréer une société utopique artificielle. Le portail Internet Lycos a compté le nombre de fois qu'un nom de femme a été recherché dans son masque de saisie. On trouve en troisième position, après l'actrice Pamela Anderson et le top-modèle Laetitia Casta et avant Sophie Marceau, Lara Croft, actrice virtuelle du jeu vidéo *Tomb Raider*, une femme entièrement artificielle qui n'existe que dans l'imagination de ses créateurs. Champions de la réalité virtuelle, les images de synthèse des jeux vidéos induiraient de plus en plus chez les jeunes une confusion entre réalité et fiction, un brouillage entre ce qui se fait et ce qui ne se fait pas.

Faux sons, fausses images, fausse vie… Est-ce cela la société de l'information ?

Quoi qu'il en soit, le vieux binôme fond-forme a rarement été autant secoué. La technologie permet le mélange, la confusion, le vrai faux et le faux vrai. Mais attention, permettre signifie simplement rendre possible et certainement pas autoriser. Il est donc essentiel de retrouver la capacité de s'étonner, de se méfier, de critiquer.

Parler, écrire, penser, communiquer… Une Renaissance ?

L'espace, le temps, la causalité, la perception… Une réflexion de ce type peut ne jamais s'arrêter et il ne faut surtout pas qu'elle s'arrête. Le concept suivant pourrait d'ailleurs être le langage, véhicule de la pensée, également bien malmené.

Les fondements même de notre vie en société ont changé. L'information est la ressource-clé de l'aujourd'hui et nous sommes obligés de repenser l'ensemble des structures car les concepts sur lesquels elles sont basées ne sont plus ce qu'ils étaient. Dans une société de la connaissance, que deviennent en effet la propriété, la concurrence, le travail, la pédagogie, la concertation, l'autorité, la solidarité, l'éthique… ?

Il n'est donc pas étonnant d'assister à un incontestable renouveau de la philosophie. La (re)découverte de la pensée construite par l'homme au fil des siècles peut être en effet d'un apport considérable au moment on l'on s'apprête à en changer. La cadence des événements s'accélère et la confusion grandit entre l'urgent, l'important et l'essentiel.

La réflexion bien ancienne sur les causes et les effets pointe aujourd'hui son doigt vers les technologies de l'information. Dans un « cybermonde », par définition, il n'est plus possible de distinguer la cause de l'effet puisqu'ils alternent dans des boucles de rétroaction. Mais il reste raisonnable de situer la technique au cœur de tous les changements, y compris celui de notre manière de raisonner.

- Les technologies de l'information ont une influence sur notre manière d'écrire car le traitement de texte permet des brouillons qui n'en sont plus. La possibilité de « recycler » des textes anciens, de copier, de couper et coller, de découper, décoller et décopier n'est pas non plus sans conséquence.

- Elles ont également une influence sur notre manière de calculer… ou de ne plus le faire. La pratique de la preuve par neuf a fait place à la perception des ordres de grandeur, la recherche d'une formule directe est moins prioritaire que celle d'un tâtonnement efficace.
- La manière dont nous communiquons évolue. L'e-mail permet d'accélérer les échanges écrits… avec ceux qui sont connectés. Qu'adviendra-t-il des non-branchés et des débranchés ? La manière de nous souvenir également : les enfants ne font plus d'albums de photos !
- Notre manière de parler est aussi touchée. Le langage est en risque de perdre sa saveur, de s'imbiber d'un anglais lui aussi appauvri. Petit à petit « sécuriser » remplace « rassurer », « performant » se substitue à « excellent »…
- Enfin, les technologies de l'information ont une influence sur notre manière de penser. Deux exemples : le savoir ne doit plus être mémorisé obligatoirement sur du papier, avec toutes les contraintes de séquence et de linéarité. Ce qui à terme pourrait aussi avoir des conséquences… Tout comme la « pensée PowerPoint », devenue la rhétorique universelle dans un monde où l'on a de plus en plus besoin de voir pour penser[1].

Le texte des *Pensées* de Pascal nous est arrivé relativement intact. Mais l'ordre dans lequel le philosophe français les concevait n'est pas connu avec certitude. Et il apparaît que les pensées classées d'une manière ou d'une autre peuvent donner des interprétations différentes de... sa pensée !

Le savoir peut aujourd'hui rester sous une forme beaucoup plus riche et garder au sein d'une banque de données, un hypertexte, tous les liens qui unissent, dans tous les sens, des éléments de connaissance.

Socrate n'a jamais rien écrit, probablement pour ne pas modifier ou dégrader sa pensée. Aujourd'hui, l'ordinateur offrirait néanmoins un outil à sa mémoire. Peut-être finalement que ce qui se conçoit bien, ne peut pas s'énoncer du tout...

Sur le point précis de la créativité, les « pères fondateurs » comme Osborne, Koestler et de Bono ont apporté une contribution considérable

1. D'après Microsoft, trente millions de présentations PowerPoint sont élaborées chaque jour dans le monde.

certes, mais qui apparaît « pré-informatique ». La créativité assistée par ordinateur est une discipline neuve et l'espace Internet, le septième continent, n'est limité que par l'imagination.

De manière plus générale, c'est toute une philosophie de l'informatique et des réseaux qui apparaît indispensable. Dans son livre *Le contrat naturel,* Michel Serres soutient l'idée qu'après un contrat social où l'homme a renoncé à une partie de sa liberté individuelle au profit d'un système de vie en communauté, qu'après un contrat scientifique où l'homme a accepté qu'une part de vérité soit issue d'une expérience ou d'une démonstration, l'homme doit reconnaître la Nature comme un partenaire sur pied d'égalité et signer un contrat d'un troisième type.

Aujourd'hui, c'est probablement d'un quatrième contrat dont l'homme a besoin : un contrat digital. Une réflexion sur la relation de l'homme et de sa machine, réflexion qui se doit d'être à la mesure de ce qu'est devenue sa machine : universelle, en temps réel, tissée de rétroaction et de paradoxes.

Une réflexion qui ne peut se faire que tous ensemble et qui doit bien sûr commencer par la question de base : finalement, de l'utilisateur ou de l'ordinateur, qui programme qui ?

Les quatre causes d'Aristote : mieux comprendre ce qui est neuf

Depuis des milliers d'années, l'homme se pose des questions. Pourquoi alors ne pas essayer de regarder le monde d'aujourd'hui avec les yeux de l'un ou l'autre grand philosophe ? Un éclairage inhabituel donne toujours des idées nouvelles.

Aristote, par exemple, répond au « pourquoi » des choses en identifiant quatre « causes » possibles à un développement :

- une cause matérielle, c'est-à-dire la matière première utilisée. Dans le cas d'une statue, par exemple, la cause matérielle pourrait être le marbre;
- une cause formelle qui définit la silhouette, la forme de l'objet. La cause formelle d'une statue sera donc probablement la ressemblance avec un être humain;
- une cause efficiente. Chaque développement a besoin d'une énergie pour être amorcé. Celle du sculpteur qui attaque le bloc de marbre sera donc la cause efficiente;
- une cause finale enfin directement liée au but poursuivi. Elle pourrait être la fête ou la célébration d'un événement au cours de laquelle l'œuvre serait offerte.

Cette quatrième cause occupe une place centrale dans la métaphysique d'Aristote et confirme par là l'importance de son principe téléologique : tout développement présuppose un but. 2 500 ans plus tard, il est presque fascinant de voir à quel point le modèle des quatre causes se défend encore. Et de réaliser que ce qui est perçu comme révolutionnaire aujourd'hui était d'une certaine manière déjà écrit dans le ciel aristotélicien.

Prenons pour ce faire les deux objets qui caractérisent sans doute le mieux ce début de siècle : la voiture et l'ordinateur individuel. Dans le cas de la voiture, le modèle tient la route : les quatre causes se retrouvent pratiquement telles quelles et les nuances ne sont pas déterminantes.

L'avènement des matériaux composites ne modifie pas l'esprit dans lequel Aristote a défini la cause matérielle. La cause formelle reste également intacte, la manière dont est calculée la résistance à l'air n'intervenant évidemment pas. L'apparition du syndicalisme, du travail à la chaîne ou encore la législation fiscale ne sont pas en contradiction avec l'idée aristotélicienne de la cause efficiente (qui n'est pas – c'est l'occasion de le rappeler – synonyme d'efficace). Le philosophe grec n'aurait même probablement pas eu d'objection à voir un robot remplir le rôle de la troisième cause et aurait été ouvert à la question de savoir si l'énergie était matérielle ou efficiente.

La cause finale, elle, défie simplement le temps, son concept semble inaltéré par les siècles traversés, qu'il s'agisse d'une statue ou d'une voiture. Ne dit-on pas même parfois qu'une voiture ressemble à son propriétaire ?

Dans le cas de l'ordinateur individuel par contre, l'utilisation du modèle est plus surprenante. Il induit des idées nouvelles et n'en est que plus utile. Commençons par le matériel, le hardware. Quelle est encore l'importance du silicium ou du laser aujourd'hui ? Les prix chutent. Le hardware sera bientôt gratuit. L'avenir est au software. Faudrait-il donc proposer à Aristote l'idée d'une cause « immatérielle » ?

Par ailleurs que devient la forme ? Où se trouve la valeur ajoutée ? Dans le graphisme de l'écran et le design du portable ? Ou bien, dans l'architecture des circuits et la structure du logiciel ? On ne doit pas être tellement loin d'une cause « informelle ». Ce qui n'arrange pas les affaires de Apple qui n'a jamais été dédommagé de s'être fait voler la forme de son Macintosh.

Troisièmement, d'où vient l'efficience ? Est-ce celle du constructeur ou celle de l'utilisateur ?

La cause finale, enfin, est également difficile à établir. Le concepteur d'une machine a, en fait, pour but de permettre à un utilisateur qu'il ne connaît pas d'atteindre le sien. Et les nouvelles versions des logiciels ne sont qu'une prise en compte des fautes dénoncées ou des souhaits émis par l'utilisateur « final » (qui ne l'est donc pas !).

Le modèle des quatre causes d'Aristote appliqué à l'informatique fait apparaître une confusion peut-être définitive entre elles. Tout se passe comme si la troisième et la quatrième fonctionnaient en boucle, bouclage auquel Aristote avait probablement pensé mais écarté dans un deuxième temps pour des raisons techniques... l'absence d'Internet en l'occurrence ?

Une analogie à grande échelle est même possible. Le cyberespace est rendu possible par la généralisation des réseaux digitaux en temps réel, où toute action pas même achevée entraîne déjà une réaction. Cette force de rétroaction, de feed-back semble être la cause des grandes mutations en cours. La cinquième cause, alors ? Pas sûr.

La réflexion est en tout cas amusante et justifie d'être poursuivie. Elle peut aider à mieux comprendre ce qui est vraiment neuf aujourd'hui, car les constantes de l'univers n'apparaissent que par rapport à tout ce qui bouge, et les dimensions des changements ne peuvent être perçues que grâce aux invariants.

Aujourd'hui le monde économique n'a réellement plus de temps. L'émergence des réseaux numériques rend concrète la vision de Mac Luhan : le village global s'est substitué à une planète faite de diversités locales. Dans le passé, quand une PME disait posséder un créneau, on l'imaginait dans l'espace. Aujourd'hui, les créneaux des PME sont dans le temps. Mais les conséquences de ce câblage planétaire peuvent être impressionnantes. En 1995, la banque Barings, vénérable institution britannique, disparaissait corps et biens. Un arbitragiste de Singapour, empêtré dans des opérations de plus en plus importantes, a fini par faire sauter la banque, chose qu'on ne croyait possible qu'au casino.

Comme explication à cette explosion/implosion, les analystes ont cité le tremblement de terre de Kobe et la secousse – dans tous les sens du terme – qu'il a infligée à l'économie japonaise. Mais ce n'est pas suffisant, c'est en fait la combinaison de cette catastrophe ET du temps réel des réseaux de la finance qui a conduit cette banque dans des boucles de rétroaction infernales, hors de portée d'un contrôle humain.

Cet accident illustre les nécessités d'une nouvelle réflexion – 25 siècles après Aristote – sur les causes et les effets. Les produits dérivés ont toujours existé – Thalès de Milet vendait des options sur sa récolte – mais la planète n'était pas à l'époque « relationnelle ». Alors servent-ils à se protéger contre la volatilité des marchés, ou sont-ils à l'origine de cette même volatilité ? Il ne sera probablement plus jamais possible de répondre à cette question.

Et le rôle joué par le tremblement de terre de Kobe et l'inversion des tendances qui a suivi ne peuvent pas non plus tout expliquer. Il suffit de lire comment Voltaire parle du tremblement de terre de Lisbonne en 1748, et de l'influence qu'il a eue sur la pensée occidentale…

Il y a toujours eu des tremblements de terre. Peut-être manquons-nous aujourd'hui de philosophes…

Idées-clés de ce chapitre

La (re)découverte de la pensée construite par l'homme au fil des siècles peut être d'un apport considérable au moment on l'on s'apprête à en changer.

Il est impossible de ne pas changer, le mouvement est l'essence des choses.

L'imagination est lentement devenue faculté de connaissance et exploration de l'imaginaire pour se muer en ressource stratégique.

Dans une société de l'information, l'espace, le temps, la causalité et la perception ne sont plus ce qu'ils étaient, ce qui oblige à repenser les systèmes construits sur ces quatre piliers.

Une canne à pêche, une boîte de vitesse ou une photocopieuse n'ont pas d'idées. Internet non plus.

Finalement, de l'utilisateur ou de l'ordinateur, qui programme qui ?

L'homme a besoin d'un contrat digital : une réflexion sur la relation de l'homme et de sa machine, telle qu'elle est devenue : universelle, en temps réel, tissée de rétroactions.

4

PERCEPTION *versus* RÉALITÉ : LA CRÉATIVITÉ N'EST PAS L'INNOVATION

Commencez par changer en vous
ce que vous voulez changer autour du vous.

GANDHI

Le moment est venu de mieux cerner les deux démarches que sont la créativité et l'innovation. D'un côté, il y a le monde (la réalité), de l'autre, la manière dont on le voit (la perception). L'innovation peut être définie comme le processus par lequel une équipe parvient à changer la réalité des choses et la créativité comme celui par lequel un individu réussit à changer sa perception des choses. Autrement dit, l'innovation est du côté des objets, la créativité du côté des sujets. Le véritable changement est forcément double.

L'expérience nous a appris que changer les idées anciennes est plus difficile que de générer des idées nouvelles. Interviennent différents facteurs : les lois de la perception elles-mêmes, le rôle paradoxal des stéréotypes, des représentations et des concepts. Il faut donc d'abord se concentrer sur les perceptions avant de se lancer dans la production d'idées. En d'autres mots, il faut changer son regard sur le monde, pour mieux changer ensuite le monde.

Changer deux fois

Pour mieux comprendre l'essence de la créativité et de l'innovation, ces cousines indissociables de toute démarche de changement, nous nous appuierons sur les travaux de l'école dite de Palo Alto[1]. De manière simplifiée, un de ses messages est : « Pour changer vraiment les choses, il est nécessaire de changer également la manière de voir les choses ». Il en va ainsi dans l'entreprise. La réalité et la perception constituent le système d'axes du management et le plan de sa responsabilité ultime – le changement – sera donc nécessairement double.

La réalité : le changement de type 1 se produit à l'intérieur d'un système qui, en tant que tel, reste le même. S'il en modifie les éléments, il en respecte néanmoins les règles. Des mécanismes de rétroaction protègent le système, le renforcent même et le ramènent à l'équilibre. Ce qui se traduit par le célèbre « Plus cela change, plus c'est la même chose ! ».

1. Même si selon Paul Watzlawick, un de ses fondateurs, « le groupe de Palo Alto n'a jamais existé », il reste vrai que c'est sous ce nom-là qu'est connue l'école qui a le mieux analysé la résistance au changement. Le Mental Research Institute – c'est son vrai nom – a étudié ce thème au sortir de la Seconde Guerre mondiale en s'inspirant – de loin ! – de la théorie des groupes et de celle des types logiques, développées par Bertrand Russell.

La perception : le changement de type 2 par contre en arrive à changer les règles de transformation du système. Il passe nécessairement par une illumination soudaine et par une nouvelle représentation de la réalité. S'il apparaît parfois « illogique », c'est qu'il est observé à la lumière d'un changement de type 1 !

Changer vraiment, c'est donc changer deux fois.

Prenons quelques exemples.

- Pour quelqu'un qui a l'habitude d'être en retard, l'exactitude ne consistera pas à se dépêcher encore plus (changement de type 1) mais bien à se représenter autrement sa vie, à imaginer une existence où arriver à l'heure devient un plaisir (changement de type 2).
- Un adepte de la voiture individuelle peut voir les transports en commun comme une solution de rechange « au cas où ». Mais un changement de type 2 consiste pour lui à réaliser que sa liberté – peut-être – consiste à ne plus avoir de voiture. De même, beaucoup de gens ressentent le besoin de se « mettre à l'Internet ». Tant qu'ils voient le PC comme une machine à calculer, ou pire, comme une machine à écrire, ils ne changent (qu'un tout petit peu) la réalité.
- Un homme politique qui subit un grave échec est condamné à une double métaphore : il doit traverser le désert *et* faire son deuil. La première est dans la réalité (des mois, parfois des années de retraite), la deuxième dans la perception (il regarde l'avenir, plus le passé).
- Si une entreprise souhaite que son personnel devienne bilingue, elle peut organiser des cours, sélectionner les abonnements, imposer l'anglais lors de réunions… en un mot, travailler le quotidien, la réalité. Mais l'effort risque d'être vain. L'essentiel est de comprendre la perception qu'en a le personnel. Est-il convaincu qu'une deuxième langue est indispensable à l'entreprise ? C'est pourtant là le passage obligé, la condition *sine qua non*. Et pour réussir à convaincre de cela, peut-être que la personne la plus adéquate ne connaît même pas l'anglais ! Ce qui montre à quel point les deux niveaux de changement sont bien distincts.
- Quand deux entreprises fusionnent, il faut construire un seul système comptable, imaginer une seule architecture informatique etc. Mais cela ne suffit pas. Tant que les membres du personnel se voient comme des ex de A ou des ex de B, la nouvelle entité C n'existe tout simplement pas.

Le prisme du changement double est utilisé dans l'ensemble des activités humaines. Plus particulièrement pour le thème qui nous occupe, il permet de mettre un peu d'ordre. L'organisation des idées peut en effet être considérée comme un système qui cherche par définition à maintenir son équilibre. Une idée nouvelle provoquera donc une « contre-idée » nouvelle destinée à neutraliser la première. Seul un changement de type 2 pourra accepter la brutalité, la surprise d'une idée hors du cadre, illumination inattendue, soudaine et perçue parfois comme agressive.

La créativité est donc bien de type 2, l'innovation de type 1. La première se veut changer la perception, la deuxième la réalité. Beaucoup de choses séparent les deux démarches et le tableau ci-contre en résume les principales différences. Une entreprise qui veut innover doit avant tout permettre la circulation des idées. Du jeune stagiaire au contremaître expérimenté, du commercial au chercheur, l'imagination de l'un s'appuie souvent sur l'étonnement de l'autre. Mais les tuyauteries à suggestions ne suffisent pas toujours. Parfois le débit chute, le flux d'idées tarit. C'est alors que les techniques de créativité interviennent. Elles jouent le rôle de pompe, elles garantissent la pression de l'imagination collective.

La créativité apparaît comme la condition locale de l'innovation totale et l'une peut difficilement se concevoir sans l'autre. Si chacun, à tous les niveaux, ne libère pas au mieux les deux temps de sa pensée (divergence-convergence) [1], le flux de suggestions risque de ressembler à du goutte à goutte. Mais en revanche, si les canalisations ne sont pas en place, si les idées ne circulent pas, les frustrations de chacun seront autant de taches d'humidité au bas de murs d'incompréhension. Une entreprise innovante est irriguée en permanence par le plaisir de son personnel de voir ses suggestions pousser, de réaliser qu'il ne prêche plus dans le désert.

Créativité et innovation ont certes quelques points communs importants. Ni l'une ni l'autre ne doivent être limitées à la technologie (un nouveau type de formulaire est parfois plus efficace qu'un nouveau composant électronique !). Créativité et innovation doivent concerner l'ensemble du personnel, toutes deux sont des démarches systémiques et peuvent donc être favorisées par l'intervention d'un consultant extérieur. Tout cela est vrai, mais l'essentiel reste de différencier les deux concepts.

Si un climat est certes indispensable à la créativité, c'est une véritable charte, pratiquement un contrat vis-à-vis d'elle-même, qui garantira l'innovation permanente dans l'entreprise. La charte peut préciser, par exemple, le pourcentage de temps que le personnel peut passer sur ses

1. Le système de la pensée sera développé au chapitre 8.

propres projets, la part du chiffre d'affaires à réaliser sur des produits de moins de cinq ans, un montant annuel de *venture capital* interne, etc.

Une charte bien construite peut entraîner une rupture culturelle étonnante. Si dans un premier temps, elle conduit l'entreprise à proposer de manière continue de nouveaux biens et services, dans un deuxième, c'est le fait même d'innover qui devient le centre de gravité de toute l'organisation.

	Créativité	**Innovation**
Changement	de la perception	de la réalité
selon Palo Alto	type 2	type 1
qui s'applique	au sujet	à l'objet
Démarche	individuelle	collective
Qui se travaille	collectivement	individuellement
Processus	discontinu (photo)	continu (film)
Impact	non mesurable	mesurable
Condition	climat	charte
Formation	apprentissage de méthodes	utilisation d'outils stratégiques
Type de réunion	brainstorming	gestion de projet
Combustible	questions, étonnements, idées étranges, incomplètes	bonnes idées, suggestions retenues
Type de pensée	divergente	convergente
Rôle d'un consultant	faire réfléchir	faire faire

Créativité et innovation sont indissociables, et le lien qui les unit est doublement paradoxal :

- La créativité doit se travailler ensemble, de préférence en séminaire résidentiel. Elle mène collectivement à un changement de perception. Mais comme le rappelle un vieux dicton, « on peut mener un cheval à la rivière, on ne peut le forcer à boire ». L'innovation se travaille donc seule, chacun doit contribuer individuellement à changer la réalité de l'entreprise.
- La créativité est une démarche individuelle : une idée naît nécessairement dans la tête d'un homme ou d'une femme. L'innovation est, elle,

un processus collectif. On dit d'un individu qu'il est créatif et d'une entreprise qu'elle innove. Le contraire est inapproprié.

La créativité est l'étincelle, l'innovation le mélange gazeux. La première est le fait d'un instant, la deuxième se réalise dans le temps. C'est toute la différence entre l'inspiration et la transpiration, entre la trouvaille et le travail.

Rien ne sert de chercher laquelle des deux est la plus importante ou prioritaire. L'une ne peut se percevoir sans l'autre, l'autre ne peut se concevoir sans l'une. Créativité et innovation ne sont pas des aptitudes qu'on additionne, ce sont des efforts qu'il faut multiplier.

Articuler perception et réalité : enjeu de la vision stratégique

Perception et réalité, créativité et innovation constituent un système d'axes majeurs du changement. Leur articulation n'est pas simple puisque la première est discontinue et la deuxième continue, mais la dynamique qui les lie est particulièrement importante lorsqu'il s'agit d'élaborer une nouvelle vision stratégique. Celle-ci repose sur un système de valeurs, de principes énoncés comme souhaitables. Commençons donc par définir ce qu'est une valeur.

Vision stratégique et système de valeurs

Dans le vocabulaire des entreprises, il y a des mots passe-partout. Des mots utilisés sans cesse, dans des sens bien différents. Chacun les prend comme il l'entend, mais chacun les entend comme il a envie de les prendre. Et c'est comme cela que les substantifs perdent leur substance. « Valeur » par exemple. Omniprésent dans les discussions, le mot souffre cependant de confusion.

Observons d'abord que ce mot a une longue histoire. Il y a 200 ans, créer de la valeur, c'était surtout exploiter la terre. La valeur était indissociable du travail humain. Karl Marx parlait même de « travail congelé » incorporé dans les biens manufacturés ! Les deux dimensions principales de la valeur sont alors l'utilité et la rareté.

Aujourd'hui ce n'est plus tout à fait la même chose. On parle de valeur tout au long d'un axe qui va du concret à l'abstrait. À une extrémité, la valeur est un chiffre exprimé dans une devise. La valeur d'une action, la taxe sur la valeur ajoutée, la contre-valeur, la valeur actualisée…

Dans un registre un peu plus subtil, mais toujours chiffrable, on parle de valeur d'usage, de valeur d'échange, de valeur vénale, de valeur marchande.

À l'autre extrémité, une valeur est une idée que l'on se fait de ce qui est souhaitable, ou ce qui fait que le monde devienne meilleur. L'égalité des chances, le respect de l'environnement, la pérennité font ainsi partie des valeurs que l'on peut trouver dans les chartes des entreprises. Mais ces concepts sont bien souvent approximatifs et, tels quels, peu utiles.

Entre les deux, entre les chiffres et le vœu pieux, il y a pourtant beaucoup de choses à dire à propos des valeurs. L'argent est par exemple bien insuffisant pour les mesurer. Faire la vaisselle chez vous ou faire la vaisselle de votre voisin est un travail qui, économiquement parlant, a exactement la même valeur. Or vous acceptez la première et refusez probablement la deuxième… La valeur est la même, mais la valeur n'est pas la même. C'est cette différence qui nous intéresse.

De même, acheter en bourse une action d'Eurotunnel, d'une start-up sur Internet, de Manchester United ou d'un fond éthique représente plus qu'une opération financière et une espérance de gain. La valeur de cet investissement est la somme déboursée, plus quelque chose. C'est ce quelque chose qui nous intéresse.

La valeur est donc aussi un ensemble de caractéristiques que nous attribuons à un concept, à un objet, à une action. Elle mesure une satisfaction, un service, un plaisir, un avantage. On pourrait éventuellement parler de valeur négative, mais il y a là quelque nostalgie algébrique.

Allons un peu plus loin dans l'abstraction via une célèbre métaphore. Imaginez une région de la forêt amazonienne où il n'y a absolument personne à cent kilomètres à la ronde. Un arbre qui s'y casse fait-il du bruit ? Si dans un premier temps on a envie de dire oui, évidemment, dans les secondes qui suivent, l'évidence ne l'est plus tellement. Le boucan peut-il exister sans le tympan ? Est-ce qu'une cloche sonne quand il n'y a personne ?

Nous sommes dans le relatif. Tout comme c'est le cas pour le bruit, la définition de la valeur impliquera nécessairement une tension entre l'individu et la chose qu'il évalue.

Osons le schéma asymétrique suivant.

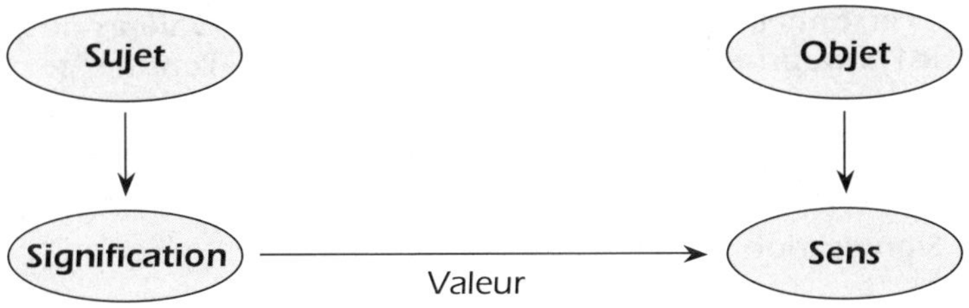

Une valeur doit être pensée quelque part entre le sujet et l'objet. Quand on parle de sens, on est du côté de l'objet. Une chose peut avoir du sens ou non, mais cette question ne se pose pas à propos d'une personne. Du côté du sujet se pose une autre question : celle de la signification.

Prenons l'exemple d'un vélo. Voilà un objet qui a du sens : il permet de se déplacer, d'économiser l'énergie, de se faire plaisir, de concourir. Mais la valeur d'un vélo n'est pas la même pour tous. Elle dépend du regard porté sur lui, de l'importance accordée par le cycliste au voyage, à l'environnement, au jeu, à la compétition.

Une manière de tester ce qui représente une valeur à nos yeux est de faire appel à des critères, de nous demander par exemple ce qui nous fait lever le matin, ce que nous voulons transmettre à nos enfants, ce qui nous procure de la fierté, ce qui survit aux coups durs, etc.

La valeur est donc la signification que l'on attribue au sens d'une chose. La valeur d'un objet est indécidable en l'absence du sujet. La valeur est un concept systémique, c'est une représentation qu'on ne peut traiter de manière isolée, qui doit s'intégrer dans un « système de valeurs » existant où une « échelle des valeurs » est présente pour guider l'action. Il n'y a pas plus de vraies valeurs que de fausses valeurs. Il y a celles qui sont présentes et celles qui ne le sont pas.

Mais comment comprendre alors une phrase telle que : « Pour nous, la proximité est une valeur » ? Le schéma tient toujours. Le mot valeur y apparaît simplement une deuxième fois à la place de l'objet, car la proximité a en effet du sens. On entend plus facilement le client, on l'identifie mieux, on peut le servir plus rapidement. Mais que signifie proximité pour l'informaticien, pour la réceptionniste, pour le conseiller juridique ? C'est là que tout se joue, car il n'y a valeur dans une entreprise que si elle signifie quelque chose d'important pour l'ensemble de ses membres.

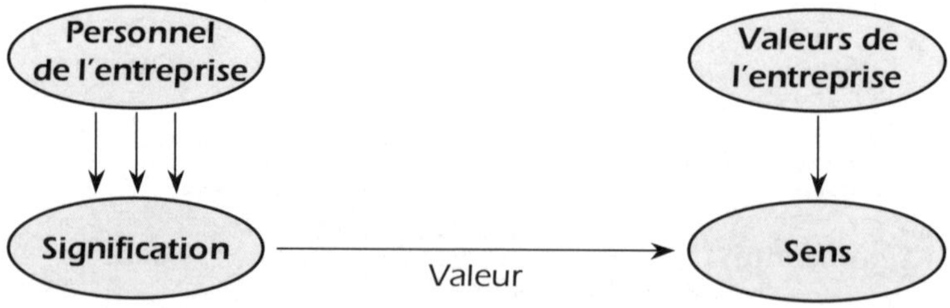

Une définition en 12 points

Dans les entreprises, la « vision stratégique » est souvent l'objet de discussion, de négociation, de présentation. Mais est-on bien sûr de parler tous de la même chose ? De quoi s'agit-il finalement ? Je vous propose une définition à l'aide de douze caractéristiques.

1. L'élaboration d'une vision stratégique est avant tout une démarche intellectuelle. Elle se situe dans le monde de la pensée et non dans celui de l'action, elle a pour objet de changer la manière de voir les choses (la perception) et non les choses elles-mêmes (la réalité). Pour permettre cette deuxième phase (le déploiement du projet), la vision sera donc arrêtée, stabilisée, car on ne peut construire une maison qu'en acceptant de ne plus modifier les plans.
2. Toute réflexion repose sur un système de valeurs, de principes énoncés comme souhaitables. L'expression claire de ces convictions est nécessaire. Car l'adhésion à des valeurs reconnues, éventuellement même anciennes, est une condition *sine qua non* de la vision stratégique.
3. La pensée a ses lois. Si l'on veut construire une vision stratégique, il faudra donc s'y soumettre. Une nouvelle vision implique une rupture par rapport à l'ancienne. Elle sépare un avant d'un après. C'est un changement de type 2. Ce qui est rompu, c'est une règle – au moins – qui sous-tendait la stratégie précédente.
4. Elle doit être une, systémique et cohérente. Elle ne peut comporter au départ de contradiction interne d'autoréférence ni d'ambiguïté latente, sous peine de confusion fatale. Les demandes d'explications les plus délicates seront anticipées.
5. Le premier défi qu'elle affrontera est celui de la crédibilité. Quiconque la découvrira devra donc la percevoir immédiatement comme « jouable », notamment grâce à la mise en évidence de moyens disponibles. Les dirigeants veilleront également à faire passer les messages dans leurs actes.
6. Une vision stratégique n'existe que si elle est partagée par ceux qu'elle concerne. Elle n'existe que si on se l'approprie. Elle doit être motivante et facilement compréhensible. Elle offre un espace à la créativité de tous les collaborateurs et un cadre à leur développement personnel. Elle sera d'autant mieux acceptée qu'elle aura un côté ouvert, propice à de nouveaux projets, à toutes les échelles.

7. Une communication réussie est essentielle. Elle permet de remplacer des centaines d'instructions par une indication claire du chemin à suivre. Le vocabulaire utilisé sera clair, directement évocateur, voire métaphorique. La vision stratégique parle aussi aux émotions, elle doit faire rêver. Pourquoi ne pas essayer alors de la dessiner ?
8. Elle doit être visible de l'extérieur – client, opinion publique... –, elle doit informer sur la spécificité de l'entreprise, sur son projet et sa différence. Elle peut être cristallisée alors en une phrase forte, tout en évitant la tentation du slogan. Cette phrase commencera utilement par un verbe d'action, évitera si possible la conjonction « et » et contiendra des mots concrets.
9. N'en déplaise à ceux qui rêvent d'absolu, une vision stratégique est limitée dans l'espace et dans le temps. Son périmètre est défini a priori et elle sait qu'elle n'est pas éternelle, qu'elle est – tout comme la précédente – basée sur un certain nombre d'hypothèses qui un jour ne se vérifieront plus. Bref, elle sait qu'elle finira aussi dans la rupture.
10. Une vision stratégique contient des éléments qualitatifs qui échappent aux instruments de mesure traditionnels. Il n'y a alors pas de chiffres pour évaluer la marche des choses. Les objectifs non quantifiables seront dès lors équipés de critères, sous peine de n'être que vœux pieux. Ces critères permettront de manière permanente de comparer ce qui est avec ce qui était supposé être.
11. L'incertitude croissante n'est plus à démontrer et une vision stratégique est donc nécessairement imparfaite. Puisqu'elle ne peut tenir compte de l'inconnu, elle sera dotée de mécanismes de correction. La communication sera interactive pour profiter de toute réaction utile.
12. Les caractéristiques énoncées jusqu'ici ne disent rien de la qualité de la vision en construction. Vient donc un moment de validation. Est-elle éthiquement acceptable, pratiquement réalisable, économiquement tenable ? Tout simplement, est-ce le bon moment ? Une réponse affirmative conduit à la décision. Et la décision permettra l'action sur la base de plans bien préparés à l'avance.

En synthèse, une vision stratégique est une représentation, une image ambitieuse et désirable d'un état futur radicalement préférable à l'état actuel. En devenant une référence partagée, elle offre un ensemble de concepts qui permet à chacun des collaborateurs d'une entreprise de décider utilement des actions à prendre. Elle est une promesse qui permet à la structure de redevenir un projet. Elle motivera ainsi chacun à fournir l'effort nécessaire, tout en coordonnant l'action de tous.

Changer de stratégie : une double mécanique

Deux démarches sous-tendent tout changement : la créativité et l'innovation. Une vision stratégique de qualité est celle qui permet d'aller de l'une à l'autre, c'est une perception nouvelle de l'entreprise qui garantit à terme une nouvelle réalité.

Le véritable changement d'une entreprise est nécessairement double. Mais celui de la réalité est par essence continu et celui de la perception est par essence discontinu. Le modèle suivant explique comment s'articule cette double mécanique a priori incompatible.

Au départ, il y a l'idée, le concept (1), qui doit être stabilisé pour permettre l'action, le changement des choses (2). La réalité évolue de manière continue même si de temps en temps une secousse se produit, une faillite, un déménagement (3). La perception est constituée d'un ensemble de stéréotypes, rigides par essence, mais qui peut connaître ses moments de doute ou d'inquiétude (4).

Mais un jour la vision stratégique s'épuise, elle contribue de moins en moins à faire bouger les choses (5). C'est le moment d'analyser de près les signaux faibles (6) car la rupture est indispensable.

La force de changement peut venir de l'intérieur, mais parfois l'opportunité ou la contrainte vient de l'extérieur, d'un monde où il se passe toujours quelque chose (7).

Le changement de paradigme inévitable est l'occasion du saut créatif. Le temps de l'imagination produit une grande quantité d'idées nouvelles (8). Le temps du jugement décidera de l'idée bonne (9).

La pensée entre alors dans une nouvelle période calme, même si quelques corrections sont encore nécessaires (10). Une nouvelle vision stratégique prend la relève de l'ancienne et permet à l'entreprise de renouer avec la croissance (11). Le point (12) est un de ces moments extrêmement rares où les choses sont en harmonie avec la manière de les voir.

Mais cela ne dure qu'un instant, car Héraclite a raison, et l'histoire recommence (13), (14). On ne peut pas se baigner deux fois dans la même vision stratégique.

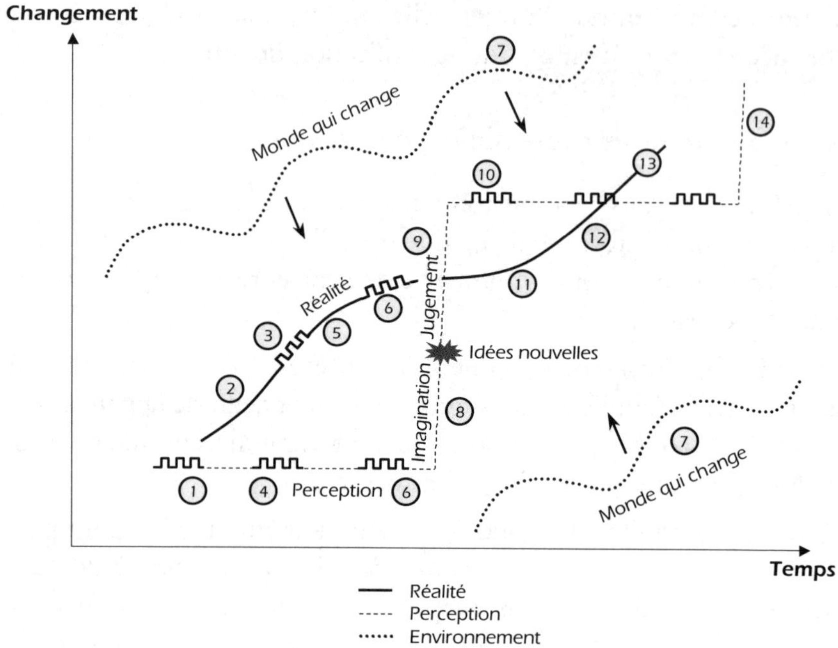

Résumons : diriger une entreprise ou conduire un projet est une tâche qui se situe sur deux plans distincts. Il y a la gestion quotidienne faite de décisions qui améliorent sans cesse les processus. C'est là que le responsable agit pour son entreprise, qu'il fait bouger les choses.

Mais il y a l'autre niveau de management, « parallèle » au premier, et tout aussi nécessaire. C'est celui où le responsable invente le futur, où il imagine des scénarios, où il cherche des idées nouvelles. C'est là que le responsable pense pour son entreprise, qu'il change sa manière de voir les choses.

Si l'action est présentée le plus souvent dans la continuité, la pensée évolue par contre par à coup. L'évolution des entreprises qui réussissent tient donc tout à la fois de la pente douce et de l'escalier, et diriger c'est pouvoir rester en équilibre malgré un pied qui ne peut que glisser et l'autre qui ne peut que sauter…

Faire du neuf dans le système versus penser à un système neuf

Une idée vraiment nouvelle est une secousse, une rupture, une perturbation. Le monde change et nous ne le voyons pas, et puis tout d'un coup, le changement éclate en pleine lumière. C'est un peu comme d'un enfant dont on dit « c'est fou ce qu'il a grandi » : ce n'est pas la nuit précédente qu'il a pris dix centimètres…

Comment s'articule cette apparente incompatibilité, la continuité dans le changement des choses et la discontinuité dans le changement de la manière dont on voit les choses ?

Il a fallu une vingtaine d'années pour passer de la marine à voile à la marine à vapeur. La résistance au changement de la part des fabricants de voile s'est traduite par des navires aux mâts de plus en plus nombreux. Mais pendant la période de juxtaposition, des bateaux hybrides ont navigué. En 1833, par exemple, le Sphinx équipé de trois mâts pour les voiles, mais aussi d'une cheminée pour la chaudière, amena en France l'obélisque de Louxor pour le mettre place de la Concorde.

Imaginons un badaud qui voit passer un navire hybride. Comment perçoit-il cette double source d'énergie ? Si c'est la première fois qu'il est en présence d'un tel bateau, il verra le moteur comme « quelque chose peut-être utile » le jour où il n'y a pas de vent. Par contre s'il en a déjà vu des centaines, il verra les voiles comme « quelque chose de toujours utile » quand le moteur est en panne. Ce qui veut dire que le même bateau peut être perçu de deux manières différentes. Un jour, le témoin basculera, il inversera le normal et la solution de secours, il y aura une rupture dans sa perception. Ce phénomène varie d'une personne à l'autre. Les *early adopters* passionnés du neuf basculent vite, les moutons de Panurge reculent l'échéance mais *in fine*, parfois même contraints, basculent également. Téméraires ou timorés, l'évolution en rupture est la même, seul le timing diffère. Et l'addition de millions de comportements discontinus à peine décalés les uns par rapport aux autres explique ainsi la continuité apparente du changement du monde.

Le passage du fax à l'e-mail, celui du film argenté à la photographie numérique, ou du chèque au paiement électronique, toutes ces transitions ont reproduit le schéma décrit pour les voiles et la vapeur.

Une voiture aujourd'hui est bourrée de microprocesseurs. Alors pour l'entretenir, que faut-il ? Un mécanicien qui a de bonnes connaissances en électronique… ou un électronicien qui se débrouille bien avec les moteurs ?

Dans son livre *L'âge du plip*, Bruno Jacomy pose ainsi la question : comment est perçue une clé de voiture équipée d'un plip ? Pourquoi n'abandonne-t-on pas plus vite la partie métallique de la clé ? La réponse est toujours la même : parce que ! Sous-entendu parce qu'on ne se débarrasse pas du passé d'un simple clic. Il fait remarquer que les modèles Peugeot sont encore caractérisés par un nombre à trois chiffres (205, 708) dont celui du milieu est un zéro, parce que c'était là qu'on insérait la manivelle en cas de défaillance du démarreur.

C'est pour des raisons analogues qu'on a aujourd'hui des situations autrement inexplicables. Les robinets d'eau et de gaz s'ouvrent dans des sens contraires. Les claviers de calculatrice et les claviers de téléphone sont différents : la ligne 1, 2, 3 de la machine est en bas, celle du téléphone est en haut.

Le présent est souvent le passé sur lequel on empile de nouvelles idées. L'apparition de l'électricité s'est traduite au début par le simple ajout d'un moteur sur un outil non électrique. On peut observer cela avec les machines à calculer, les machines à coudre. Même les premières pendules ou les premiers carillons électriques utilisaient le courant simplement pour remonter les poids. On fait du neuf dans le système, mais un jour il faut penser à un système neuf.

Le télétravail n'est pas simplement la somme du travail et des moyens de télécommunication. Télétravailler, s'est se poser la question de son activité professionnelle dans un monde câblé dans tous les sens. Le futur n'est pas une addition d'idées, c'est une multiplication de possibilités.

Si le magasin de l'Institut géographique national, rue de la Boétie à Paris, est tellement riche d'idées, c'est parce qu'un jour l'IGN a arrêté de se voir comme un fabricant de cartes mais s'est vu comme une mine d'informations pour voyageurs, sportifs et randonneurs… éventuellement déclinables sous formes de cartes.

Les idées naissent quand le propriétaire d'un hôtel réalise qu'un voyageur peut être client même s'il ne passe pas la nuit, quand un fabricant de réfrigérateurs se dit qu'il vend du froid, qu'un constructeur de voitures se dit qu'il vend de la mobilité, que n'importe quelle industrie traditionnelle ne vend pas que de la matière mais aussi de l'information.

Si Google, spécialisé dans les moteurs de recherche sur Internet, ne s'était pas vu comme détenant la mission d'organiser toute l'information du monde, il n'aurait sans doute pas créé Google Earth. Si Bic, spécialisé dans les stylobilles, n'avait pas vu dans son produit quelque chose que l'on jette, il n'aurait sans doute pas pensé à fabriquer des briquets et des rasoirs… jetables.

Mécanismes et outils de la perception

Qu'est-ce que percevoir ?

Percevoir, c'est essayer de faire coïncider une sélection d'éléments du monde extérieur avec des modèles mentaux préétablis. Si, en regardant quatre coquillages sur la plage, je vois un beau carré, c'est parce qu'en moi existe, mémorisée, prête à l'emploi, une forme qui s'appelle « carré ». Les sommets existent bien sur le sable, mais les côtés du carré par contre n'existent que dans ma tête.

Cette micro-expérience balnéaire est déjà chargée d'enseignement. Le cinquième coquillage, par exemple, pourtant si près, pourquoi l'ai-je un peu écarté, dégradé, ignoré ? Objectivement aussi beau que les autres, mais il m'ennuyait moi, sujet, comme un grain de sable dans mes rouages mentaux bien huilés. Le cinquième coquillage ? Je l'ai éliminé parce qu'il abîmait mon carré, tout simplement.

Hé oui, l'acte de percevoir est bien complexe et l'outil n'est pas celui qu'on pense. On croit voir avec ses yeux. Non, on voit avec son cerveau. Tout à la fois fugace et permanent, voulu et subi, décidé et incontrôlable, l'acte de percevoir met en jeu un grand nombre de mécanismes que nous allons esquisser dans les paragraphes qui suivent.

Et nous constaterons que nos modèles mentaux préétablis ont trois caractéristiques qui sont liées : ils sont imprécis, rigides et regroupés en catégories. Ils ressemblent à des photos pas trop nettes, bien souvent anciennes et rangées arbitrairement. Des formes aux concepts, en passant par les stéréotypes, ils sont pourtant la condition même de la perception et de la pensée.

Les lois de la perception : une idée est une forme

Une des caractéristiques de la démarche intellectuelle est la recherche à tout instant de structures, de formes, d'ensembles cohérents pour la pensée.

Cette particularité a été mise en évidence par la théorie gestaltiste (de l'allemand *Gestalt*, forme). Elle s'analyse à deux niveaux. Le premier, à travers de nombreuses illusions d'optique, figures incomplètes, impossibles, voire ambiguës, qui changent tout à coup d'aspect pour un observateur, attentif. Ce premier niveau ne fait pas beaucoup intervenir l'inconscient ou la culture, il s'agit plutôt d'une question de « câblage » comme disent les informaticiens, de la manière dont les yeux ou le cerveau fonctionne. On pourrait presque parler de notre « *hardware* ».

L'autre niveau est d'un tout autre ordre, et pour continuer l'analogie, c'est le rôle de notre « *software* » qui sera analysé, la manière dont la vie, l'école, la famille, les amis ou l'entreprise nous ont en quelque sorte programmés, et l'influence de ce programme, de ce « logiciel » sur notre perception des choses. Nous y reviendrons plus loin, mais observons pour commencer quelques caractéristiques de notre ordinateur de bord.

En présence de la figure (a), l'être humain voit un rectangle (en fait inexistant). Face à la figure (b) il en arrive à regretter que le carré soit abîmé (alors qu'il n'y a là jamais que quatre points). De même qu'en (c) le mot idée semble être recouvert d'une barre blanche. Qui bien sûr n'existe pas…

(a) (b) (c)

La théorie de la forme (*Gestalt*) illustre, démontre même, à quel point cette construction est permanente. N'est-on pas heureux quand tout à coup un projet commence à « prendre forme » ? À propos de grand projet d'ailleurs, la figure (a) a un jour inspiré un architecte qui y a vu la possibilité de construire un espace à la fois réel et virtuel. Il a gagné ainsi la prestigieuse responsabilité de construire… la bibliothèque François Mitterrand à Paris !

Les phénomènes liés à la perception de la forme ont donné lieu à de nombreuses recherches sur les aspects physiologiques et psychologiques de cette perception, avec en toile de fond une seule et même question : la perception est-elle un enregistrement passif ou un processus constructif ? « Toile de fond » est d'ailleurs une figure de style adéquate puisque la recherche s'articule précisément sur le binôme figure-fond !

Tout a commencé en 1921 quand le psychologue danois Edgard Rubin a présenté son célèbre vase noir sur fond blanc, qu'il est possible de revoir après quelques secondes comme deux visages blancs, face à face, séparés par un espace noir. Cette articulation figure-fond est depuis lors au centre de très nombreux travaux qui souhaitent tous découvrir les règles de ce que Gaetano Kanizsa a baptisé « La grammaire du voir ».

Plus d'une centaine de « lois », de « facteurs de forme » ont ainsi pu être établis (jusqu'à présent). La littérature est très abondante, mais citons-en quelques-unes à titre d'exemple.

➤ *La loi de proximité*

Une première loi est celle du regroupement par la proximité. Des éléments considérés comme suffisamment proches sont associés dans une même unité.

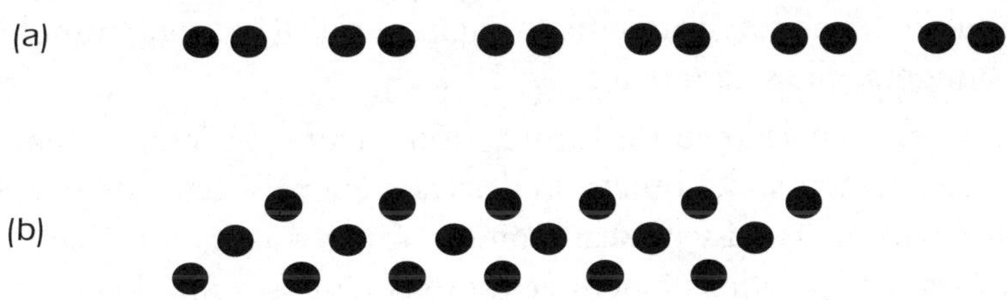

En (a), la proximité des points nous pousse à les regrouper spontanément par couples plutôt que d'imaginer deux structures symétriques de trois éléments ou bien trois groupes de quatre éléments. La configuration des points en (b) peut être regardée d'au moins trois manières. On pourrait y voir trois rangées horizontales décalées les unes par rapport aux autres, un ensemble de séries de trois points orientés obliquement ou encore trois parallélogrammes. La proximité nous fait reconnaître des unités obliques selon la deuxième possibilité.

➤ *La loi de similitude*

On peut également associer des éléments présentant des caractéristiques « semblables », faire des regroupements sur la base de la ressemblance. Ce principe d'organisation l'emporte bien souvent sur le premier cité, bien que ces deux lois ne soient pas opposées mais plutôt complémentaires.

L'image (a) est perçue comme un alignement de colonnes car la similitude de couleur des billes l'emporte sur leur proximité. En (b), cette même similitude de ton favorise la perception de rangées horizontales.

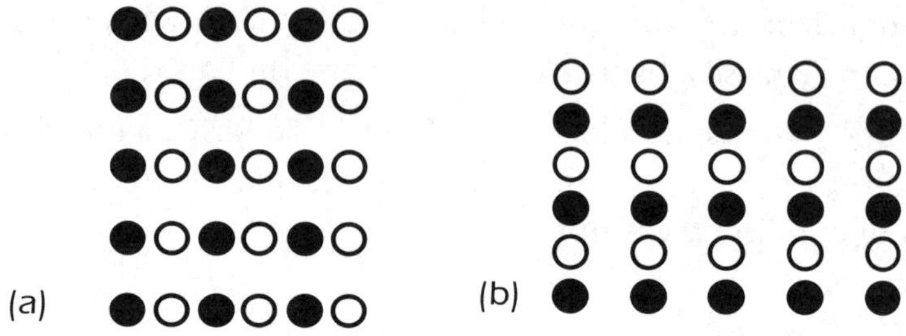

➤ *La loi du « sort commun »*

Un troisième élément pouvant contribuer à l'organisation d'unités perceptives est le mouvement. Dans le monde animal, cette loi est omniprésente : une bête camouflée sait presque d'instinct qu'elle ne restera indissociable de son environnement que tant qu'elle restera immobile; dès qu'elle bougera, elle sera repérée.

Dans la reconnaissance de forme, nous avons également tendance à associer des éléments, des objets ou des traits parfois très différents les uns des autres mais qui paraissent néanmoins se trouver dans un même « mouvement ». Même si paradoxalement ce mouvement est immobile.

C'est peut-être là aussi qu'il faut chercher l'origine des constellations.

➤ *La loi de continuité*

L'organisation perceptive tend à préférer une continuité régulière à des changements abrupts en regroupant des éléments dissemblables mais qui ont l'air de « tenir ensemble », de former une continuité. Ainsi, la loi du « sort commun » est renforcée par la loi de continuité.

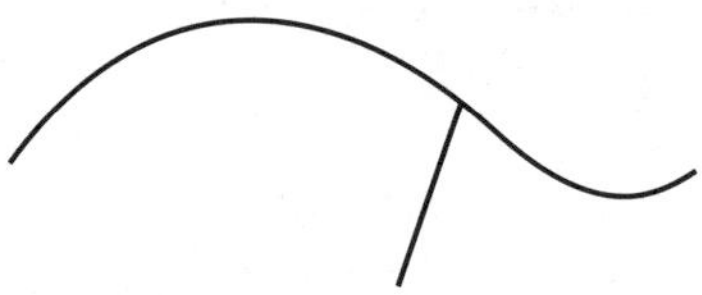

Suivant le principe de bonne continuité, nous avons dans la figure ci-dessus tendance à unir les parties de la ligne courbée en excluant la ligne droite.

➤ *La loi de simplicité*

Une des explications à cette difficulté est cette demande de simplification qu'apparemment nous avons en nous.

Quand différentes interprétations sont possibles, la première à se former à l'esprit est la plus simple. C'est ainsi que la figure de gauche sera perçue comme un parallélépipède, objet simple de l'espace, et celle de droite comme un dessin, objet simple d'un plan.

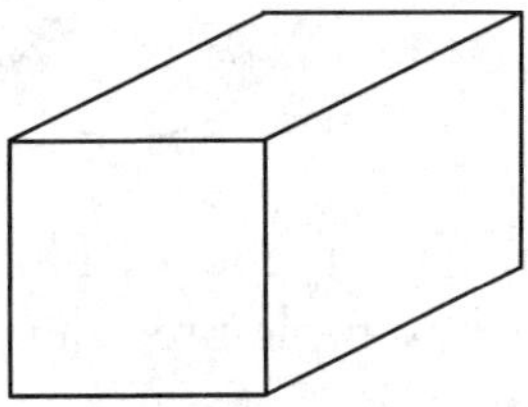

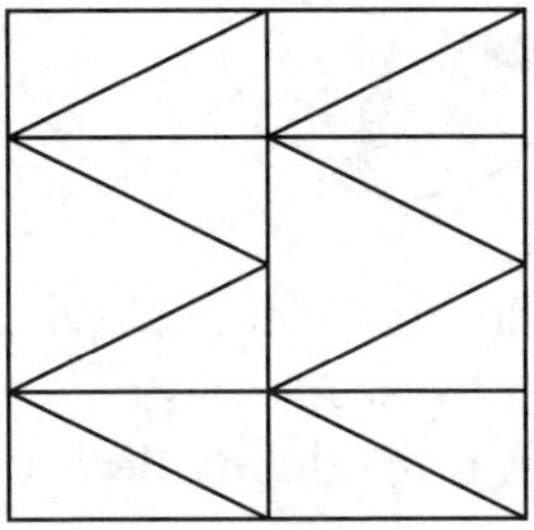

Il nous faut alors un certain temps d'observation avant de retrouver totalement la forme de gauche dans la figure de droite, car une des arêtes pourtant cachées de la « boîte » semble manquante.

Si l'on demande à un groupe de personnes quelle est la lettre majuscule qui a été pliée de cette manière…

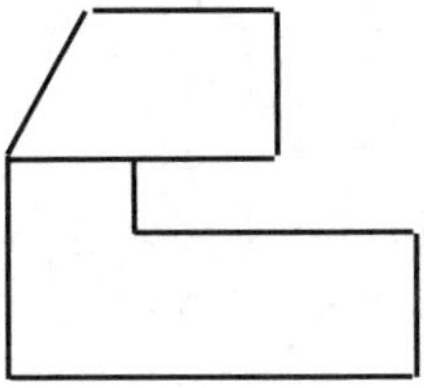

… la majorité d'entre elles y verra la lettre L, alors qu'il pourrait également s'agir de la lettre F renversée.

➤ *La loi de l'orientation*

Cette loi est à subdiviser en deux règles de base : d'une part, la plus petite de deux surfaces, est généralement perçue comme la figure sur fond plus grand et d'autre part, la figure orientée selon des axes verticaux et/ou horizontaux est plus facilement perçue comme la figure sur fond plus petit. Il est à noter que la deuxième l'emporte sur la première.

Ainsi, sur la figure à gauche, la surface noire plus petite que la zone blanche laisse percevoir plus facilement une hélice noire sur fond blanc. Si on la fait rouler de 60°, tout à coup une hélice blanche, plus large, apparaît sur fond noir.

L'orientation des éléments d'une image est encore plus importante quand leur taille est identique… Si dans l'exemple précédent nous modifions quelques traits de manière à obtenir les deux formes ci-dessous, c'est la croix verticale plutôt que la croix oblique qui sera perçue comme figure, bien qu'elle soit de couleur différente.

➤ *La loi de symétrie*

Selon la loi de symétrie, les axes de symétrie d'une figure sont des éléments-clés de la reconnaissance la plus spontanée de la forme.

Prenons un exemple.

(1) (2)

En (1) les points rapprochés tendent à former un trait, le point de gauche apparaît comme un élément étranger à cette association parce qu'il en est éloigné. À partir du moment où l'on rajoute un point de manière symétrique (2) apparaît une nouvelle forme géométrique dont les points font indiscutablement partie.

Une réinterprétation de ces quelques lois de la perception permet de les ramener en un principe holistique de la théorie de l'information. Elle traduit un principe unique « d'économie de l'information » qui pousse à reconnaître dans n'importe quelle image la structure géométrique la plus régulière, la plus simple, la plus symétrique ou la plus probable.

La recherche sur la mécanique de la perception ne se réduit certainement pas à la théorie de la forme. D'autres phénomènes ont pu être observés.

Regardez ces carrés noirs. Apercevez-vous des points gris aux croisements ? C'est normal. Fixez alors un des points gris. Il disparaît aussitôt ? C'est aussi normal…

On appelle cela « illusions d'optique » et elles sont fréquentes. Il n'est pas évident d'admettre…

… que ces arcs de cercle ont la même courbure…

… que les points au centre ont la même taille…

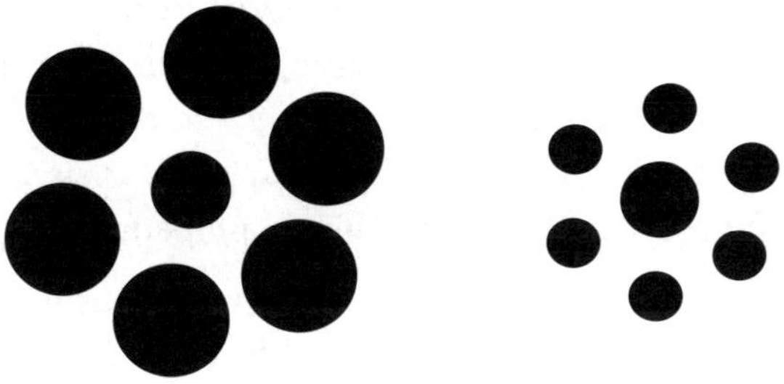

… que les deux segments ont la même longueur.

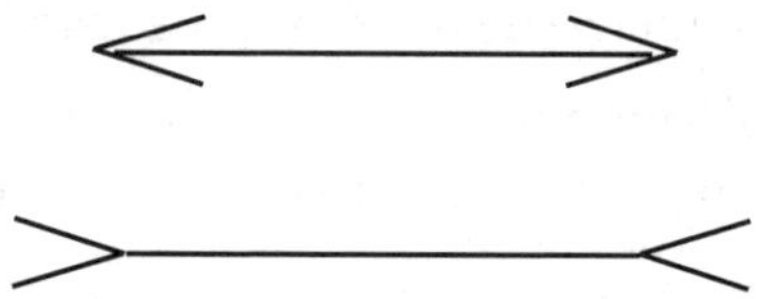

Il y a 2 000 ans, les Grecs incluaient dans leurs temples quelques courbures pour qu'ils paraissent plus droits. Aujourd'hui, pour annoncer plus clairement un rond-point complet à un automobiliste, le panneau présente un anneau interrompu. De l'illusion d'optique au paradoxe, le pas est franchi depuis longtemps.

Les cartographes le savent bien. Imaginez qu'il y ait dix maisons individuelles à représenter le long d'une route. À une certaine échelle, les dix petits carrés noirs deviennent un trait continu. Si bien que l'artiste géographe préfère alors se limiter à six petits carrés noirs distincts. Ils donneront à l'observateur une impression plus proche de la réalité ! C'est en enlevant quatre maisons qu'il montre mieux qu'il y en a dix qui existent individuellement.

Et c'est bien là la raison de ces quelques pages. Notre manière de voir le monde est gouvernée par des lois étranges, dont il faut connaître l'existence. Car derrière toutes les figures présentées se cache la vie de tous les jours.

Les boules noires sont peut-être vos clients, les lignes brisées vos produits, les courbes interrompues vos concurrents.

Peut-être êtes-vous influencé par une symétrie par-ci, par une simplicité par-là. Attention, ce n'est pas par hasard si la créativité a un jour été définie comme étant la révolution du regard, ou encore comme la deuxième vue. Et aujourd'hui, l'avantage concurrentiel consiste peut-être simplement à voir avant les autres, à observer plus vite, à s'étonner le premier.

Pour les théoriciens de la *Gestalt*, le rapport entre créativité et perception est assez clair. Selon eux, trouver une nouvelle idée revient à trouver une nouvelle forme – l'étymologie grecque est d'ailleurs la même – et trouver une réponse à un problème équivaut au passage d'une structure à une autre, par une réorganisation du champ perceptif.

Cette restructuration est soudaine, immédiate, brusque. Quand, face à l'image classique, l'observateur, qui voyait la vieille dame depuis une ou deux minutes, tout à coup découvre la jeune fille (ou inversement), il ressent un choc.

L'*eurêka*, l'illumination, est de cette même nature comme pourrait en témoigner par exemple Champollion qui, après avoir regardé pendant des années des hiéroglyphes, soudain, a vu un langage.

Plus abstrait, mais encore plus significatif, l'exemple des trois lignes brisées ci-dessous suppose, lui, une flèche du temps.

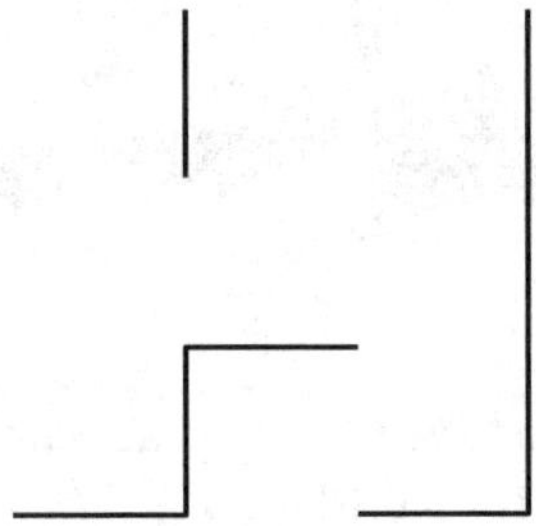

Tout à coup les trois morceaux deviennent un H… et ils ne seront plus jamais trois lignes brisées ! Il en va de même avec l'acte créatif, il a en lui quelque chose d'irréversible. Une grande idée est un jalon dans la vie : il y a un avant, et un après.

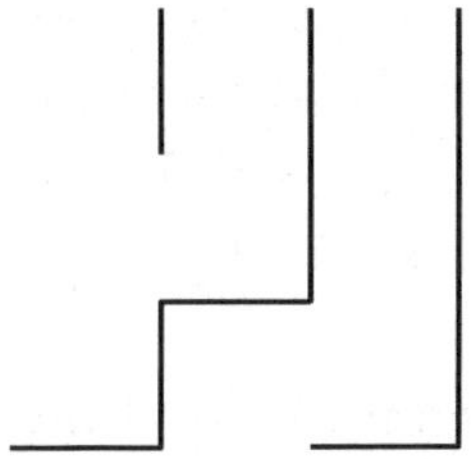

Imaginons maintenant que ce n'est pas un H, mais un morceau de labyrinthe qui a été perçu. Il n'existe pas plus que le H, mais la suite ne sera pas la même. Un trait rajouté à la figure sera même bien accueilli. Alors que les partisans du H traiteront cette initiative d'iconoclaste…

Regardez bien la figure de la page suivante. À première vue, il n'y a là simplement qu'un ensemble de taches noires. Mais arrêtez-vous un instant, donnez une chance à la deuxième vue, essayez de construire un ensemble

cohérent. Ne voyez-vous pas tout à coup apparaître… un cow-boy sur un cheval, orienté vers la gauche ? Voilà, c'est fait.

Maintenant que le cavalier vous apparaît bien clairement, faites un nouvel effort : essayez de ne plus voir dans la figure qu'un ensemble de taches noires, en un mot de retourner dans l'état où vous étiez il y a quelques minutes à peine. Difficile, n'est-ce pas ?

Pourquoi ce petit exercice ? La raison en est simple, il y a une sextuple analogie entre la construction des images de ce type et celle des idées : elles sont difficiles à trouver; c'est plus facile en groupe; elles ont un côté irréversible; elles apparaissent soudainement; tant la nouvelle image que la nouvelle idée, sont formées à partir d'éléments qui, eux, ne sont pas neufs; et enfin, ne réussissent que ceux qui croient que cela existe, qui posent un acte de foi !

Observez par exemple comment se forme un projet de vacances. Un jour, il vous apparaît clairement, puisque la veille, vous ne le voyiez pas. Or, tous les composants du projet vous sont déjà connus a priori, l'idée nouvelle n'est que l'assemblage d'une destination, d'un moyen de transport, d'une époque ou de personnes avec qui vous décidez de partir.

Mais allons un peu plus loin dans la métaphore. Imaginez maintenant que ces taches noires représentent votre marché, votre clientèle. Vous savez n'être pas le seul à y vendre des biens ou à y proposer des services. Cela fait des années que le marché vous apparaît de la même manière, et que vous y avez donc vos habitudes et vos procédures.

Imaginez maintenant que votre concurrent le plus redoutable, tout à coup, voit apparaître dans votre marché l'équivalent d'un cow-boy. La suite de l'histoire est écrite. Dans quelques mois, vous verrez ce concurrent sortir une grande idée, que vous serez obligé de reconnaître comme brillante. « Mais comment a-t-il pensé à cela ? » vous demanderez-vous. C'est parce qu'il aura vu autre chose, tout simplement.

Créer un nouveau concept ou porter un autre regard sont donc des démarches indissociables. L'art de penser est celui de créer de nouvelles formes. Les mots « idée » et « forme » ont la même étymologie grecque. Platon est le premier qui a eu l'idée de ce que pourrait être… une « idée », appelée parfois par les Anglais *theory of forms*.

Nous avons tous tendance à nous maintenir au sein de cadres préétablis. Ces cadres peuvent être symboliques ou métaphoriques, comme dans les pages qui précèdent. Mais il peut également s'agir de cadres de pensée, de paradigme, comme dans les pages qui suivent.

Le rôle des stéréotypes

Le mot *stéréotype* évoque à l'origine l'imprimerie : *type* désigne le caractère et *stéréos* en grec ancien signifie solide. Au début donc, un stéréotype semble être quelque chose à la fois de simple et de bon : une petite pièce résistante à l'usure, une lettre de l'alphabet parmi des milliers d'autres, sans histoire.

Et puis un jour, le stéréotype a attrapé mauvaise presse, il s'est mis à connoter négativement. Depuis, on le dénonce, on le débusque. On l'appelle parfois cliché ou encore idée reçue. Comment en est-on arrivé là ? N'est-ce pas un comble ? Le stéréotype victime d'un stéréotype !

Aucune de ses caractéristiques n'est pourtant intrinsèquement mauvaise :

- Le stéréotype est avant tout un jugement, et je dirais même plus, un jugement avant tout, c'est-à-dire un préjugé. Il est de la forme A est B. Ce peut être un jugement de fait (l'Irlande est un pays pluvieux) ou bien un jugement de valeur (Singapore Airlines est bien géré).
- Un stéréotype est nécessairement réducteur. À peine quelques mots mis ensemble ! Pas de place pour la nuance, les détails ou les exceptions mais plutôt place à la généralisation.
- Le stéréotype est produit dans un espace collectif. Il est partagé, sinon il n'est pas. Une idée fausse est un fait vrai certes, mais aussi un fait de société.

- Un stéréotype est inscrit dans un temps long, c'est ce qui le distingue d'une simple caricature. Il perdure et c'est peut-être d'ailleurs là qu'il faut chercher la raison de sa connotation négative : il est vraiment difficile de le changer.

Ainsi défini, on peut comprendre que le stéréotype soit mal aimé.

Quand on dit « le chasseur », « le vin californien » ou… « le consultant », aussitôt une image surgit et le risque d'erreur est grand. Parce que personne ne connaît tous les chasseurs, tous les vins californiens ou tous les consultants. De même, lorsqu'on entend ces deux extraits de conversation banale :

1. – Fabrizio va à tous les matches de L'Inter de Milan.
   – Ah oui, c'est fou ce que les Italiens aiment le football !
2. – Le jour même de l'accouchement, elle avait déjà quitté l'hôpital.
   – C'est quand même risqué !

Ces brefs échanges n'étonneront personne. Or Fabrizio vend des crèmes glacées et est peu intéressé par le sport, et la dame dont il est question est l'infirmière.

Mais sans stéréotype, nous serions tout simplement incapables de nous souvenir et donc de réfléchir. Pour penser, nous avons besoin de catégories, lesquelles structurent nos représentations comme le fer arme le béton.

Cette structuration échappe parfois à notre contrôle, un peu comme si quelque chose pensait à notre place. Nous construisons continuellement des schèmes mentaux, comme une tentative permanente de rendre le savoir cohérent.

Si vous apprenez au fil du temps que l'espérance de vie d'une souris est de trois mois, que celle d'un chien est de vingt ans et que celle d'un éléphant est de cent ans, il y a de grandes chances qu'inconsciemment sur votre disque dur, un lien de proportion se crée entre la taille d'un animal et sa longévité. Ce qui vous met bien sûr en risque d'erreur, le jour où vous vous trouvez face à une tortue…

Après quelques années, que reste t-il d'un voyage, d'un roman passionnant, de l'étude d'un philosophe, de la visite d'une exposition ? À peine quelques mots, une structure conceptuelle. Il ne pourrait en être autrement. Le souvenir atrophié est en plus devenu jugement rigide. Difficile d'encore faire changer d'avis sur le pays visité, le livre dévoré, les idées du penseur, l'œuvre d'art contemplée. Parce que passer d'un stéréotype à un autre demande une grande énergie, ce que les physiciens appellent un saut quantique.

Les stéréotypes font toujours de la résistance. « L'été en Espagne, il fait beau ». Ce stéréotype est une aubaine pour les marchands de parapluies et d'imperméables installés en Galice. Mais, même trempé, le touriste de Compostelle continuera à assimiler l'été espagnol au ciel bleu. Michel-Ange était un sculpteur qui – exceptionnellement et bien souvent contraint – s'est mis à la peinture (art pour lequel il avait peu de considération et qu'il laissait à son rival Vinci). Mais pourquoi alors le nom de Michel-Ange évoque-t-il si souvent le plafond de la chapelle Sixtine ?

Stéréotype à nouveau. Mais attention : devenus malgré eux miroir déformant de la pensée et trompe-l'esprit, on en oublierait que, sans eux, il n'y aurait ni pensée, ni esprit. Ni d'ailleurs la possibilité de penser à un mot d'esprit. « Est-ce vrai qu'il y a un problème de drogue à l'armée ? », demandait un journaliste au ministre concerné. « Non, non, tout le monde en a », répondit-il tranquillement.

Le stéréotype est une condition nécessaire du raisonnement et la méfiance n'est pas toujours suffisante. Quand on dit « l'exception confirme la règle », c'est bien sûr ridicule. Une exception infirme une règle, elle montre que la règle n'est pas toujours vraie.

En fait, ce que cette impression d'exception confirme, c'est la présence d'un stéréotype.

Et il faut donc les briser. Si Nietzsche vivait encore, c'est au marteau piqueur qu'il travaillerait aujourd'hui. Mais quelle partie du stéréotype doit voler en éclat ? Nous l'avons vu, ils sont de la forme « A est B », alors est-ce A ou est-ce B qu'il faut briser ? Cela dépend. C'est de B que vient le danger quand A est relativement concret (les épinards, les Hollandais, le tunnel sous le Mont Blanc, Amélie Nothomb, l'uranium, le billard…). Mais parfois A est plus abstrait (une sicav, un logiciel, le Boston Consulting Group…) et alors ce n'est pas de B, ce qui est dit du concept, dont il faut se méfier mais de A, le concept lui-même, qui doit recevoir un regard critique.

De l'usage des concepts

Si nous pouvons penser, si nous pouvons raisonner, nous le devons aussi à l'existence de ces idées réutilisables, celles qu'on appelle « concepts ». Et si nous pouvons ensuite agir, nous le devons à la rigidité accordée à un concept donné. Ce n'est qu'une fois que les plans d'une maison sont signés qu'il devient possible de la construire. De même, un arrêté municipal ou un arrêt de la Cour rend la pensée immobile, condition nécessaire à sa mise en exécution. L'absence de souplesse, qui est paradoxalement la force du concept, pose problème à celui qui l'élabore car pour passer d'un concept à un autre, il y a nécessairement rupture.

Quand faut-il faire le saut ? Impossible de le savoir à l'avance. La vie des concepts ne se met pas en équation. Il y a des situations, des signes annonciateurs qui s'offrent à ceux qui pratiquent la veille conceptuelle, des clignotants qui invitent à penser à autre chose. Cinq cas de figure sont envisageables, les trois premiers concernent la relation du concept à son environnement, les deux derniers visent le concept lui-même.

➤ *L'usure du concept*

Prenons l'exemple du Futuroscope, le parc d'attraction de Poitiers spécialisé dans les technologies de l'image. Lancé à la fin des années 1980, il connut un gros succès de foule ensuite, mais se retrouve en perte au tournant du siècle. Pourquoi ? Le concept était bon, il est resté le même... mais le monde a changé. Les écrans géants de cinéma – Imax et autres – se sont répandus partout, les logiciels de traitement d'image sont accessibles au particulier pour quelques centaines d'euros. Endormis sous leurs lauriers digitaux, les organisateurs se sont laissés surprendre, incapables de survivre à leur propre succès.

L'usure du concept est une usure relative puisque le concept n'évolue pas; c'est sa distance au monde qui croît. Le concept est immobile mais les mœurs évoluent, les lois changent, les technologies offrent de nouvelles possibilités. L'immuable brique Lego, pourtant promu jouet du XXe siècle par les magazines *Forbes* et *Fortune,* ne suscite plus l'engouement des enfants. La *Star Académy* nº 3 a déçu un public pourtant acquis d'avance.

La dernière exposition universelle de Hanovre n'a pas été un succès parce que les raisons mêmes qui ont fait le succès des expositions précédentes avaient disparu. Aujourd'hui le tourisme de masse offre l'accès aux choses et Internet offre l'accès aux commentaires sur les choses. Alors pourquoi encore une exposition universelle ?

➤ *Le déracinement du concept*

Ce n'est plus ici le voyage du concept dans le temps qui pose problème, mais plutôt son voyage dans l'espace. Car la tentation est de resservir le même plat et de simplement en changer la sauce. Les producteurs du film les *Visiteurs* ont ainsi voulu mettre du ketchup sur un succès prouvé. Le résultat fut désastreux. *Les visiteurs en Amérique* fut un film médiocre et un gouffre financier. Il est vrai que Disneyland fait l'expérience en sens contraire. Pour Halloween, il faudra attendre.

Et si l'on remonte dans le passé, on ne construit pas le canal de Panama comme le canal de Suez. Les travaux confiés à Ferdinand de Lesseps durent être interrompus, après avoir entraîné la mort de milliers d'ouvriers, et provoqué un scandale financier accompagné d'une faillite.

➤ *La multiplication du concept*

On le voit bien dans le secteur de la franchise, un concept excellent ne peut être simplement reproduit à l'infini sans risque. Comment deux franchisés d'une même enseigne peuvent-ils encore faire la différence quand ils se retrouvent dans le même quartier ?

➤ *L'accident du concept*

À ne pas prendre dans le sens du dommage ou du dégât, mais plutôt dans le sens du hasard et du fortuit (en anglais, on parle de *serendipity*). C'est l'histoire du concept à qui il arrive quelque chose d'inattendu. Au XIXe siècle, Oersted donnait cours d'électricité. Lors d'une expérience réalisée devant ses élèves, tout à coup l'un d'eux fait remarquer qu'au moment où le courant passe dans un des fils, la boussole au mur se met à vibrer. Que répondre ?

Deux attitudes sont possibles : soit expliquer le phénomène par un courant d'air ou le passage d'un carrosse dans la rue ; soit vibrer à l'intuition d'un tout nouveau concept : l'électromagnétisme.

Les concepts accidentés jalonnent l'histoire de la science. Pasteur découvrit ainsi le vaccin et Marie Curie la radioactivité. La chance sourit à ceux qui sont prêts à la recevoir.

➤ *Le déchet du concept*

Autrement dit, le grain de sable, le clou dans le soulier, la tache d'encre, l'impureté (comme un Post-it collé sur l'écran d'un PC). Ce qui abîme, ce qui gâche le plaisir d'un concept « trop beau pour être vrai ». Quand, à la façon de Fernand Raynaud, on a envie de dire « Y a comme un défaut » !

Il y a différents types de déchet :

- Parfois il s'agit d'une légère déformation. Prenons le cas de l'héliocentrisme, concept puissant fêté dans l'allégresse. Après des millénaires d'erreur, on sait enfin que le Soleil est au centre de l'Univers et que les planètes décrivent bien sûr des trajectoires circulaires. Mais un jour Kepler, chiffres à l'appui, fait remarquer qu'en fait les cercles sont un peu aplatis et que le Soleil n'est pas tout à fait au centre… On peut imaginer l'accueil qu'il a dû recevoir de ses pairs.

- Parfois il s'agit d'un paradoxe. Avant Lavoisier, la théorie du feu était basée sur un concept : le phlogistique. C'était le nom donné à un fluide présent dans tous les objets et supposé disparaître au moment de la combustion. Jusqu'à ce jour de 1772 où le chimiste français observa le cas du plomb qui pesait plus lourd après avoir brûlé. Exit le phlogistique… et un nouveau concept se construit sur les ruines du précédent.

Ce n'est pas toujours le cas. Le nouveau concept recadre parfois le précédent sans pour autant le démolir. Newton réussit à expliquer par une seule loi que, paradoxalement, une pomme tombe et que la Lune ne tombe pas. Einstein réussit à expliquer par une seule théorie que, paradoxalement, les vitesses s'additionnent mais que la vitesse de la lumière est une constante. Dans tous ces cas de déchet du concept, à nouveau deux attitudes sont possibles : ou bien mettre en doute la précision des instruments et l'exactitude des calculs, ou bien mettre en doute… le concept lui-même.

Faisons penser la balance vers cette deuxième voie, car le destin des concepts est qu'un jour ils ne sont plus fabuleux. Aucun n'est vraiment parfait et même les plus brillants ne sont pas éternels. Nous reviendrons sur le sujet dans le chapitre 9.

La perception sous influence : pièges et ambiguïtés

La manière de voir le monde change le monde

La manière dont nous voyons les choses est parfois bien loin des choses elles-mêmes ! Nous construisons sans cesse des formes lorsque nous regardons le monde. Mais ce faisant, nous voyons chacun le monde à notre manière.

➤ *Voir* versus *Percevoir*

Le regard de l'homme – le sujet – sur le monde qui l'entoure – l'objet – n'est pas celui d'une caméra parfaite ou d'un radar bien huilé. En plus de l'œil, c'est toute la personnalité du cameraman qui intervient. Tout ce qu'il est, ce qu'il a appris, vu, expérimenté sont autant de miroirs déformants supplémentaires.

Vous le savez bien, il suffit d'entendre parler d'une marque pour tout à coup la repérer dans un magasin, alors qu'elle s'y trouve depuis longtemps. Il suffit de décider l'achat d'une Renault pour tout à coup en voir plus sur la route. On vous annonce la naissance de jumeaux et vous remarquez soudain dans la rue des poussettes à deux places. Vous avez mal au dos ? Vous êtes surpris de constater le nombre de gens qui ont aussi mal au dos. Et ceux qui vous trouvent l'air fatigué, c'est souvent parce qu'ils estiment avoir eux-mêmes un air fatigué.

Parce que nous voyons mal, notre perception déforme, tronque, brouille, induit en erreur. Une pleine lune proche de l'horizon nous semble tout à coup plus grande, des mirages apparaissent dans le désert, c'est le train à côté de nous qui démarre mais nous croyons bouger.

➤ *Voir* versus *Croire*

Au-delà des faits, les convictions s'en mêlent. La relation entre les verbes *croire* et *voir* n'est pas à sens unique. On croit ce qu'on voit, certes, mais parfois on voit ce qu'on croit. Si vous croyez que quelqu'un est bon, vous verrez de la bonté en lui.

Le mécanisme est tellement puissant qu'il va jusqu'à déformer l'objet. Comme un enfant qui appuie de toutes ses forces sur une pièce d'un puzzle. Ce n'est pas la bonne, mais il croit tellement fort l'avoir trouvée.

Edgar Morin donne un bel exemple dans un de ses derniers livres. Devant l'impérieuse nécessité de satisfaire un besoin naturel en plein centre de Paris, il est tout heureux de voir de l'autre côté d'un boulevard une enseigne « urinoirs ». Il a certainement dû se souvenir des lois de la perception après avoir traversé le boulevard et vu qu'en réalité, il était écrit « luminaires ». J'ai pensé un jour à lui lorsqu'à vélo sur une route chargée de camions, je me suis réjoui de voir enfin l'indication d'une piste cyclable. Mais arrivé près du poteau, j'ai réalisé que ce n'était pas l'icône d'un vélo, mais bien le chiffre 100 qui y était représenté.

Au XVIe siècle, le philosophe anglais Sir Francis Bacon affirmait déjà qu'on préfère croire ce que l'on préfère être vrai, quitte à interpréter ce qu'on voit.

➤ *Voir* versus *Savoir*

La relation entre les verbes *voir* et *savoir* est également intéressante. Un ingénieur n'attaquera jamais un problème comme un juriste, un comptable n'abordera pas une question comme un pianiste, quels que soient les problèmes ou les questions.

Nos expériences, nos acquisitions passées sont notre système d'axes du futur. Et encore ! On a beau savoir depuis 500 ans que la Terre tourne autour du Soleil, on continue néanmoins à voir un soleil qui se couche... Ce qui confirmerait la thèse du neurobiologiste Fodor selon laquelle les diverses facultés cérébrales ne communiquent pas.

➤ *Voir* versus *Espérer*

Continuons car les verbes *voir* et *espérer* ont eux aussi un lien étrange. Nous voyons et croyons plus facilement ce que nous souhaitons être vrai.

Une météo qui annonce le beau temps sera plus crue que si elle annonce le contraire, le tirage des journaux économiques augmente quand la Bourse monte.

Les publicitaires connaissent bien cette mécanique. Ils savent qu'en écrivant en dessous d'une enseigne le slogan « on s'y retrouve », ils attireront à la fois ceux qui sont maniaques de l'ordre, ceux qui souffrent de solitude et ceux qui calculent au centime près.

Il y a longtemps, à Delphes, la Pythie ne procédait pas autrement. Le voyageur exténué par un long voyage venait consulter l'oracle pour une question personnelle, et l'ambiguïté de la réponse permettait au pèlerin de l'interpréter à sa guise. Et à la Pythie d'avoir raison.

L'enthousiasme pour Internet est ainsi facilement compréhensible. Quel que soit le point de vue (entrepreneur, professeur, terroriste, altermondialiste, retraité...), Internet donne beaucoup de raisons d'espérer.

Quelle conclusion tirer de tout ceci ? « Tu ne vois pas le monde tel qu'il est, tu le vois tel que tu es. » Cette phrase, que l'on trouve entre autres dans le Talmud, pose bien le problème. Ce n'est pas ce qui est beau que l'homme aime, c'est ce qu'il aime qui est beau.

Le paradoxe de la vision stratégique

Il faut bien admettre que le regard et l'ouïe ne fonctionnent pas à 360°, de manière neutre et constante comme un radar au sommet d'un mât de voilier. Ils semblent plutôt attirés, aimantés en fonction d'un contexte personnel. La vitesse à laquelle on repère son nom dans une liste ou un visage familier dans une foule, la faculté de reconnaître une voix parmi beaucoup d'autres sont là pour témoigner du manque total d'objectivité de nos sens. Nos yeux voient ce qu'ils ont envie de voir, nos oreilles entendent ce qu'il nous est agréable d'entendre. Et il n'est pire sourd que celui qui n'entend qu'une seule chose.

Tout semble converger vers une même évidence : nous percevons le monde de manière particulière, individuelle. Toute idée préconçue, tout stéréotype, tout préjugé sont autant de lunettes déformantes et de hauts parleurs directionnels qui nous rendent malvoyants et malentendants.

Quelqu'un que l'on n'aime pas n'a pas encore ouvert la bouche, et l'on trouve déjà son propos inintéressant. Mais par contre, une banque qui a un superbe siège central a déjà un point d'avance sur les autres pour attirer notre épargne. Tout comme des chiffres bien présentés ont déjà l'air plus juste. Autant d'illusions d'optique et d'acoustique.

Mais revenons au sujet du livre, car toute stratégie à long terme ou tout succès accompli, toute réussite reconnue ou toute renommée naissante en arrivent également à changer la manière dont on voit les choses. Et les conséquences de tout cela sont immédiates, instantanées, irréversibles, ici et aujourd'hui, pour votre entreprise. Ce danger porte un nom : c'est la paradoxe de la vision stratégique.

Autant d'ailleurs le présenter immédiatement, car ce paradoxe nous concerne tous : une vision des choses est indispensable à tout projet, toute stratégie, individuelle ou collective. Mais cette vision est aussi celle-là même qui nous empêche… de voir ce qui pourrait pourtant s'avérer essentiel pour le futur !

Cette même mécanique se retrouve à toutes les échelles, car tout stratège n'en reste pas moins un être humain, avec ses ambitions louables de réussite et ses souhaits compréhensibles de bien-être. Il cherche alors à conforter sa vision des choses, à compléter la « forme » qu'il s'est construite a priori – surtout si elle s'est avérée bonne – plutôt qu'à remettre en cause le montage d'idées et de règles qui ont normé sa pensée. Et sa vision jouera tantôt comme un filtre, tantôt comme un prisme.

Il est prouvé que, dans son journal, un lecteur portera plus d'attention aux articles avec lesquels il est en principe d'accord, et que parfois il ne verra même pas certaines autres informations. Non parce qu'elles ne sont pas importantes – ce qui n'est d'ailleurs pas mesurable – mais tout simplement parce qu'elles dérangeraient ses convictions.

Reconnaissez-le vous-même. Quand un quotidien traite d'un sujet délicat comme, par exemple, la limitation de vitesse sur les autoroutes et que, par souci d'objectivité, il offre ses colonnes aux défenseurs des deux thèses opposées en présence, n'êtes-vous pas insensiblement attiré par celui des textes avec lequel a priori vous serez d'accord ? Et honnêtement, lisez-vous l'autre texte jusqu'au bout ?

Un phénomène analogue peut se retrouver chez le responsable d'une entreprise ou d'une organisation. En 1977, Ken Olsen, alors tout puissant CEO de Digital Equipment, déclara qu'« il n'y avait pas de raison que les gens aient un jour un ordinateur chez eux ». Cette affirmation faite au congrès de la World Future Organisation (!) illustre bien un danger qui guette le dirigeant. L'information selon laquelle des étudiants cherchaient à mettre au point un tout premier *Personal Computer* était bien arrivée aux oreilles de Ken Olsen. Mais il la jugea non essentielle, tout simplement parce qu'elle ne cadrait pas avec ses conceptions de l'informatique. Et il y avait déjà plus de vingt ans que ces conceptions-là l'avaient mené de succès en succès. Alors…

Des hommes comme Ken Olsen fonctionne au « cutter ». Dans les milliers de pages de magazine qu'ils feuillettent, soit ils ignorent, soit ils découpent et demandent alors à un collaborateur d'aller voir. Et aux États-Unis « aller voir » a un sens bien précis !

Nous connaissons tous la loi de la conservation de l'énergie. Peut-être devrions-nous nous préoccuper un peu plus de la loi de la conservation des lois. (Il est vrai que l'inertie… c'est une force !)

Abraham Maslow dit un jour : « Quand la seule chose dont vous disposez est un marteau, la tentation est grande de traiter les choses comme si elles étaient des clous ». Quand on voit la puissance des outils que certains dirigeants ont entre les mains, on peut comprendre la difficulté, pour eux, d'échapper au paradoxe de la vision stratégique. Échapper et non apporter une solution. Car on ne résout pas un paradoxe, on ne peut jamais que le recadrer.

Tout se passe en effet comme s'il existait une gravité des idées, une pesanteur des raisonnements, une polarisation des informations qui se chargent alors positivement ou négativement en fonction d'un confort personnel, suivant ce que l'on souhaite ou l'on ne souhaite pas.

Si les résultats d'un sondage sont mauvais pour un homme politique, il s'interrogera sur la fiabilité de l'institut qui a fait le travail. Si par contre les chiffres sont bons, pas la moindre inquiétude ne surgira à propos du sérieux de l'étude, et le score à la hausse sera même évoqué le plus souvent possible.

Il en va de même dans les entreprises. De mauvais chiffres publiés par la comptabilité analytique font aussitôt douter des compétences de ceux qui ont conçu le système ou décidé des clés de répartition, alors que des résultats au-dessus des prévisions enlèvent immédiatement les dernières hésitations qui subsisteraient quant à l'utilité ou la qualité de ce nouveau système !

On ne peut pas vivre sans une vision du monde, une conception des choses, une représentation de l'environnement. C'est même indispensable à la réalisation de grands objectifs. Mais attention, la médaille d'une stratégie bien pensée a un revers (voir le schéma de la page suivante).

Un chef d'entreprise avait donné rendez-vous à son directeur financier pour pouvoir se rendre ensuite à deux chez un client difficile. À l'heure dite, pas de directeur financier, pourtant habituellement aussi précis dans l'agenda que dans les tableaux de bord qu'il lui remettait mensuellement. Le patron, pour tuer le temps et sa nervosité, allume sa radio. « Circulation paralysée dans une grande partie de la ville », entend-il. Devenu philosophe par la force des choses, il sort un dossier et commence à l'étudier… En fait, il avait fixé rendez-vous à un autre endroit où, ponctuel comme toujours, son collaborateur l'attendait. Que s'est-il passé ?

À nouveau le filtre diabolique. L'information entendue à la radio avait pris trop d'importance… parce qu'elle ne remettait pas en cause sa conception des choses à ce moment. Un autre jour, une information identique lui serait peut-être entrée par une oreille et sortie par l'autre.

Dernier exemple : quand un auteur est sur le point de terminer un livre dont la table des matières a été particulièrement ardue, croyez-vous qu'il est capable d'entendre une information qui serait susceptible d'entraîner une modification en profondeur du plan de son travail ?

Tous ces exemples trouvent une place sur le schéma, construit comme un arbre de – bonne ou mauvaise – décision.

Nous traitons nos convictions comme des biens matériels. On en hérite, on les adopte, on les protège, on les entretient. Nos schémas de pensée – et particulièrement la relation de cause à effet – sont comme des tiges de fer. Ils arment et rendent particulièrement résistants tous nos bétons faits de stéréotypes, d'a priori, d'inhibitions, de rites, d'habitudes. Nos systèmes de valeurs sont en danger de dogme, de routine, de manie, de tabous mal compris.

Ah, la perception ! Un jour, un cadre de multinationale présente sa démission pour une raison bien simple. Lassé de vivre au rythme des trimestres, et des « chiffres » qui leur sont immanquablement liés, il avait simplement décidé de vivre au rythme des saisons. La différence est la même qu'entre un patron qui dit « je décide » et un autre qui dit « je choisis ». C'est la même chose, mais ce n'est pas la même chose.

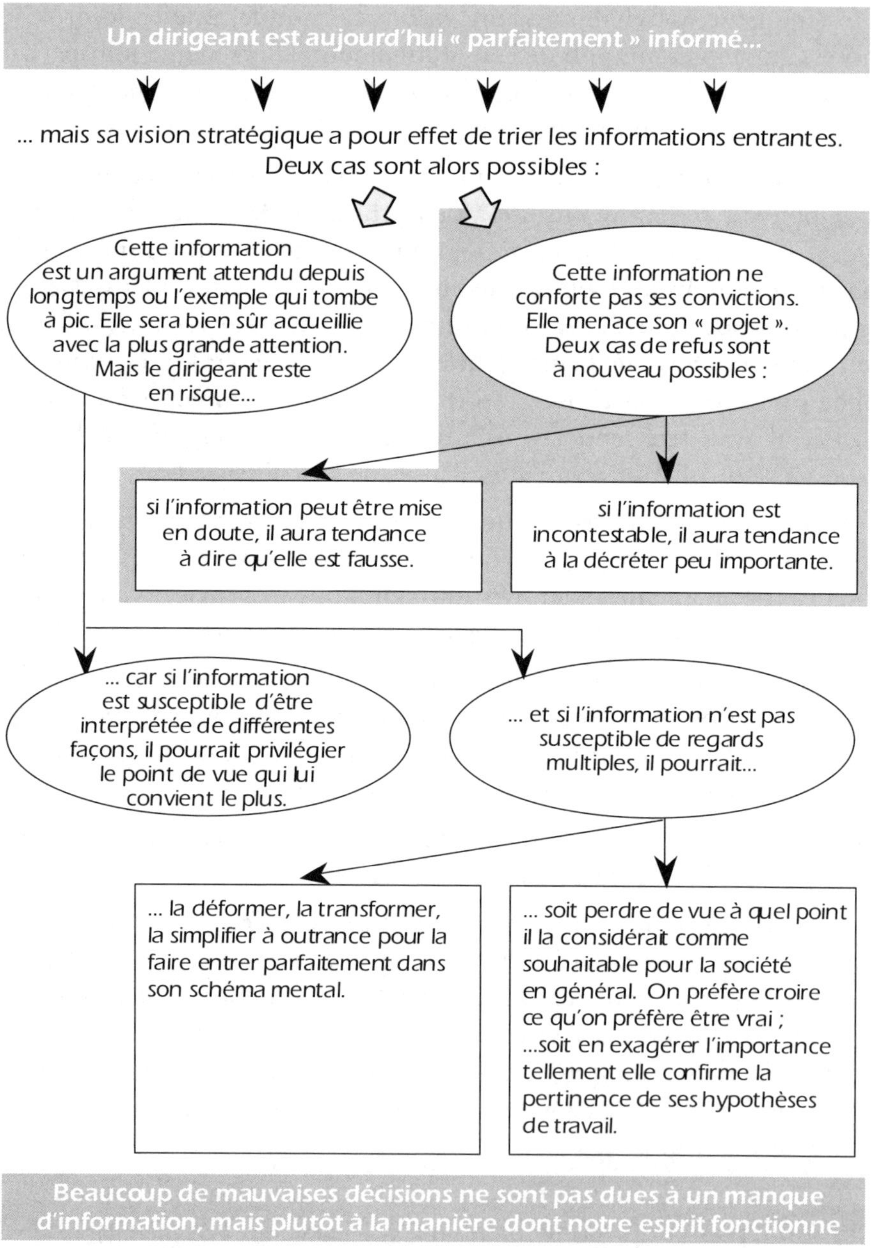

Le fait d'appeler sa table « support de *hardware* » suffit parfois pour changer de budget, pour passer du poste mobilier au poste informatique, et permet alors d'avoir une nouvelle table.

Ah, la perception ! Regardez à quel point chacun peut se retrouver « parfaitement » dans son horoscope (peu importe le signe !). À quel point et en toute bonne foi, un auteur peut s'estimer pillé et plagié par un autre.

La créativité ou la révolution du regard

Qui dit percevoir dit, entre autres, regarder… Si la créativité est de l'ordre de la perception, elle est donc aussi une question de regard.

L'idée persiste que la vision est naturelle et n'exige pas plus d'enseignement que la respiration. Nous avons vu que ce n'était pas vrai. La réalité présente de multiples facettes, celles qui nous apparaissent en pleine lumière mais aussi celles qui sont cachées, dans l'ombre, de biais ou de profil, ou en pleine lumière… pour les autres. Il faut donc éduquer le regard, l'exercer et l'entraîner pour l'aiguiser, le diversifier, le libérer de ses œillères. On peut le faire à l'aide d'exercices du genre de ceux que nous vous proposons ci-dessous.

Exercice 4.1

Vous reconnaissez cette figure géométrique… On peut l'interpréter au moins de trois façons différentes. Faites la tourner en clignant des yeux, vous les découvrirez plus facilement : un gros cube sur lequel on a greffé un petit cube, un gros cube dont on a enlevé un petit cube, un petit cube placé dans le coin formé par deux parois. Étonnant, non ? Pouvez-vous maintenant garder une même vue en faisant pivoter la figure d'un tour complet ?

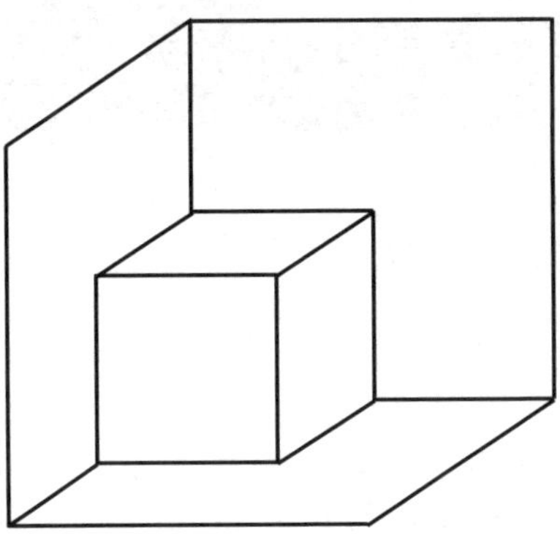

Exercice 4.2

Regardez bien ce dessin ancien. Où se passe cette scène ? On peut discuter à l'infini pour savoir si la famille est à l'extérieur ou à l'intérieur du bâtiment. Peine perdue...

Solution à la fin du chapitre p. 129.

Exercice 4.3

Vous êtes face à une table sur laquelle il y a des allumettes et des punaises, et il vous est demandé de fixer la bougie sur la cloison en bois. Immédiatement, l'envie vient de faire fondre la bougie. Mais c'est compliqué et même inutile.

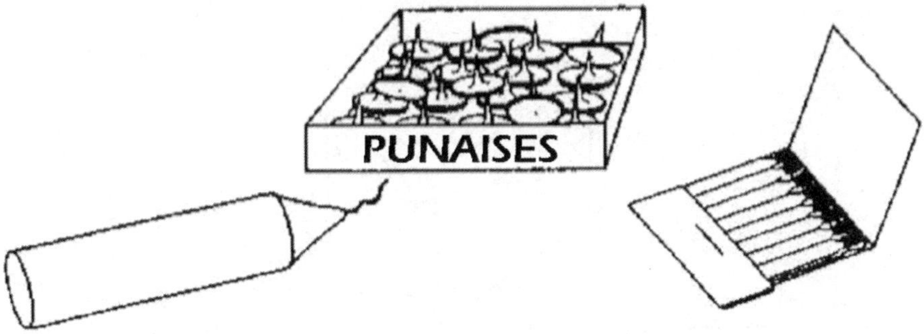

Solution à la fin du chapitre p. 129.

Le premier regard éclaire une situation mais le deuxième peut y apporter l'idée lumineuse. Quand Archimède a regardé autrement sa baignoire, quand Newton a vu autre chose dans la pomme qui tombait de l'arbre, quand Edison a vu dans l'électricité autre chose que de l'énergie, c'est au moment précis où ces savants ont vu d'un bon œil ce que tout le monde regardait d'un œil distrait, c'est à cet instant créatif que sont nées l'idée nouvelle et la nouvelle théorie. « Bien vu », dirait-on sans réfléchir. « Autrement vu » serait un commentaire plus correct.

Plus encore que les scientifiques, les artistes sont les vrais révolutionnaires du regard, les artistes de l'image, peintres ou sculpteurs mais aussi cartoonistes ou photographes, cinéastes ou vidéastes. Ils savent voir – différemment, largement – et donner à voir autre chose. Ils déforment, transforment ou amplifient la réalité, entraînant notre regard au-delà du spectacle quotidien, loin des conventions et des clichés. Arcimboldo, Escher, Dali ou Magritte sont de ceux-là. L'art contribue au renversement des modèles, invite à changer de perception, génère des points de vue audacieux.

Pour être créatif, il faut d'abord changer son regard. Quand l'objet est vu différemment, la solution pointe son nez, l'idée nouvelle jaillit. La créativité est indissociable du changement de perception.

Deux petits exercices pour vous en convaincre.

Exercice 4.4

Pourriez-vous démonter en douceur le cube ci-dessous ? L'envie de recourir à un pied de biche vous envahit-elle ?

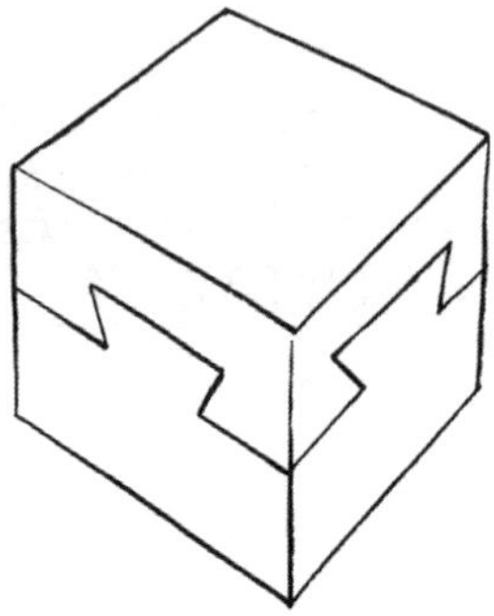

Solution à la fin du chapitre p. 129.

Exercice 4.5

Sélectionnez quelques nombres ci-dessous de telle manière que la somme soit égale à 100. Il n'y a pas de piège, uniquement des additions et chaque nombre ne peut être pris qu'une fois.

51	36	3	15
9	17	63	6
53	42	33	72

Solution à la fin du chapitre p. 129.

Résumons ce chapitre avec deux exemples tirés du monde de l'entreprise. Ils montrent clairement que changer de perception est la condition de l'idée neuve et que toute la difficulté est d'évacuer ses anciennes idées.

Vers 1910, General Motors et les autres constructeurs livrèrent leurs premières automobiles aux agriculteurs du Midwest. La première chose que ces derniers faisaient à peu près tous, leur véhicule à peine livrés, c'était d'ôter la banquette arrière pour pouvoir transporter plus facilement le matériel ou autres ballots de paille.

Il a fallu près de 20 ans à General Motors pour enfin « inventer » le *pick-up* ! L'idée nouvelle était là, mais le passage obligé pour les ingénieurs était un changement de perception. Il était nécessaire pour eux de se construire une autre représentation de ce qu'est une automobile. Sans cela, pas de *pick-up* !

Le lien entre créativité, regard et perception est beaucoup mieux compris aujourd'hui. Il peut alors être encouragé, suscité, facilité.

Suite à une conférence sur la créativité donnée un jour à Paris, je fus mis au défi par le patron d'une PME fabriquant du champagne. « Très bien vos belles théories, mais chez moi, cela ne marchera pas. Trop peu de moyens et trop de règlements, pas de place pour de nouvelles idées. »

Le défi fut relevé et le travail effectué en deux temps. D'abord changer le regard, arrêter de se voir comme un marchand de champagne. Diverses propositions furent faites et les responsables décidèrent en fin de séminaire que leur métier était de « contribuer à la réussite de petites fêtes ».

Interruption. Le changement de perception effectué, le groupe décrète quelques jours de retour à la réalité. Deuxième temps, la semaine suivante. Avec cette autre représentation de leur métier en tête, le brainstorming peut maintenant commencer. Trois idées jaillissent en quelques heures :

- Pour réussir une petite fête, il est souvent utile que quelqu'un prenne la parole. Idée n° 1 : rédiger une petite brochure « Comment rédiger un petit discours ? » et l'attacher à la bouteille.
- Souvent, en été, le champagne n'est pas assez froid (surtout lorsqu'on l'apporte en cadeau). Idée n° 2 : fabriquer un sac en plastique suffisamment hermétique et solide pour transporter en plus de la bouteille, un ou deux kilos de glaçons.
- L'idée de fête peut être liée à celle de jeu. Idée n° 3 : la caisse en bois qui contient trois bouteilles est recyclable en boîte à jeux. Un échiquier dessiné sur le couvercle, des dés, des pions et des cartes à jouer à l'intérieur – la place est disponible ! – et le fond de la caisse peint comme un tapis de backgammon. Et hop, le tour est joué.

Si on fait le bilan énergétique du travail effectué par cette PME, 80 % fut consacré au changement de perception. Seulement 20 % fut nécessaire pour trouver trois idées vraiment nouvelles.

Porter un nouveau regard, changer de perception, adopter un autre point de vue, on peut s'y entraîner de différentes façons. Lisez, pour mettre en train, cette petite histoire :

« Par une journée froide de janvier, le nouveau chef de l'exécutif est appelé à prêter serment. Un des plus jeunes dans l'histoire du pays, élevé dans une famille catholique et disposant d'un charisme certain, il se tient là, devant le chef militaire qui l'a précédé dans la fonction après avoir conduit le pays au travers d'une guerre mondiale. Le nouveau chef de l'exécutif est adulé par son peuple et jouera un rôle-clé dans une crise militaire que son pays est appelé à affronter. Son nom entrera dans l'histoire. »

Si un Américain lit cette description, il est fort probable que le nom de Kennedy lui viendra vite à l'esprit. Il « verra » ensuite Eisenhower, il pensera à la Seconde Guerre mondiale et à la crise de Cuba, et tout contribuera à confirmer sa première intuition. Or… ces lignes décrivent l'ascension d'Adolphe Hitler et son intronisation quelques années avant la Seconde Guerre mondiale, en présence du président Paul von Hindenburg qui dirigea l'Allemagne pendant la Première Guerre mondiale.

Idées-clés de ce chapitre

Il faut changer sa perception des choses pour mieux changer ensuite la réalité des choses.

La manière de voir le monde change le monde.

Innover, c'est faire du neuf dans le système, par contre, être créatif, c'est penser à un système neuf.

L'élaboration d'une vision stratégique se situe dans le monde de la pensée et non dans celui de l'action.

Sans stéréotypes, nous serions incapables de nous souvenir et donc de réfléchir.

Quand l'objet est vu différemment, la solution pointe son nez, l'idée nouvelle jaillit. La créativité est indissociable du changement de perception.

Il est plus difficile de changer une idée ancienne que d'en trouver une nouvelle.

Ce que le client achète est très rarement ce que nous croyons lui vendre.

Solutions des exercices

4.2. … car il n'y a pas de bâtiment. La femme porte un paquet sur la tête. Nous ne voyons pas l'image telle qu'elle est, nous la voyons tels que nous sommes, habitants d'un pays où il semble évident qu'une famille dispose d'un logement.

4.3. … car si vous aviez « vu » la boîte de punaises, l'idée vous serait venue de fixer cette boîte avec les punaises et de poser ensuite la bougie dessus. Cet exercice a été mis au point par Karl Duncker, un des fondateurs de la théorie de la *Gestalt*.

4.4. Une ligne à la frontière de deux morceaux de bois laisse supposer un angle à 90°. Or dans ce cas-ci, un angle de 45° permet de faire glisser un bloc sur l'autre, comme sur un rail.

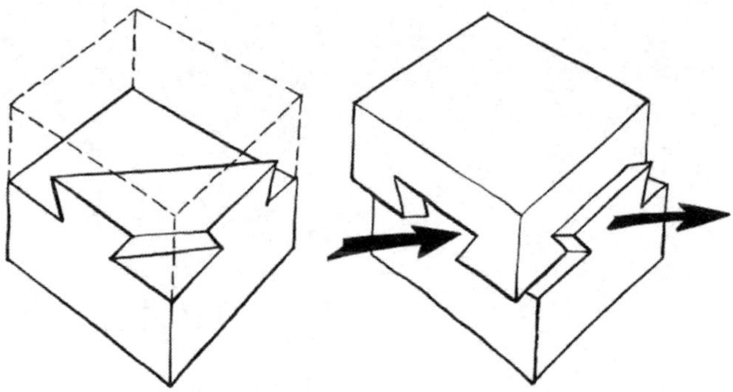

4.5. Il suffit de voir que tous les nombres sont des multiples de trois sauf deux. Mais si on combine les multiples de 3 entre eux, on ne peut pas arriver à 100. La solution comprendra donc nécessairement 53 et 17, seule manière d'obtenir un multiple de trois plus 1.

5

PRÉVOIR *versus* PRÉPARER : LA CRÉATIVITÉ EST LE CARBURANT DE LA NOUVELLE ÉCONOMIE

Seigneur, tant de prudence entraîne trop de soin :
je ne sais point prévoir les malheurs de si loin.

RACINE

Depuis l'an 2000, on parle de « nouvelle économie ». Ce n'est pas une simple mode mais bien le signe d'un changement majeur. L'anticipation n'est plus ce qu'elle était. Le niveau d'incertitude est tel qu'une partie de la stratégie doit se penser d'une tout autre manière, car si on peut essayer de prévoir ce qui est plus ou moins certain, on se prépare par contre à l'incertain.

Anticiper l'incertain, dans un environnement qui secoue, c'est savoir choisir de bons clignotants, interpréter les signaux, imaginer des mécanismes de correction… La créativité est nécessaire à tout moment pour s'adapter en « temps réel » aux perturbations de l'environnement. Par ailleurs, dans une société de l'information, les idées ont un cycle de vie de plus en plus court. Le facteur déterminant sera alors la capacité d'avoir de nouvelles idées plus que les idées elles-mêmes.

De l'ancienne à la nouvelle économie

Il y a longtemps, au commencement du succès économique se trouvait bien souvent une idée majeure : la soude, l'électricité ou les vaccins ont ainsi donné naissance à autant d'empires industriels toujours bien présents. Le génie créatif des Solvay, Edison et autres Pasteur ont marqué l'histoire. Le recentrage de l'économie autour de l'information risque de rendre ce genre d'aventure de moins en moins probable, pour deux raisons au moins.

L'incertitude croissante – et peut-être définitive – contraint à une prudence elle aussi croissante. Toute idée nouvelle est construite nécessairement sur des hypothèses et elle doit donc intégrer la fragilité de ces hypothèses.

Par ailleurs, la nature « informationnelle » de beaucoup de ces idées nouvelles les rend très vite susceptibles de contrefaçon. Il est facile de voler une information et – d'une certaine manière – on ne prive pas le propriétaire de son bien. Les idées ont donc des cycles de vie plus courts, elles créent des avantages compétitifs qui parfois ne se chiffrent plus qu'en mois. Les idées nouvelles restent sources de richesse, bien sûr. Mais plus encore, c'est la capacité d'en générer qui devient déterminante. Si, avant, une entreprise vendait parce qu'elle offrait les produits les moins chers, dorénavant elle vendra en offrant les services que ses concurrents n'offrent pas… encore. L'avantage concurrentiel est à réinventer sans cesse. Et le mouvement en devient perpétuel.

Comment comprendre, décrire, voir ce changement ? En recourant à l'approche systémique. L'utilité de l'approche systémique tient à sa nature tout à la fois métaphorique et abstraite. La métaphore aide à la compréhension grâce à un langage imagé. L'abstraction redonne la primauté au petit dessin sur un long discours. Une bonne modélisation permet de voir le futur, de l'ouvrir à l'imagination, et le modèle privilégié ici est celui de la boîte noire.

À l'origine de tout système, il y a nécessairement un ensemble de valeurs, c'est-à-dire une idée partagée de ce qui est souhaitable (nous reprenons ici la formule simplifiée vue au chapitre 4). Cette vision, cette conception collective de la manière dont les choses devraient être débouche alors sur la définition d'un ou plusieurs objectifs. Enfin, le système proprement dit consomme des ressources pour tendre en permanence vers l'objectif souhaité.

L'« ancienne » économie

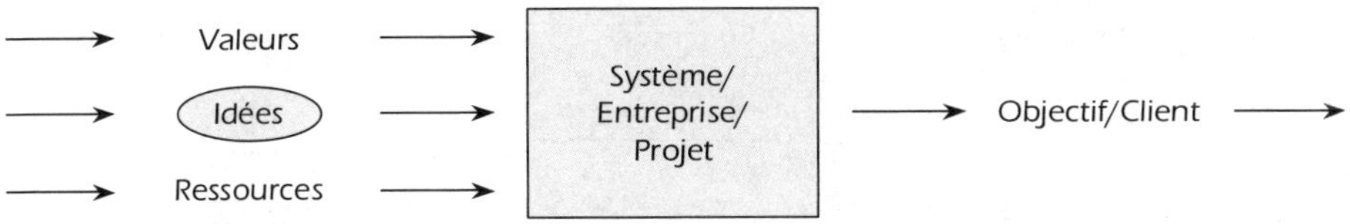

Ce petit schéma permet déjà de mettre un peu d'ordre dans la tête. L'emploi par exemple est perçu, suivant les cas, comme une valeur, comme un objectif ou comme un système. Ce schéma fait également penser à une fusée, et une métaphore s'impose car beaucoup d'entreprises ont été construites au départ sur ce type simpliste : une idée de départ et un scénario sans trop de risques pour servir longtemps un client connaissable dans une économie « parfaite ».

Deux différences apparaissent alors entre l'ancienne et la nouvelle économie. Avant, l'entreprise ressemblait à une fusée lancée de la Lune vers la planète Mars, c'est-à-dire une cible au comportement parfaitement prévisible à atteindre dans un espace sans la moindre perturbation. Aujourd'hui, l'entreprise serait plutôt comme une fusée lancée contre un missile zigzaguant, c'est-à-dire une cible au comportement imprévisible à atteindre dans un environnement secoué par des vents violents.

Les deux sens du mot « révolution » sont bien mis en lumière. Avant, il était possible de prévoir l'orbite docile du client. Aujourd'hui, il faut s'adapter à ses revendications, car le client est inattendu, erratique, chaotique, voire inconnu. De plus, des vents violents soufflent sur l'économie. Cette double contrainte doit se traduire par un changement de fusée, il faut prendre un modèle à tête chercheuse, adapté à l'économie « imparfaite ».

Désormais la réalité sera faite de trous d'air et la survie, la « bonne fin » d'un système, sera impossible sans des mécanismes de feed-back, de rétroaction qui détectent en permanence l'écart entre ce qui est et ce qui était supposé être, et qui corrige en conséquence les ressources consommées (le mot ressource doit être entendu au sens large et inclut le trinôme matière-énergie-information) ou la manière dont le système les consomme.

La « nouvelle » économie

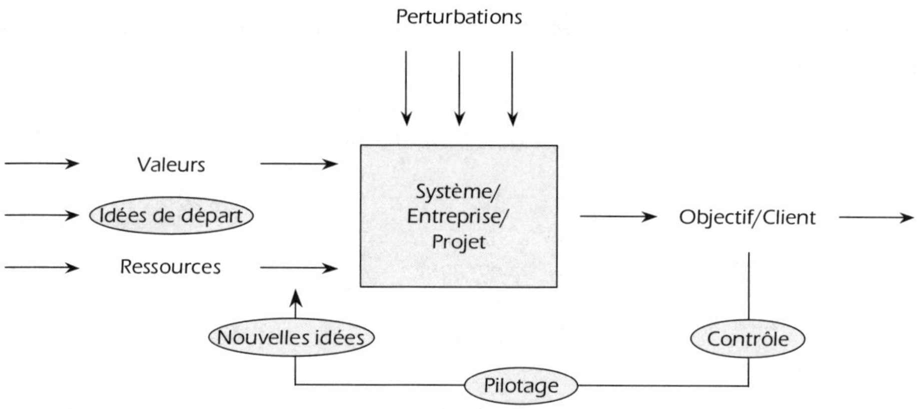

En 1948, Norbert Wiener appela sa discipline « cybernétique ». Il la définit comme la science du contrôle et du pilotage. Ce n'est pas neutre. Dans la boucle, une différence claire apparaît entre ce « contrôle » et ce « pilotage », c'est-à-dire entre l'ensemble des observations et celui des décisions. Un diagnostic n'entraîne en effet pas automatiquement une action à lancer.

Ce rappel simplifié à l'extrême des principes cybernétiques pourrait être illustré à plaisir à l'aide du régulateur de Watt, d'un thermostat, du gyroscope, d'un robot, du cycle proies-prédateurs ou d'autres études sur la température des océans, mais le regard est ici posé sur l'économie, à l'aide d'une deuxième métaphore. Après la fusée, voici l'échelle de Richter.

L'entreprise antisismique

Secousses et perturbations

Quand dans un bâtiment, tout à coup, une fissure apparaît, deux explications sont possibles. Ou bien le bâtiment a été mal construit, avec de mauvais matériaux, et un jour ou l'autre un mur s'affaisse ou le bois de la charpente se met à jouer. Ou bien la cause est externe : le bâtiment solide s'est néanmoins fissuré suite à une secousse tellurique. L'analogie est tentante. Beaucoup d'entreprises aujourd'hui s'abîment. Chercher les responsables à l'intérieur de l'organisation n'est pas toujours la bonne démarche, car pas mal de ces entreprises ont été bien construites à une époque où l'on n'imaginait pas un tremblement de terre. Or, avec les nouvelles règles de l'économie et de la technologie, c'est bien de cela qu'il s'agit. Un monde en réseau est un monde en tension. Les tremblements de terre sont latents, les secousses à la fois certaines et imprévisibles. Et les entreprises doivent désormais satisfaire aux normes antisismiques.

Il y a longtemps, si longtemps, le monde économique était plutôt calme. Les courbes de l'offre et de la demande se croisaient gentiment, pas trop loin du bureau ou de l'usine. Les fournisseurs et les clients faisaient commerce au café du même nom. Leurs relations étaient stables, et les taux d'intérêt aussi. On appelait son concurrent un « confrère », le mauvais payeur était plutôt rare, la réputation tenait lieu de garantie bancaire. L'ancienneté était synonyme de qualité, la localisation au centre ville reflétait des fonds propres sûrement abondants. On avait un banquier comme on avait un confesseur : lui poser une question relevait de l'impertinence, comparer les prix frisait la mauvaise éducation, négocier était carrément grossier. Les grandes entreprises s'occupaient de leurs clients quand la fabrication des produits leur laissait un peu de temps. Et toute livraison se terminait par un rituel « À la prochaine… » tant la livraison était déjà certaine. Il y a longtemps, si longtemps.

Aujourd'hui, le café du commerce a été franchisé par un groupe multinational et un tiers des clients parle anglais. La Bourse palpite sous les effets d'annonce, le *know how* fait place au *know who*, la question « que fait le concurrent ? » se double d'une autre question « qui est le concurrent ? ». Plus rien n'est définitivement acquis, tout reste provisoirement à acquérir. Beaucoup de jeunes entrent dans un premier emploi en marche arrière pour éventuellement en repartir plus vite. D'ailleurs les jeunes n'aiment pas le mot « emploi », et ils vont à Bangkok comme nous allions dans la forêt de Fontainebleau.

Avant, l'environnement était peu turbulent et on pouvait penser l'entreprise une fois pour toutes. Aujourd'hui, cela secoue et il faut repenser l'entreprise en permanence, l'équiper de mécanismes d'adaptation, la rendre apprenante. Aujourd'hui, il faut donc construire des entreprises antisismiques, seules capables encore de servir durablement un client. Un client devenu difficile à cerner, à ranger dans une catégorie, un client mouvant qui ne réclame plus, mais qui zappe. Face à ce client imprédictible, imprévisible, l'entreprise doit renoncer à le prédire, à le prévoir.

Les systèmes de réservation obligatoire (Thalys, etc.) ne changent pas grand chose à cette tendance lourde car certains effets pervers apparaissent, comme l'*overbooking*. Surtout que l'utilisation des infoducs pourrait avoir pour conséquence la disparition des prix fixes ! Comme à la Bourse, l'offre de prix pour un voyage change déjà aujourd'hui en fonction du moment. Il varie suivant les places disponibles, les conditions climatiques, la fidélité reconnue d'un client ou la spécialisation soudaine d'un fournisseur.

Allons jusqu'au bout du raisonnement. Le phénomène des prix flottants ne se limitera plus aux voyages, l'information sera disponible partout. La partie privilégiée de la planète économique pourrait ressembler petit à petit à une gigantesque salle de marché, avec des centaines de millions d'acteurs, et plus aucun prix ne pourrait être connu à l'avance (sauf si l'achat a été effectué à terme !). Tout ceci n'est ni de la science, ni de la fiction. C'est un futur possible, tout simplement, et il fait sourire peut-être.

Mais imaginer un distributeur de boissons fraîches qui lierait le prix de la canette à la température ambiante, c'est comme se demander pourquoi il n'y a jamais eu de soldes à la Bourse ou si l'absence de prix fixes n'est finalement pas la caractéristique principale des souks orientaux. Ce sont des exercices de gymnastique mentale indispensables pour assouplir les neurones.

Montée de l'incertitude : l'exemple du client imprévisible

C'était le 8 juin 2004. La communauté scientifique européenne était en émoi car la planète Vénus allait passer devant le Soleil. Les astronomes ont d'ailleurs un beau nom pour le phénomène, ils appellent cela le « transit de Vénus », quand cette planète vient se glisser entre la Terre et le Soleil, quand les trois corps célestes vivent le plaisir rare et éphémère de la ligne droite.

Le soir, au journal télévisé, un astronome encore sous le choc de l'émotion fut invité pour partager sa joie avec les téléspectateurs, dont certains avaient pu voir également le trajet du petit pois traversant le disque solaire. L'expert y alla de quelques chiffres et annonça fièrement que les deux prochains transits de Vénus se produiraient respectivement le 6 juin 2012 et le 11 décembre 2117.

Après le journal vinrent les prévisions météorologiques. Une charmante dame nous ramena sur terre. Son sujet à elle était plutôt le transit des cumulus et des nimbus ou, autrement dit, l'évolution du climat en Belgique. « Mercredi, risque d'averse » prévint-elle aimablement.

Je me suis dit à ce moment que le monde était vraiment mal fait. On sait avec certitude qu'un transit de Vénus aura lieu dans sept ans, mais on ne peut dire s'il fera beau deux jours plus tard…

Frustration à la fois banale et ancienne car depuis que l'homme regarde devant lui, l'avenir lui est présenté en deux parties. Une première est prévisible : les saisons, la démographie à court terme, le remboursement d'une dette contractée à taux fixe... L'autre ne l'est pas : le comportement des électeurs, les passions des adolescents, les succès littéraires…

La frontière entre le certain et l'incertain n'est pas précise. Certains événements à venir conjuguent les deux, et de longues discussions sont possibles. Mais un constat est aujourd'hui accepté de tous : l'incertitude croît, il est de plus en plus hasardeux de faire des prévisions. C'est ce qu'on appelle une tendance lourde.

La relation client-fournisseur n'échappe évidemment pas à cette incertitude croissante, car le comportement du consommateur est chaque jour un peu plus volatil. Pour quatre raisons au moins.

- Ses valeurs ont changé. La fidélité à un fournisseur ne lui semble plus être une évidence, une attitude a priori souhaitable. Ce n'est plus qu'un comportement parmi d'autres. Le client finaud s'estime en état de légitime dépense. Et la génération montante télécharge sans le moindre sentiment de culpabilité
- L'information dont il dispose est devenue illimitée. Il est désormais aussi bien informé que son fournisseur. Comparer n'a jamais été aussi facile.
- Avec l'augmentation du niveau de vie, les consommateurs ont tendance à escalader les cinq étages de la célèbre pyramide de Maslow (voir le chapitre 1). Après avoir assouvi des aspirations de survie et de sécurité (les deux premiers étages), ils cherchent petit à petit à combler des envies d'appartenance, de reconnaissance et d'épanouissement personnel (les trois étages supérieurs). Rien de surprenant à cela, c'est même plutôt une bonne nouvelle, mais la montée à l'intérieur du modèle de

Maslow va de pair avec une montée de l'incertitude. On peut encore essayer de prévoir la consommation d'eau d'un Français ou son épargne en vue de sa retraite (1 et 2). Mais comment réagira-t-il à une nouvelle mode (3) ? Qu'est-il prêt à faire pour se différencier (4) ? Quel projet fou finira par emporter tout le restant (5) ? Il est possible de prévoir ce dont quelqu'un a besoin, c'est plus difficile de comprendre ce qu'est pour lui le confort, et c'est encore plus dur d'imaginer ce que représente pour lui le luxe.

- Le consommateur résiste de plus en plus aux tentatives de classement. La sociologie a mal à ses catégories. Il y a trente ans, l'école, la mutuelle, l'abonnement au journal ou le vote émis le jour des élections pouvaient former un tout cohérent La connaissance de trois d'entre eux permettait plus ou moins d'en déduire le quatrième. Aujourd'hui, la rationalité de ces choix est moins issue de convictions idéologiques, elle émane plus de considérations d'un tout autre ordre (prix, accès, mode, qualité de service...). Il y a tout autant de cohérence aux yeux de l'individu, mais celle-ci défie la mise en catégories par ceux qui le regardent. Banquier le matin, entraîneur d'un club de volley-ball à 17 heures ou acteur d'une troupe de théâtre le soir, la même personne peut à la fois aimer faire la cuisine et acheter des plats surgelés, avoir un vélo de luxe et une voiture bas de gamme, être passionné d'Internet et multiplier les abonnements à des magazines. Les stéréotypes cassent les uns après les autres, les tentatives de segmentations désespèrent, c'est tout le problème de l'identité qui est posé. Qu'est-ce encore qu'un informaticien, une pensionnée, un philanthrope, une consultante, un Parisien, une sportive, un écologiste ?

Tout contribue donc aujourd'hui à faire du client une cible surprenante, imprévisible, mutante.

Les attitudes de *l'Homo zappens* résistent à toutes les équations, ses zigzags ne sont pas modélisables.

Face à un client devenu aléatoire, le fournisseur n'a plus le choix. Puisqu'il ne peut plus prévoir, il doit dorénavant être prêt.

Du bon usage des rétroactions

Le défi du manager a toujours été d'anticiper mais son attitude doit changer : anticiper la certitude, c'est prévoir; anticiper l'incertitude, c'est préparer. Cette nouvelle approche se décline domaine par domaine. En informatique, prévoir, c'est écrire des applications; préparer, c'est bien organiser sa banque de données.

Exactement comme un thermostat permet d'atteindre un but – la température constante d'une pièce – sans s'occuper des prévisions météorologiques, les systèmes de régulation en tout genre permettront à l'entreprise antisismique d'atteindre son but – une relation suivie avec son marché – sans trop essayer encore d'anticiper les changements de comportement qui de toute façon... comporteront des changements. La régulation, le feed-back, voilà sans doute le mot le plus important aujourd'hui. Aucun système ne peut plus survivre sans thermostat. L'entreprise rigide fonctionnait avec des règlements, l'entreprise antisismique survit grâce à ses régulations. On mesure d'ailleurs à quel point il est erroné d'utiliser déréglementation et dérégulation comme synonymes !

Regardons l'évolution du trafic routier. Avant, au croisement de deux routes, un feu de signalisation réglementait la circulation. Aujourd'hui, un rond-point la régule. La nuance est là : un règlement est extérieur au système et s'inscrit dans le temps, une régulation se situe dans le système et en dehors du temps.

Par ailleurs, s'il est toujours possible de dérèglementer – il suffit d'enlever le règlement –, déréguler un système est impossible. La suppression d'une boucle de régulation entraîne obligatoirement l'apparition d'une autre. On peut imaginer un règlement : « Il faut penser au client ». Mieux vaut une régulation qui « pense » le client. Car un règlement nous concerne et une régulation nous implique.

L'utilisation du feed-back est une clé du futur mais la médaille a deux faces. D'un côté, il facilite l'utilisation du système. Le pilote automatique d'un avion permet à celui qui ne l'est pas de déjeuner à l'aise. De l'autre côté, il complexifie le système et – paradoxe – augmente l'imprévisible dont il permet de s'affranchir. Tel hôtel a été surpris lors d'un incendie de voir tous les ascenseurs converger vers l'étage en feu – à cause des boutons sensibles à la chaleur – et l'air conditionné soumis à une demande sans précédent. De manière plus grave encore, la centrale de Tchernobyl a explosé car les opérateurs ne comprenaient plus les réactions des machines aux actions qu'ils décidaient.

Soit la régulation permet au système de corriger ses erreurs, le cercle est alors vertueux, soit il les aggrave et le cercle est vicieux. Mais dans les deux cas, il est complexe.

Dans une entreprise antisismique, il en va de même. D'un côté, les feed-back lui permettent d'apprendre, de s'améliorer de manière continue, de lutter contre les gaspillages, de s'adapter en temps réel. Mais de l'autre côté, ils compliquent les procédures, ils maintiennent la pression. C'est la tyrannie du fait non accompli ; l'application des flux tendus risque de voir le personnel le devenir aussi (le *work flow* n'est rien d'autre que la souplesse rigide !). Et pourtant, seuls les feed-back, les mécanismes de correction, permettent encore aux entreprises de durer. Ils bouclent dès qu'il y a écart entre ce qui est et ce qui était supposé être. Trois types de feed-back doivent coexister.

- Le regard peut être porté sur l'entreprise elle-même. C'est le contrôle de gestion ou le contrôle de qualité. Le mot contrôle apparaît d'ailleurs mal choisi, c'est une traduction trop rigide de l'anglais. *To control* signifie plus en effet « maîtriser » que « vérifier ». L'expression « manque de contrôle » est tout aussi imprécise. S'agit-il d'une défaillance d'une personne devant ses tableaux de bord, ou bien s'agit-il d'une erreur de conception des tableaux de bord eux-mêmes ? Après un accident, la question est souvent : « Qui était en charge du contrôle ? » Elle devrait être : « Qui a défini les procédures de contrôle ? » Il ne faut pas confondre *lack of control* et *failure of control.*
- Le regard peut être porté à l'extérieur. Il s'agit alors de « veille », concept qui doit être pris dans le sens le plus large possible. La différence entre le premier point et celui-ci est claire : le contrôle de gestion a pour objet de corriger des erreurs dans les hypothèses qui ont été faites ; la veille a pour objet de corriger l'erreur de ne pas avoir fait une hypothèse.
  - Veille technologique : peut-on faire la même chose autrement ?
  - Veille concurrentielle : comment font les autres ?
  - Veille de marché : comment évolue le consommateur ?
  - Veille financière : nos hypothèses de taux d'intérêt se vérifient-elles ?
  - Veille organisationnelle : quel est l'impact d'Intranet ?
  - Veille juridique : où en est la législation ?
  - Veille administrative : annonce-t-on des subsides ?
  - Veille commerciale : quel type de projet lance-t-on à l'étranger ?
  - Veille externe : quels risques nous menacent-ils ?
  - Etc.

- D'autres rétroactions proviennent du client.

– Ce retour peut être spontané. C'est surtout le fait d'un client mécontent. C'est donc au service des réclamations que doivent se trouver les gens les plus brillants. Mais la réclamation devient rare. Le vieux problème « pas de nouvelles, bonnes nouvelles » est dépassé. « Pas de nouvelles, catastrophe ! Le client est ailleurs » semble plus approprié. De nombreuses variantes sont possibles. Schopenhauer – avec qui il n'est pas nécessaire d'être d'accord – nous dit condamnés à avoir mal. Ou bien nous n'avons pas ce que nous désirons et nous souffrons, ou bien nous ne désirons plus ce que nous avons et nous nous ennuyons. Le client qui souffre peut être soulagé en comblant son manque, mais s'il s'ennuie de la perfection de son fournisseur, que faut-il faire ?

– Il peut être soit suscité, soit rémunéré. Pourquoi ne pas récompenser mieux ceux qui répondent à une enquête ?

– Il peut même être automatisé. De grandes banques de données de type CRM (*Customer Relationship Management*) mémorisent tout sur le client, le marketing devient *one to one*. C'est alors la réaction du client qui décide de l'action commerciale. On en est encore loin : même si vous êtes depuis des années « client » du même distributeur de billets de banque, vous n'êtes pas toujours accueilli par votre nom et il vous sera souvent demandé si, oui ou non, vous voulez un ticket (même si vous répondez toujours la même chose). La « click économie » est théoriquement plus antisismique que la « brick économie ». Encore faut-il passer à l'acte.

– Il peut être déguisé. Le client a l'impression de recevoir, mais en fait, il donne. L'idée ne date pas d'hier. Quand votre marchand de vin vous proposait de descendre les bouteilles à la cave, n'était-ce pas aussi un peu pour s'informer de l'état de votre stock ? Et quand une grande chaîne de distribution s'engage à vous rembourser la différence si vous trouvez un même article moins cher ailleurs, les quelques euros donnés sont sans doute bien peu de chose en regard des informations reçues. La prochaine fois que vous laissez votre carte de visite en espérant qu'elle soit tirée au sort lors de la tombola finale d'une foire commerciale, dites-vous bien qu'il y a un autre qui, lui, est gagnant à tous les coups : le gestionnaire du fichier.

Le monde des entreprises s'est déjà souvent inspiré des pratiques japonaises. L'une d'entre elles aurait dû retenir plus l'attention des managers : le sang froid en cas de secousses telluriques. De temps à autre, la télévision donne les images de présentateurs qui vivent en direct un tremblement de terre. Quel exemple ! Aucune panique, une main sur le micro, l'autre sur le verre d'eau en attendant que les perturbations s'arrêtent. Le journaliste japonais a une élocution claire et une pensée antisismique.

Le mot « perturbation » ne doit pas nécessairement être pris dans un sens négatif. Une suggestion, ou mieux encore une idée de génie, peut être une excellente nouvelle mais elle n'en inflige pas moins une secousse à l'ordre établi du projet. On n'est jamais à l'abri d'une trouvaille. Et que dire alors d'une fusion ou d'une acquisition ? De même, les mots « contrôle », « réclamation » ou « mesure de sécurité » doivent perdre leur connotation de contrainte. Ce sont là autant de signaux en retour qui permettront mieux au projet d'atteindre son objectif. La vitesse de réaction peut être le facteur décisif. Si au tennis, vous vous apprêtez à faire une volée, vous commencez le geste bien avant de toucher la balle. Et si celle-ci touche le filet et est alors déviée, vous pouvez observer votre aptitude au feed-back.

L'entreprise antisismique vit des feed-back, elle invente des feed-back. Xerox a un jour proposé à ses clients de venir chercher les poubelles disposées près des photocopieuses. Tous ces ratés, ces feuilles trop noires, ces textes de travers, tronqués ou illisibles sont autant de signes clairs que les boutons de commande ne le sont pas. Chez Eurodisney, on a réalisé que, pour demander un renseignement, les touristes ne s'adressent pas aux grands Mickeys qui se promènent mais le plus souvent aux nettoyeurs et au personnel d'entretien ! Et ces derniers ont été formés depuis pour répondre aux questions qui leur sont posées… et les signaler au marketing.

Le monde secoue, mais les perturbations ont un degré d'incertitude très variable. Quand on va en avion aux États-Unis, elles s'échelonnent même du 100 % prévisible – le jet lag – aux 100 % imprévisible – le détournement. Entre les deux, il y a les trous d'air. Il y en a toujours, mais on ne sait jamais quand. On prévoit le jet lag, on prévient les trous d'air, on se prépare à l'inconnu.

Pour les secousses 100 % prévisibles, les feed-back doivent être 100 % automatisés. Le management n'intervient pas. Ce qui n'était pas le cas des trois premières rétroactions, où le patron fait le lien entre l'évaluation et la réaction, entre la mesure faite et la mesure à prendre.

Renault s'est-il trompé en destinant sa Twingo à un public jeune ? Non, car aussitôt détecté, le succès de sa petite voiture auprès d'un public plus âgé, Renault changea sa manière de communiquer… et la couleur des modèles présentés.

Se tromper aujourd'hui n'est plus faire une erreur de prévision, puisque la plupart du temps, ces prévisions ne sont plus possibles. Se tromper, c'est oublier de penser a priori à la manière de corriger le tir du projet, aussitôt la déviation des hypothèses constatée.

Les partisans de l'e-commerce doivent prévoir le cas où la livraison déplaît. De même dans l'électroménager, l'importance de l'achat diminue au profit de celle de la maintenance. Qu'ont en commun un aérostier, un bûcheron et un surfeur ? Ils ont tous les trois compris qu'on ne peut vaincre la nature qu'en lui obéissant. Un pilote de ballon qui veut tourner à droite doit se mettre là où le vent le poussera vers la droite, le bûcheron fera tomber l'arbre où il le souhaite en sciant un endroit précis, le surfeur lui aussi prend l'énergie qui est latente et l'utilise à ses fins propres.

Le manager de demain s'inspire aussi de Francis Bacon qui recommande d'obéir aux forces que l'on veut commander. À la tête de son entreprise antisismique, il prévoit paradoxalement le futur pour pouvoir le modifier. Il retrouve la devise du temps où il était scout : « toujours prêt ! ». Il imagine des procédures pour améliorer des procédures. Il ne se pose plus la question de la poule et de l'œuf : il mange les deux. En boucle, toujours en boucle, il informe son personnel en permanence. S'il l'invite à une grande soirée bowling, il laisse les tableaux des résultats allumés et ne garde pas les chiffres pour son seul comité de direction.

« Gouverner, c'est prévoir », disait-on. « Gouverner, c'est préparer », devrait-on dire aujourd'hui. Ce qui serait d'ailleurs étymologiquement correct puisque « gouverner » vient du même mot grec que « cybernétique » qui est précisément la science... du thermostat !

La manière classique de travailler des économistes semble aujourd'hui inadaptée. Un monde immatériel, maillé de réseaux, tissé d'infoducs ne peut plus être analysé avec des équations. Quel économiste accepterait d'ailleurs d'être payé au prorata de l'exactitude de ses prévisions ? Elles sont en effet bien trop hasardeuses. Et plutôt que de prévision, c'est peut-être de provision dont il faut parler.

Quand on envisage un déplacement à l'étranger, les choses à faire sont de deux natures bien différentes. Il y a celles liées à la destination (guide de voyage, adresses des personnes à contacter, etc.) et celles liées au fait de partir (arroser les plantes ou relever le courrier). Autrement dit, même quand on ne sait pas où l'on va, il y a quand même un travail de préparation à entamer.

Dans le doute, dit-on parfois, il est sage de s'abstenir. « En septembre, on y verra plus clair… Attendons que les choses se soient stabilisées… » L'inconnue de la destination finale devient pour beaucoup une raison d'immobilité. Mais au fond de nous, nous sommes persuadés du contraire. En septembre, nous n'y verrons pas plus clair, et les choses ne se stabiliseront jamais.

De la mesure et du critère

Quand la Meuse déborde de son lit et cause d'importants dégâts, qu'attend-on du ministre compétent. Qu'il prenne des mesures. Cela semble évident, et pourtant… Quand on dit « un ministre compétent », cela veut dire quoi au juste ? Qu'il a la gestion des catastrophes naturelles dans ses attributions, ou qu'il a les qualités requises pour faire face à ce type d'événements ? Et quand on dit qu'il prend des « mesures », cela veut dire quoi au juste ? Qu'il calcule le nombre de kilomètres carrés inondés et de personnes sinistrées, ou qu'il prend des décisions pour les aider ?

Des quatre sens possibles de l'expression « compétent pour prendre des mesures », l'un semble prendre trop de place. La formule est entendue le plus souvent comme « mandaté pour décider ». Mettons l'accent aujourd'hui sur la diagonale oubliée, c'est-à-dire « l'aptitude à évaluer ». Car elle constitue un élément critique du modèle antisismique décrit plus haut. Avant de prendre des mesures, il faut en effet disposer de mesures. Il faut être informé pour décider, il faut des cadrans pour piloter. L'ambiguïté du mot mesure masque la double nécessité : la connaissance de l'état des choses et la volonté de modifier les choses. Même s'il y a séquence, l'un n'implique pas l'autre. Il y a bien là deux métiers, deux défis, deux responsabilités différentes. Car l'un évaluera d'autant mieux qu'il ne doit pas choisir, l'autre décidera d'autant mieux s'il ne doit pas enquêter.

Nous sommes tous pilotes et nous avons mal à nos cadrans. Les tableaux de bord, les nombres, les statistiques ne sont que de vagues représentations de l'existant. Ils disent à peine mieux ce qu'est le monde que les célèbres ombres dans la caverne de Platon. Ils sont le plus souvent inexacts et imprécis. Ce qui n'est pas la même chose : la précision traite de la conformité au réel, l'exactitude de la qualité des chiffres après la virgule.

Si cette deuxième faiblesse peut être corrigée par une meilleure utilisation des outils, la première défaillance par contre nous contraint à un bel effort d'imagination : c'est le choix des unités de mesure elles-mêmes qui est remis en question. Oh, le problème n'est pas neuf ! C'est celui – éternel – de l'adéquation entre tout un monde qui change et Monsieur tout-le-monde qui ne change pas. Pierre Bourdieu en a donné un jour une belle illustration : les peintres du Quattrocento ont dû lutter contre leurs commanditaires pour que le travail ne soit plus rémunéré en fonction de la surface peinte et du prix des couleurs utilisées ! (On le sait par la lecture des contrats encore aujourd'hui disponibles.)

Six cents ans plus tard, la question du sens de la mesure est toujours d'actualité.

Dans le débat autour des « 35 heures » qui agite encore toute la France, une hypothèse de travail semble néanmoins acceptée par toutes les parties : le temps mesure le travail. Or, c'est tous les jours un peu moins vrai. Pour une partie croissante de la population active, le temps de travail, mesuré en heures et en minutes, n'est plus qu'un paramètre parmi d'autres.

La fatigue physique a en effet fort diminué, ce qui conduit souvent à un paradoxe à la sortie des réunions : l'homme au travail se repose debout ! Mais un effort d'un autre type est demandé. Le travail est plus abstrait, interactif et imprévisible, la frontière entre travail et non-travail devient floue, la connaissance et l'imagination deviennent déterminantes. Il suffit de se poser la question « combien de temps faut-il pour avoir une idée ? » pour réaliser que le temps de travail est une mesure liée à un monde que nous quittons. Attention ! Parce que la question de base n'est pas soulevée, il y a aliénation. Insensiblement, insidieusement, le travail risque aujourd'hui d'être mesuré par la vitesse : autrement dit, une qualité parfaite mais lente a une valeur économique nulle !

Pour rendre compte de l'évolution de la charge de travail dans la société de l'information et mieux la partager, Yves Lasfargues propose un nouveau type de mesure : l'ergostressie. On n'évalue pas la qualité de la nourriture par le seul poids des aliments. De même, l'ergostressie ne prend pas seulement en compte la durée du travail mais une série d'autres facteurs : la charge physique, la charge mentale, le stress et... le plaisir ! Elle utilise pour ce faire des grilles d'évaluation comportant pas moins de cent critères (www.ergostressie.com).

Un autre domaine où les indicateurs semblent bien dépassés est bien sûr celui de l'environnement. L'homme conduit la planète à toute allure, alors qu'il n'y a pas de jauge d'essence ! En réaction à ce comportement adolescent, le World Wildlife Fund propose un indice « planète vivante » qu'il a mis au point pour mesurer l'état de la biodiversité mondiale. Il se veut apporter une réponse quantitative à la question « À quel rythme la Terre perd-t-elle ses richesses vivantes naturelles ? » La réponse est d'ailleurs cinglante. De 1970 à 2000, l'indice a perdu 40 % de sa valeur. De plus, deux équilibres naturels sont déjà irrémédiablement rompus, l'un par la consommation de poissons, l'autre par les émissions de gaz carboniques.

L'indice WWF met bien en évidence l'absurdité d'indice comme le produit national brut qui, en cas de catastrophe pétrolière par exemple, augmente deux fois : d'abord du montant du combustible perdu, ensuite du budget consacré à réparer les dégâts écologiques ! Il rappelle aussi la différence entre l'efficacité et l'efficience. La première est vue du côté de l'offre, la deuxième du côté de la demande. Qu'est-ce qui est le plus important ? Le nombre de maisons construites ou le nombre de gens qui ont une maison, la quantité de nourriture produite ou la quantité de gens qui n'ont plus faim, le nombre de tonnes ramassées par une benne à ordures ou le degré de propreté de la rue ?

Revenons aux entreprises. Combien de mots, d'adjectifs ne suscitent pas l'unanimité simplement parce qu'ils ne sont pas « mesurables » ? Augmenter la motivation du personnel, la satisfaction du client, la connaissance des langues, l'efficacité de la recherche... Toujours d'accord, mais comment évaluer ? La réponse tient en un mot : le critère.

Si un joggeur demande à son médecin jusqu'à quelle vitesse il peut pratiquer son sport favori, trois types de réponse sont envisageables :

– « Pas trop vite. »

– « Maximum 130 pulsations cardiaques par minute. »

La première réponse n'est pas mesurable, la deuxième n'est pas praticable. Reste donc à trouver autre chose.

– « Quand on fait du jogging, il faut à tout moment pouvoir encore parler à un autre coureur. »

Cette troisième réponse est d'un autre type. Elle n'est ni du bla-bla insignifiant, ni encombrée de chiffres. Elle est de l'ordre du critère. Et le critère permet l'évaluation dans une zone particulièrement importante et caractéristique des relations humaines : ce qui est vérifiable mais non mesurable.

Imaginez que vous trouviez utile que votre assistant apprenne l'anglais. Entre le bla-bla « il faudrait faire un gros effort » et le mesurable « il faut faire deux heures et demie d'anglais par semaine », il y a place pour un critère : « il faut que vous puissiez, dans six mois, répondre au téléphone à un Anglais qui appelle ».

Le critère a beaucoup d'avantages. Il peut être imaginé à plusieurs et permettre alors d'exercer une autorité sur la base d'une évaluation pertinente. Alors que le bla-bla ne mène à rien et que le mesurable conduit souvent à la contestation (pourquoi deux heures et demie et pas deux heures ?) ou à la fraude (*window dressing*).

Prenez la dernière liste en date des objectifs que votre entreprise s'est assignés. Comment se répartissent-ils entre ces trois catégories ? Pour le savoir, il faut voir la manière dont sera évaluée la réussite ou non de la tâche. La zone des critères n'est-elle pas la plus faible ? Or n'y a-t-il pas là une clé du succès ?

Dans le même esprit, on évaluera la qualité de l'eau d'une rivière par la présence ou non de poissons (et non par le taux de particules de tel polluant par mètre cube); on estimera que la taille d'un jardin est suffisante s'il y a moyen d'y faire des feux; on jugera qu'un consultant est bon s'il est rappelé par le client; l'adhésion à un projet commun sera établie si chacun des membres peut en présenter les objectifs en public; on dira d'une newsletter qu'elle est intéressante si les destinataires font des copies, qu'un rapport est bon si le client le regarde puis le garde, qu'un classement est bon si quelqu'un d'autre peut s'y retrouver. Et on dira d'une PME qu'elle est saine si elle ne se réunit que peu avec son banquier… Il y a longtemps, un industriel imagina un beau critère pour déterminer la qualité d'un système d'enregistrement des sons : son chien devait pouvoir y reconnaître la Voix de son Maître !

En résumé

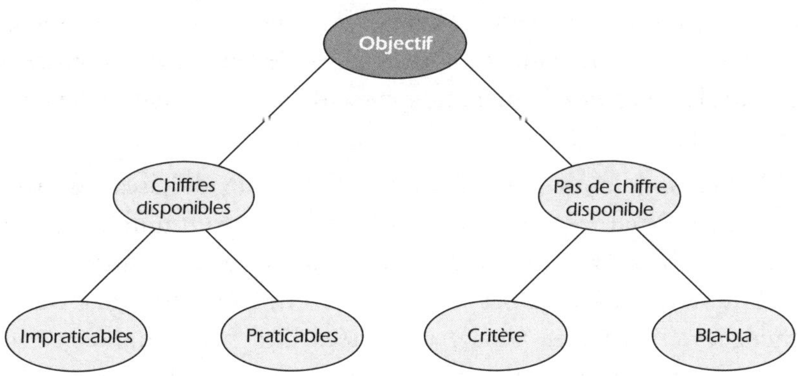

Les critères ne doivent pas nécessairement être binaires. Tout comme pour l'échelle de Richter, celle de Beaufort ou encore la pyramide des besoins de Maslow, des nuances sont possibles. La connaissance d'une langue augmente si elle est respectivement lue, comprise, parlé en privé, en public, écrite. De même qu'un écrivain peut mesurer son « poids » à la présence de ses livres en librairie, au volume des stocks ou – plaisir suprême – à la mention de son nom comme index sur un rayon de bibliothèque.

Les vertus de l'inachevé dans un monde en perpétuel devenir

Bon nombre de sculptures de Michel-Ange ne sont pas terminées. Les quatre esclaves nus par exemple – qui étaient destinés à la partie inférieure du tombeau du pape Jules II et sont conservés aujourd'hui à l'Académie de Florence – donnent ainsi l'impression de sortir du marbre. Ces œuvres en devenir sont fascinantes. Les têtes et les torses sont dégagés comme pour permettre aux statues de respirer, le restant du corps dort dans le marbre. En attendant…

Diverses hypothèses ont été avancées pour expliquer tant de statues inachevées. Certaines sont simples et pratiques. Mais pour d'autres, cet état d'inachèvement – ce *non finito* – a des raisons plus fondamentales. Le sculpteur désespérait parfois de ne pouvoir atteindre la perfection dont il rêvait. Ou bien au contraire, considérait-il avoir atteint son objectif malgré l'inachèvement ? Et avait-il peur d'un effet négatif d'une élaboration plus poussée ? On ne le saura sans doute jamais, d'autant plus que les degrés et les formes de *non finito* diffèrent dans chaque cas. Mais en conservant délibérément un peu du bloc original, Michel-Ange voulait garder un souvenir de la matière brute et informe dont sont nées ses statues, et mettre ainsi plus en évidence la délicatesse de leur corps. Auguste Rodin voyait dans le *non finito* la métamorphose de la réalité matérielle en réalité d'ordre purement spirituel.

Si Michel-Ange avait peur d'abîmer d'un coup de ciseau de trop « la petite lueur du marbre », la sculpture n'en a pas pour autant l'exclusivité du *non finito*. Il suffit pour s'en convaincre d'écouter la symphonie inachevée de Shubert. Gaudi n'a pas laissé de plan de sa cathédrale à Barcelone, commencée en 1882 et jamais terminée. Des mathématiciens comme Pierre de Fermat ont pris plaisir à laisser à leurs successeurs des débuts de démonstration. Et combien d'écrivains ont abandonné un roman en cours ? Rien d'étonnant alors à ce que Daniel Pennac réclame, parmi ses dix droits imprescriptibles du lecteur, celui de ne pas finir un livre.

Même des philosophes – de gré ou de force – ont dû renoncer à achever leur œuvre. « *Raynalde, non possum* ». Tels sont les mots sur lesquels s'arrête – puisqu'elle ne se termine pas – l'œuvre de saint Thomas d'Aquin : « Je ne peux pas ». C'est ce qu'il répond à son confrère qui lui reproche de déposer la plume avant d'achever sa Somme théologique. Car pour Saint Thomas d'Aquin, la philosophie est toujours en route, toujours inachevée. Elle est un non-savoir qui, quand il devient savoir, ne sait plus se dire.

Quel choc ! L'inachèvement serait donc le signe d'un grand talent, l'expression d'un art élaboré, voire la preuve évidente du génie ! Ne pas terminer ce que l'on fait ! Elle serait donc là, la démarche suprême, l'attitude qui confine à la perfection. Quel dommage de ne pas avoir su cela plus tôt !

Enfants, nous ne pouvions aller jouer qu'après avoir fini nos devoirs (ou notre assiette); adolescents, nous rêvions de grands voyages mais nous étions priés d'abord de finir nos études. Enfin, tout s'explique ! C'est donc ainsi que furent brimés notre goût pour le provisoire, notre inclination naturelle à l'esquisse, notre propension savamment réfléchie à reporter la suite de ce que nous commençons, simplement pour pouvoir commencer autre chose.

C'est dommage d'avoir contrarié cette joie du brouillon et du croquis ! Car le *non finito* redevient un mode d'être plus adéquat que jamais. Quand l'avenir est incertain, n'y a-t-il pas alors une grande prétention à vouloir terminer ce que l'on fait ? Les processus industriels ont déjà intégré le *non finito* et l'ont baptisé « flux tendus ». La production est latente et reste en puissance jusqu'au moment où un client décide de passer à l'acte. Le nombre d'options est telle que la voiture n'est assemblée, l'ordinateur n'est monté qu'une fois le bon de commande signé.

Le *non finito* est étrangement moderne. C'est l'attitude qui consiste à être prêt, puisqu'on ne sait plus prévoir. En opposition avec le sinistre « on ne bouge pas tant qu'on ne sait pas où l'on va », le *non finito* recommande « faisons ce qui, de toute façon, doit être fait » même si on ne peut l'achever. Le *non finito*, c'est l'humilité face à la seule vraie certitude : on ne sait pas ce qui va se passer. Le *non finito*, c'est aussi la volonté d'agir en laissant le futur ouvert, l'habitude d'écrire au crayon plutôt qu'à l'encre, c'est la participation à un monde en devenir, sans savoir vraiment ce qu'il devient. Le *non finito*, c'est enfin le respect de l'autre, la liberté qu'on lui offre de terminer à sa guise.

Qu'on ne se méprenne pas. Il n'est pas question ici de défendre les vendeurs de logiciels qui vendent des produits bourrés de fautes, ni la pratique courante dans le tiers-monde de ne pas construire le dernier étage des maisons pour éviter l'impôt. Il n'est pas question ici de plaider la cause de grandes réformes sans cesse reportées à plus tard, version « usine à gaz », ou les chantiers abandonnés, version « Tour de Babel ». Non, le *non finito* n'a rien à voir avec la procrastination, ni avec la folie des grandeurs. Le *non finito* est le résultat d'une décision, le choix délibéré d'un monde où il y a moins de structures et plus de projets.

Imagination, risque et progrès

Dans le chapitre précédent, l'innovation a été définie comme une capacité collective de changer les choses et la créativité comme une aptitude individuelle à changer la manière de voir les choses. Ces deux plans distincts – la réalité et la perception – sont pertinents dans bien d'autres contextes. Dominique Bourg et Jean-Michel Besnier les ont ainsi repris pour introduire un essai collectif, *Peut-on encore croire au progrès ?*

Selon les auteurs, les changements des cinquante dernières années concernent tout autant les techniques que les jugements que l'on porte sur elles.

La réalité de la technologie a connu trois mutations importantes :

- Elle est passée d'un statut extérieur à l'individu à un autre où elle interfère de plus en plus avec son intimité.
- L'impact d'une technologie était local, il est potentiellement devenu planétaire.
- Avant, une augmentation du savoir réduisait l'incertitude. Aujourd'hui, ce serait plutôt le contraire.

La perception de la technologie a également connu trois changements majeurs.

- Nous ne sommes plus satisfaits de thèses simples. Qu'elles soient optimistes (Condorcet, Simondon…) ou pessimistes (Heidegger, Ellul…), toutes présupposaient une certaine automaticité de l'essor du technique.
- Nous doutons de notre capacité à encore pouvoir dominer la nature.
- Nous sommes devenus hypersensibles aux risques. Et de rappeler qu'en 1842, Lamartine évoquait devant le Parlement l'accident de chemin de fer de Meudon. En parlant des cinquante victimes, il disait : « Plaignons-les, plaignons-les, mais marchons ! ».

Si la gestion des risques est un thème qui fait souvent l'actualité, il ne faut pas perdre de vue en effet que la maîtrise du risque est un des vieux rêves de l'Humanité. Picorons une fois de plus dans le passé.

N'est-ce pas en jouant aux dés que Zeus reçut le ciel, et que Poséidon dut se contenter de la mer ? Avant de prendre une décision risquée, les Grecs consultaient les oracles. L'avènement de la chrétienté entraîne un changement de perception, car l'incertitude fait partie du mystère divin.

À la Renaissance apparaît progressivement l'idée que le risque peut être mesuré. Il est vrai que pour les explorateurs et les marchands de l'époque, la chose était préoccupante. Les banquiers qui ont financé l'expédition de Magellan savaient bien ce que capital à risque voulait dire !

Au XVIIe siècle, Pascal – encore lui ! – pose les fondations du calcul des probabilités, suivi 50 ans plus tard par Bernoulli et sa célèbre loi des grands nombres.

En 1994, le prix Nobel d'économie attribué à John Nash consacrait la théorie des jeux, au croisement dangereux du risque et de la complexité.

Quoiqu'il en soit, l'imagination est indissociable de deux autres concepts : le risque d'un côté, le progrès de l'autre. Une littérature abondante traite de ces thèmes et de leurs nombreuses interprétations possibles. Le philosophe de la créativité doit organiser son questionnement car il lui faut traiter à la fois du présent et du futur, à la fois du vrai et du bien.

Si on prend l'exemple des manipulations génétiques, cela pourrait donner le tableau suivant.

	Présent	**Futur**
Raison pure (épistémologie)	Qu'est-ce que cloner ?	Comment sera un monde où l'on clone ?
Raison pratique (morale et éthique)	Faut-il cloner ?	Voulons-nous vivre dans un monde où le clonage existe ?

Ces questions sont à l'opposé de la foi aveugle dans un progrès en même temps inévitable et nécessaire, tel que le postulait Condorcet et le postulent encore pas mal de ses disciples.

Comment tout cela se traduit-il pour le responsable d'une entreprise ? Probablement par une rupture dans l'attitude. Si anticiper reste sa responsabilité première, le dirigeant doit devenir ambivalent, suivant que le morceau d'avenir qu'il questionne est certain ou incertain.

La clé est le pluriel mis au mot futur dans la colonne de droite. Quand on ignore ce qui va se passer, il faut préparer des avenirs.

Anticiper la certitude	Anticiper l'incertitude
Prévision	Préparation
Futur	Futurs possibles – futuribles
Réglementation	Régulation
Structure	Projet
Prudence	Précaution

La dernière ligne du tableau permet un éclairage supplémentaire de la double attitude.

Face à la certitude (au-delà de 120 km/h, je sors de la route), je peux être prudent (je ralentis). Mais face à l'incertitude (je ne connais pas le pays que je traverse), je prends des précautions (je fais des réserves de carburant).

Le principe de précaution dont il est tellement question est souvent mal compris. Rien à voir en effet avec le dicton populaire : « Dans le doute, abstiens-toi ». Au contraire, le principe de précaution est un principe à la fois d'humilité et de responsabilité : « Je ne sais pas, donc j'agis ».

La précaution réfléchie s'oppose à la prévision prétentieuse ou à la prévention impossible, mais son principe ne fait pas pour autant l'unanimité. Jean-Pierre Dupuy, par exemple, propose une quatrième attitude : « le catastrophisme éclairé ».

Il inverse complètement la perspective, un peu à la façon de Popper. Depuis Leibniz, il est (trop) facilement admis que la possibilité gît dans la réalité. Jean-Pierre Dupuy, lui, se positionne dans la ligne de Bergson et est convaincu que le possible le devient après coup, qu'il est consécutif au réel, que les attentats du 11 septembre 2001 ne sont devenus possibles que parce qu'ils ont eu lieu.

La précaution recommande l'action parce qu'il y a incertitude, le catastrophisme éclairé part de la certitude de l'événement et invite à agir pour qu'il n'ait pas lieu. On retrouvera là des accents de Hans Jonas qui disait : « La prophétie du malheur est faite pour éviter qu'il ne se réalise ». Les partisans de cette heuristique de la peur s'opposent à ceux qui croient qu'on ne peut être responsable d'un avenir qui nous échappe.

Pour Ulrich Beck, auteur de *La société du risque*, publié en français au lendemain des attentats du 11 septembre et de l'explosion d'une usine chimique à Toulouse, si nous ne vivons pas dans un monde plus dangereux qu'auparavant, le risque est désormais plus qu'une menace : il est devenu la mesure de notre action. À une logique de la répartition des richesses a succédé une logique de la répartition des risques. Contrainte dès lors de s'interroger continuellement sur ses propres fondements, la « société du risque » fait de l'avenir la question du présent.

Il est bien loin le temps où Victor Hugo mettait tout le monde d'accord et écrivait dans *Les Misérables* : « Le Progrès marche. Il fait le grand voyage humain et terrestre vers le céleste et le divin » !

Idées-clés de ce chapitre

Un monde en réseau est un monde en tension.

Anticiper la certitude, c'est prévoir. Anticiper l'incertitude, c'est préparer.

L'entreprise rigide fonctionnait avec des règlements, l'entreprise antisismique survit grâce à ses régulations.

C'est en reforgeant qu'on devient forgeron.

Le contrôle de gestion a pour objet de corriger des erreurs dans les hypothèses qui ont été faites; la veille a pour objet de corriger l'erreur de ne pas avoir fait d'hypothèses.

Le critère permet l'évaluation dans une zone particulièrement importante et caractéristique des relations humaines : ce qui est vérifiable mais non mesurable.

Le principe de précaution est un principe à la fois d'humilité et de responsabilité : « Je ne sais pas, donc j'agis ».

6

FUTUR *versus* FUTURS :
LA PROSPECTIVE AU RISQUE DE LA CRÉATIVITÉ

Le présent du passé, c'est la mémoire.
Le présent du présent, c'est l'action.
Le présent de l'avenir, c'est l'imagination.

SAINT AUGUSTIN

Quand on ignore ce qui va se passer, il faut envisager « des futurs ». Il ne faut plus chercher dans le passé l'explication de l'avenir mais percevoir l'avenir comme la raison d'être du présent. Au risque des ruptures et des bifurcations, et donc, au risque de la créativité.

Être créatif, c'est être facilement capable, en toute liberté, de voir autrement le monde. Être prospectif, c'est se poser la question, en toute responsabilité, de l'avenir du monde. Ces deux qualités, mieux comprises dans leur différence et réunies dans une rigueur méthodologique, peuvent constituer un binôme puissant et une aide précieuse à la réflexion stratégique.

L'approche créative du futur que nous proposons dans ce chapitre s'inspire de la méthode des scénarios qui est à la prospective ce que le brainstorming est à la créativité : une méthode pour multiplier les regards sur les futurs possibles, un autre outil pour changer notre perception des choses et notre vision du monde.

Faire face à l'incertitude : la prospective stratégique

Aussi loin que l'on remonte dans le passé, les hommes ont essayé de percer les secrets du futur et cherché à en réduire l'incertitude. Ce souci fait encore la fortune des devins, voyants et astrologues en tout genre, même si certains sont morts depuis longtemps. Le portail Internet Yahoo, un des plus visités au monde, a compté les mots-clés les plus recherchés par les internautes lors de l'attentat contre les tours du World Trade Center, le 11 septembre 2001. Il s'agissait sans surprise des noms de sites d'actualités mais également de… Nostradamus ! Aurait-il prédit un tel événement ? L'avenir serait-il déjà écrit ? Peut-on y échapper ?

De tout temps, l'inquiétude des hommes vis-à-vis du futur a été grande. Sans doute l'est-elle plus encore aujourd'hui tant le changement s'accélère, les innovations techniques se bousculent, les ruptures se multiplient, l'impression de chaos l'emporte sur celle d'un ordre bien réglé. L'exploration du futur est chaque jour plus nécessaire pour le responsable d'entreprise qui doit élaborer une stratégie.

Mais comment se faire une idée d'un futur qui ne sera jamais qu'un cocktail mystérieux entre le prévisible et l'imprévisible, le probable et l'improbable, l'imaginable et l'inimaginable ? Comment l'appréhender et se le représenter ? Pour voir plus loin et mieux, pour dissiper le flou de l'inconnu, les hommes ont mis au point et utilisent toute une panoplie de lunettes, longues-vues et télescopes intellectuels qui ont pour nom calculs de probabilité, statistiques, extrapolations, projections, sans oublier les sondages, mêmes si ceux-ci visent plutôt le court terme. Modèles et instruments de mesure précieux, ils butent sur les limites de la raison. Combien de prévisions réalisées à l'aide de ces outils ne se sont-elles pas révélées inexactes alors que certaines visions du futur esquissées par des écrivains intuitifs et imaginatifs, par des dessinateurs ou des cinéastes, étaient des anticipations impressionnantes ? Pensons aux romans de Jules Verne, au *Meilleur des mondes* d'Aldous Huxley ou à *1984* de Georges Orwell. Et qui, mieux que Hergé, a anticipé la conquête spatiale ?

Dans le champ des certitudes, la prévision dite classique, avec l'aide puissante de l'informatique, continue d'affiner ses méthodes de calcul, tandis que dans le champ des incertitudes s'est développée une autre approche, une « indiscipline intellectuelle », plus généraliste et plus proche des acteurs : la prospective.

La prospective, qui se définit comme l'investigation méthodique des futurs possibles, devient un préalable à l'élaboration de stratégies ou de politiques en vue d'une action imminente.

Sous l'appellation « prospective stratégique », prospective et stratégie se combinent pour tenter de répondre à cette double question qui préoccupe tous les décideurs : « que peut-il advenir ? » et « qu'est-ce que je dois faire ? ».

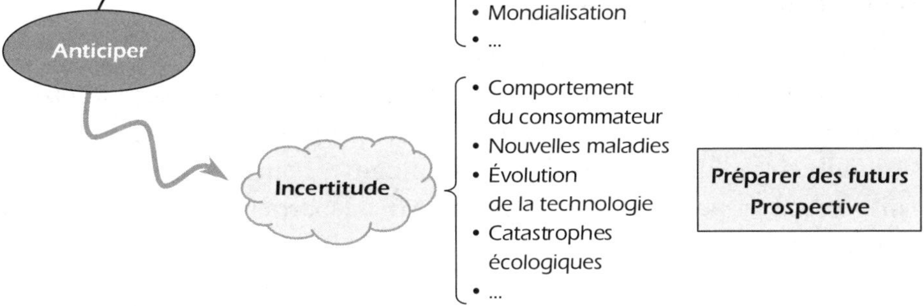

La prospective suppose une vision à long terme, une réflexion large et ouverte à tous les possibles, la prise en compte des acteurs internes et externes. Elle précède la stratégie qui suppose, elle, une vision à court et moyen terme, une réflexion ciblée, un ensemble de décisions à prendre et d'actions à mener en fonction d'un but à atteindre.

Rappelons la célèbre métaphore du phare de Gaston Berger, pionnier de l'approche prospective. « Sur une route bien connue, le conducteur d'une charrette qui se déplace au pas, la nuit, n'a besoin, pour éclairer sa route que d'une lanterne. Par contre, l'automobile qui parcourt à vive allure une région inconnue doit être munie de phares puissants. »

En liant pensée du futur et action stratégique, la prospective se révèle être un outil précieux pour anticiper et gérer le changement dans une entreprise et son environnement.

Créativité et prospective : un binôme puissant

Les deux mots appartiennent certes à la même famille, celle des concepts en devenir, des idées du futur et des expériences de pensée. Mais la créativité et la prospective ne sont pas deux sœurs siamoises, elles sont cousines, tout au plus. L'une peut avoir du sens sans l'autre, l'autre peut être justifiée sans l'une. Avant de recommander de les réunir, redécouvrons d'abord l'essence de ces deux démarches, l'identité et la force propres à chacun des deux outils.

La créativité du réalisateur de *Babel*, celle d'Andrew Wiles qui a démontré après trois siècles le théorème de Fermat, ou celle de la personne qui, chez Nestlé, a eu l'idée de Nespresso, sont autant de beaux exemples de ce que l'imagination humaine peut produire. Des idées en rupture, des sorties du cadre. Elles influenceront peut-être le futur du septième art, de la recherche en mathématique et du comportement culinaire, mais on est ici bien loin de la prospective.

On peut même la quitter complètement et montrer au passage ce qu'est une créativité autonome, sans aucune réflexion sur l'avenir. Il suffit d'observer les petits enfants, incapables bien sûr de projection à long terme mais – ô combien – d'une créativité impressionnante. Pour eux, rien n'est étonnant. Tout est possible. Pas de frein, pas de barrière, et leurs « mots » deviennent célèbres. Ils demandent : que fait le vent quand il ne souffle pas ? À quoi servent les sourcils ? Pourquoi le ciel est-il bleu ?

Malheureusement, cela ne dure pas. Prenez une classe d'enfants de six ans et demandez qui sait dessiner. Toutes les mains se lèvent. Prenez le même groupe huit ans plus tard et demandez qui sait dessiner. Une grande partie des mains ne se lèvent plus. Alors à l'école, on apprend ou on désapprend ?

Autre test : un groupe d'adultes est réuni en séminaire. Un animateur arrive avec une boîte d'apparence anodine et anonyme et demande ce qu'elle contient. Les participants se mettent à réfléchir, posent des questions de plus en plus précises et convergent vers l'identification de l'objet. Mis dans une situation analogue, des enfants de six ans se comportent différemment. Aussitôt la question du contenu posée, ils se lèvent et se jettent sur la boîte pour l'ouvrir. Ces enfants-là, ils ne connaissent pas le mot « prospective »…

À l'autre extrême, une réflexion entièrement tournée vers l'avenir s'est depuis longtemps avérée bien utile, même si l'imagination n'y a joué qu'un tout petit rôle. Une analyse des tendances lourdes comme l'évolution de la structure familiale, la dématérialisation progressive du travail, l'épuisement des matières premières ou encore les basculements géopolitiques, peut aider grandement lorsqu'il s'agit de décider.

Une connaissance des faits sociologiques ou climatiques a permis par exemple de trouver des corrélations entre le chômage et le tabac ou entre la propriété et la mobilité. Ou de calculer le nombre impressionnant d'Italiens qui n'habitent qu'à quelques kilomètres de leur mère !

La construction de scénarios obtenue en faisant varier les paramètres ou en alignant systématiquement les hypothèses a du sens, même pour ceux qui ne connaissent pas le mot « créativité ».

Créativité et prospective peuvent donc vivre honorablement l'une sans l'autre. Elles ont prouvé à la fois utilité et autonomie. N'y a-t-il pas là les meilleures conditions pour travailler ensemble ? En plus, le moment semble venu. Prenez par exemple deux tendances lourdes au hasard. N'êtes-vous pas surpris des idées qui jaillissent de leur bissociation ?

Prévoir l'avenir a toujours été un des grands rêves de l'homme et seuls les outils semblent avoir changé. Les boules de cristal ont fait place à des écrans d'ordinateur, les dictons des anciens ont été remplacés par les modèles mathématiques aux milliers d'équations.

Mais les faits sont là. Paradoxalement, les technologies puissantes n'ont guère contribué à la précision des futurologues. Elles ont peut-être même un effet négatif sur l'art de prévoir car un monde en réseau, en temps réel nous empêche plus encore qu'avant de distinguer l'action de la réaction. Les raisonnements « toutes choses égales par ailleurs » ne tiennent plus. La partie incertaine de l'avenir croît. Alors faut-il arrêter d'y penser ? Non, bien sûr. Suivant la formule désormais consacrée, il faut continuer à prévoir l'avenir pour pouvoir le changer. Mais la manière de le faire change du tout au tout.

Avant, ceux qui voulaient prévoir cherchaient les lois du changement et plus particulièrement les lois périodiques, qu'on appelle cycles. Un peu comme en astronomie où on peut prévoir avec certitude les trajectoires des planètes. C'était le rêve du bon vieux Kondratiev à la recherche du mouvement perpétuel de l'économie. On sait aujourd'hui que, tout comme son lointain cousin de la physique, le mouvement perpétuel n'est possible que dans un système ouvert, illimité, sans mémoire, réversible. Autant de caractéristiques que le monde n'a plus. L'actualité bouillonne de seuils franchis, de points de non-retour, de mécanismes dépourvus de marche arrière.

Il continuera bien sûr à y avoir des cycles. C'est à leur régularité, à leur périodicité qu'il faut renoncer. Adieu les cycles ronronnants, mathématiques, du genre « après la nuit vient le jour ». Aujourd'hui les cycles sont plutôt titubants, chaotiques du genre « après la pluie vient le beau temps ». Les vaches grasses succéderont toujours aux vaches maigres. Évidemment, heureusement. Mais nous ne pouvons plus prévoir quand, combien de vaches sont concernées, ni ce qu'elles pèseront exactement.

Il n'y a donc pas un futur à prévoir, mais bien des futurs à préparer. Il ne faut plus chercher dans le passé l'explication de l'avenir, mais percevoir l'avenir comme la raison d'être du présent.

Être créatif, c'est être facilement capable, en toute liberté, de voir autrement le monde. Être prospectif, c'est se poser la question, en toute responsabilité, de l'avenir du monde. La prospective est un travail sur la conscience qui fait appel à des techniques cognitives. Bien plus qu'une exploration des objets, c'est une transformation du sujet, le plus souvent collectif (entreprise, association, région, organisation internationale) qui est en jeu. Bien plus que l'application d'une méthode d'investigation, c'est un changement de perception qui est à l'œuvre.

Ces deux qualités, « esprit créatif » et « esprit prospectif », mieux comprises dans leur différence et réunies dans une rigueur méthodologique, peuvent constituer un binôme puissant. Une partie du futur est à inventer et la pensée créative peut y conduire.

L'esprit de la démarche prospective

La prospective, telle que la décrit un pionnier de la discipline, Bertrand de Jouvenel, dans *L'art de la conjoncture*, repose sur une conception dynamique de l'avenir basée sur trois principes :

– l'avenir est domaine de liberté; il n'est pas prédéterminé, il n'est pas déjà fait; il est au contraire largement indéterminé et ouvert à plusieurs futurs possibles, les « futuribles »;
– l'avenir est domaine de pouvoir; on peut agir sur l'avenir, soit en se préparant à un changement anticipé (pré-activité) plutôt que d'attendre le changement pour réagir, soit en en agissant pour provoquer un changement souhaitable (pro-activité);
– l'avenir est domaine de volonté; lieu de concrétisation de nos projets, il est avant tout « une chose à faire », à réaliser en fonction de l'avenir que nous désirons.

Alors que « l'avenir est pour l'homme, en tant que sujet connaissant, domaine d'incertitude, il est pour l'homme, en tant que sujet agissant, domaine de liberté et de puissance. »

L'approche prospective se caractérise donc tout à la fois par sa visée exploratoire, son refus de la fatalité et des déterminismes, sa conviction qu'il existe plusieurs avenirs possibles, et son volontarisme.

Posée en ces termes, la prospective s'ancre dans la tradition philosophique occidentale, rejoignant d'une certaine manière les quatre interrogations philosophiques fondamentales telles que les formule Emmanuel Kant dans l'introduction de sa *Logique* : Que puis-je savoir ? Notamment de ce que sera fait demain. Que dois-je faire ? Notamment pour changer les choses dans le sens que je désire. Que m'est-il permis d'espérer ? Non seulement pour mon propre avenir mais aussi pour le monde futur. Qu'est-ce que l'homme ? Sa place, son pouvoir réel dans le cadre du changement tant personnel que collectif.

Dans son excellent ouvrage, *Savoir anticiper*, Philippe Gabilliet résume bien les trois ambitions principales de l'approche prospective :

– « imaginer par des moyens appropriés ce qui peut vraisemblablement se produire de durable dans un domaine déterminé;
– baliser des itinéraires et donc donner du sens par anticipation à des actions possibles;

– accompagner la prise de décision en proposant des alternatives permettant d'avancer vers tel futur souhaité ou d'éviter telle évolution à risques. »

Ne retrouve-t-on pas là des éléments essentiels à l'élaboration d'une vision stratégique qui tienne la route ?

La prospective n'est pas la prévision

On confond souvent prospective et prévision. Si dans les deux disciplines, c'est le futur qui est concerné, prendre l'une pour l'autre est une grave erreur.

	Prévision	**Prospective**
Disposition d'esprit	« Sans doute que… »	« Mais au fond, si… »
Niveau d'incertitude	Moyen	Élevé
Démarche	Extrapolation du présent	Ouverte, imaginative
Approche	Sectorielle Principe de continuité	Globale, systémique, qui prend en compte les ruptures
Horizon temporel	Court et moyen terme	Moyen et long terme
Variables	Quantitatives, objectives, connues. Primauté du quantifiable	Qualitatives, quantifiables ou non, subjectives, connues ou cachées
Relations	Statiques, structures stables	Dynamiques, structures évolutives
Méthode	Modèles déterministes et quantitatifs (économétriques, mathématiques)	Construction de scénarios Modèles qualitatifs et stochastiques
Outil d'évaluation	Chiffres	Critères
Attitude à l'égard du futur	Passive ou réactive (le futur sera)	Proactive et créative (le futur est créé)

Même si tous les auteurs sont loin d'être d'accord entre eux, le tableau précédent ne devrait pas heurter trop les susceptibilités.

Pour Hughes de Jouvenel, directeur général du Groupe Futuribles, la prospective possède trois caractéristiques essentielles qui la différencient de la prévision :

- « C'est une démarche pluridisciplinaire, d'inspiration systémique. » Elle se propose d'appréhender les réalités, non en les découpant, mais au travers de l'ensemble de leurs aspects, de toutes leurs variables et de leurs inter-relations.
- « C'est une démarche qui intègre la dimension du temps long, passé et à venir. » Car dans tout système coexistent des variables marquées par une grande inertie (écosystèmes, changements démographiques) avec d'autres dont les variations sont beaucoup plus rapides (innovations technologiques, fluctuations des taux de change).
- Enfin, « c'est une démarche qui intègre les ruptures ». Elle s'efforce de prendre en compte les phénomènes de discontinuité et de rupture, résultant de facteurs divers tels que les effets de seuil, l'irruption d'innovations en tout genre et d'acteurs « briseurs d'habitudes » ou encore la volonté humaine de modifier les règles du jeu.

La richesse des scénarios

Nous n'avons pas la prétention dans ce chapitre de faire de la prospective au sens strict, comme la pratiquent les professionnels de cette « indiscipline ». Notre objectif est plutôt de proposer une approche créative du futur inspirée de l'approche qui préside à la démarche prospective. Notre point de départ sera un outil-clé : la méthode des scénarios.

La méthode des scénarios est un peu à la prospective ce que le brainstorming est à la créativité : un outil pour multiplier les regards sur les futurs possibles, un autre outil pour changer notre perception des choses, élargir et varier notre vision du monde.

L'avenir appartient à ceux et celles qui l'anticipent, l'explorent avec curiosité, l'imaginent avec audace. Le scénario, ou plus exactement un ensemble de scénarios contrastés, est l'outil par excellence de cette approche. Un scénario conduit à une histoire imagée d'un futur possible, quoique improbable, dans lequel les dirigeants seraient contraints de prendre des décisions importantes.

Plus largement, l'utilisation régulière de scénarios favorise l'ouverture d'esprit et la créativité, entraîne le personnel à se projeter dans l'avenir et l'exerce à penser loin et neuf, le familiarise avec l'élaboration de stratégies flexibles. Plus encore, cet outil permet de tester la robustesse de ces stratégies dans des conditions extrêmes. Tiendraient-elles encore la route face à des évolutions différentes, ne faut-il pas les remettre en question, les adapter dès à présent ?

À l'aide de scénarios, nous pouvons identifier les risques qui s'annoncent, prendre la mesure de leur ampleur et mieux nous y préparer : c'est ainsi que Shell, leader dans l'usage de scénarios comme outil d'aide à la décision, a perçu plus tôt la menace des premiers chocs pétroliers et en a tiré différentes implications pour l'évolution de ses activités.

À l'aide de scénarios, nous pouvons anticiper des besoins futurs et être les premiers à y répondre : c'est en imaginant un scénario de faillite de la sécurité sociale que Philips s'est lancé dans le secteur de la santé et a créé sa division « santé à domicile ». Inexistante il y a dix ans, elle représente aujourd'hui environ 20 % du chiffre d'affaires de la société.

À l'aide de scénarios, nous pouvons alerter les esprits, leur faire prendre conscience qu'ils sont en train de perdre le contrôle de leur avenir et les amener à réagir. C'est ainsi que le documentaire fiction *Bye Bye Belgium* sur la sécession de la Flandre a suscité en décembre 2006 l'envie dans tout le pays de redécouvrir l'autre communauté.

Quelques notions théoriques

Qu'est-ce finalement qu'un scénario ? Parmi les définitions proposées, examinons celle de Michel Godet : « un scénario est un moyen de se représenter la réalité future en vue d'éclairer l'action présente, à la lumière des futurs possibles et souhaitables; c'est un jeu cohérent d'hypothèses conduisant d'une situation d'origine à une situation future ».

Le mot « scénario », qui est apparu à la fin du XIXe siècle pour décrire la trame d'une œuvre théâtrale, garde donc l'essentiel de sa signification. C'est un synopsis, une séquence d'événements qui s'enchaînent dans une logique de l'imagination.

Le scénario aide le prospectiviste, non pas à deviner « ce qui va se passer » mais à identifier « ce qui pourrait se passer si…, au fond… ». Il est constitué de trois éléments :

– la base qui n'est autre que la représentation que l'on se fait de la réalité présente, le système d'interactions à partir duquel le scénario va se développer;

- le cheminement des événements sur l'échelle du temps, qui vont permettre de passer de la situation d'aujourd'hui à la situation future;
- la description concrète et imagée d'une situation future, obtenue à différentes périodes et à l'horizon de l'étude (image finale).

Les prospectivistes distinguent généralement :

- les scénarios exploratoires qui cherchent à définir les évolutions possibles à partir de la situation présente. Le point de vue adopté est celui du sujet connaissant;
- les scénarios normatifs, que l'on peut également qualifier de stratégiques, qui dégagent les différentes façons d'arriver de la situation présente à un point donné. Le point de vue adopté est celui du sujet agissant en vue d'un futur désiré.

La démarche habituelle comporte les deux approches : des scénarios exploratoires pour défricher ce qui peut advenir, des scénarios stratégiques pour explorer ce que l'on peut faire.

De nombreux auteurs insistent aussi sur la différence entre les scénarios tendanciels, dits « sans surprises » et les scénarios contrastés, dits de rupture. Les premiers tablent sur la poursuite de tendances aujourd'hui repérables et ont pour objectif de rendre compte de processus d'évolution significatifs pour l'avenir. Il arrive qu'on dégage de ce type de scénarios un scénario de référence, élaboré autour des hypothèses les plus probables et les plus conservatrices. Les deuxièmes explorent des situations futures extrêmes, que ce soit en positif ou en négatif, et se préoccupent d'analyser les conséquences possibles d'une rupture majeure, de probabilité souvent faible certes, mais dont l'impact serait potentiellement important si cette rupture devait se produire. Ce sont les scénarios de ce type-là qui nous intéressent particulièrement dans l'approche personnelle que nous vous proposons dans ce chapitre.

Au commencement du scénario : tendances et hypothèses

De quoi se nourrissent les scénarios ? Différents éléments-clés sont à prendre en compte, parmi lesquels les tendances à l'œuvre aujourd'hui, à ne pas confondre avec les mouvements de mode. Les tendances (*trends*) ont un degré de probabilité élevé, elles sont inscrites sur le long terme et ont un impact sur l'ensemble du système social, comme par exemple le vieillissement de la population dans la plupart des régions développées ou la féminisation croissante de la population active. Les modes (*fads*) sont imprévisibles, éphémères et facilement réversibles; elles n'ont pas d'implications sociales, économiques ou politiques sur le court terme.

Parmi les tendances, certains auteurs introduisent des nuances selon leur degré de certitude-incertitude ou de prévisibilité-imprévisibilité, comme le souligne Philippe Gabilliet. Une tendance pourra ainsi être qualifiée d'inéluctable, de lourde ou de porteuse d'avenir.

- La tendance inéluctable relève du « futur nécessaire », pour reprendre la formule de Jacques Lesourne. Elle peut prendre la forme d'un mouvement inévitable et non maîtrisable (vieillissement, obsolescence, usure) ou d'une échéance programmée et non modifiable (mise en œuvre de dispositions législatives, entrée en vigueur de traités comme le passage à la monnaie unique).
- La tendance lourde constitue, selon les termes de Michel Godet, « un mouvement affectant un phénomène de façon suffisamment forte, sur une période suffisamment longue, pour que l'on puisse prévoir son évolution dans le temps ». Il en est ainsi des évolutions démographiques (coexistence de quatre générations), du rythme du progrès technique (explosion d'Internet), des dynamiques sociales (baisse du temps de travail sur la durée de vie), économiques (mondialisation des marchés), écologiques (réchauffement du climat), de certaines évolutions culturelles (baisse de la pratique religieuse).
- La tendance émergente, appelée le plus souvent « fait porteur d'avenir » ou encore « signal faible », désigne un facteur de changement à peine perceptible aujourd'hui mais qui pourrait constituer demain une nouvelle tendance. Il peut s'agir de l'émergence de nouveaux modes de comportement et de sociabilité à la marge de la société, de l'apparition de nouveaux mouvements artistiques et culturels, d'innovations technologiques, de découvertes scientifiques passées inaperçues du grand public.

Une prise en considération ambitieuse des tendances ne suffit cependant pas à la construction de scénarios, car une partie du futur y échappe. L'impact planétaire qu'a eu en 2006 la caricature de Mahomet dans un pourtant discret journal danois, le fulgurant succès de YouTube qui, en dix-huit mois, a déstabilisé le monde de l'image sur Internet, les milliards de dollars donnés tout à coup par Bill Gates à sa fondation… sont là pour nous rappeler l'humilité, la modestie et l'importance de l'imagination.

À côté des tendances, il nous faudra donc tenir compte également de ce que nous appelons des hypothèses de rupture :

- les risques de fracture comme par exemple de nouvelles alliances commerciales, de nouvelles régulations, un changement des règles du jeu ;
- la confrontation des projets des différents acteurs pour le futur comme par exemple la délocalisation de la production dans les pays à bas salaires par les concurrents ;
- les incertitudes majeures pour demain telles que l'apparition de nouvelles maladies, l'éventualité de nouvelles attaques terroristes de grande ampleur, l'augmentation des tempêtes et des inondations ;
- etc.

Prospective et créativité se retrouvent bien au croisement des tendances observées et des hypothèses imaginées.

La méthode des scénarios : cinq phases

➤ *Phase 1 : La toile de fond*

La première est une phase préparatoire, consacrée à tisser la toile de fond sur laquelle vont se déployer les scénarios.

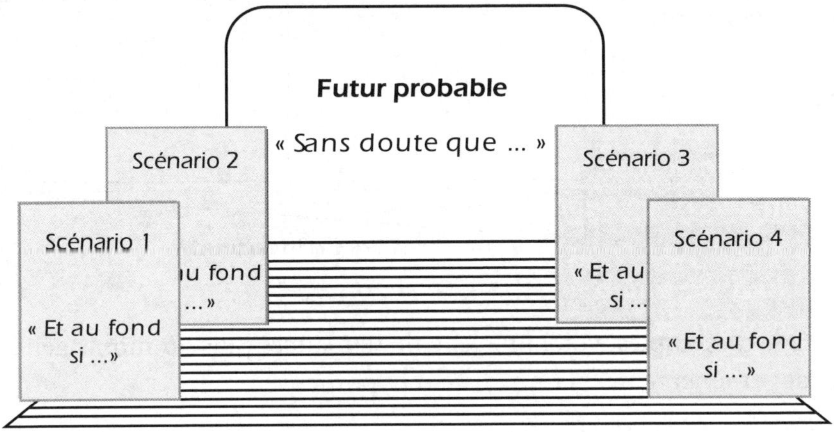

(D'après M. Lindgren, H. Bandhold, *Scénario Planning, the link between future and strategy,* Palgrave Macmillan, 2003.)

Elle consiste en un vaste balayage des tendances et/ou hypothèses de toutes sortes, à l'œuvre dans l'environnement immédiat de l'entreprise et dans son environnement global (économique, social, politique et technologique) pour y repérer celles qui exercent ou sont susceptibles d'exercer une influence déterminante sur l'entreprise et le problème qu'elle veut étudier.

Concrètement, le ou les groupes chargés de l'élaboration des scénarios reçoivent une liste de tendances et/ou hypothèses, établie au préalable par un groupe de travail pluridisciplinaire composé d'acteurs et d'experts, et sont invités à les classer selon deux critères : leur degré d'impact (influence plus ou moins forte sur l'entreprise) et leur degré d'incertitude (maîtrise plus ou moins forte par l'entreprise), à l'aide d'une matrice. Si certaines *megatrends* peuvent être considérées d'emblée comme des certitudes, il n'en va pas de même des tendances émergentes dont on ne peut pas encore dire si elles vont se confirmer ou s'infirmer.

Cette analyse permet d'identifier les facteurs critiques pour construire les scénarios, c'est-à-dire ceux qui ont l'impact le plus important et qui sont les plus incertains.

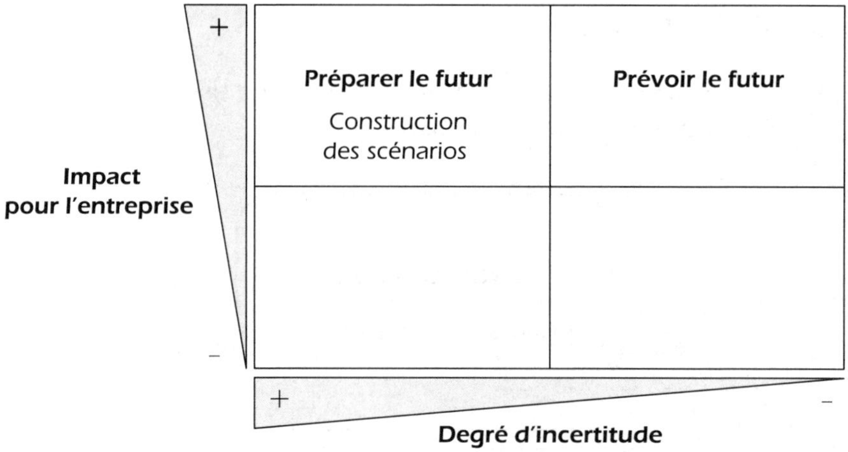

À titre d'exemples, voici une liste de tendances plus ou moins générales (lourdes et émergentes) et une liste d'hypothèses.

1. Exemples de tendances

– Vieillissement de la population dans les pays riches.
– Intensification des mouvements et flux migratoires de nature économique.
– Faillite des États, règne des multinationales.
– Influence accrue des ONG et du mouvement altermondialiste.

– Amplification de la menace terroriste, multiplication des attentats suicides.
– Instrumentalisation politique de la religion.
– Partition de l'Asie.
– Multiplication des délocalisations.
– Écart croissant entre pays pauvres et pays riches.
– Promotion du commerce équitable.
– Hausse des investissements dans l'immatériel, société de la connaissance.
– Pénurie de personnel qualifié dans différents secteurs.
– Recul de l'âge de la retraite.
– Développement du travail précaire.
– Fin du temps comme mesure du travail.
– Forte croissance du commerce électronique.
– Demande d'éthique et de responsabilité dans les affaires.
– Développement des outils collaboratifs et espaces de travail virtuels.
– Confirmation du réchauffement climatique : intensification des ouragans, tempêtes.
– Augmentation généralisée du prix de l'eau.
– Aggravation des atteintes à la qualité de l'air.
– Promotion du développement durable.
– Développement des énergies renouvelables et de l'éco-construction.
– Complémentarité et convergence des médias et des TIC.
– Multiplication des applications de la génétique.
– Effondrement des utopies politiques, fin des grandes idéologies.
– Prise en compte et reconnaissance des minorités ethniques et sexuelles.
– Triomphe de l'individualisme.
– Perte de confiance dans les institutions et les politiques.
– Obsession de la sécurité.
– Féminisation de plusieurs professions (enseignement, justice, médecine…).
– Hédonisme, recherche de plaisir, de détente et de bien-être.
– Accroissement du stress professionnel.
– Augmentation du nombre de célibataires.
– Fin de la famille traditionnelle et diversification des modèles familiaux.

- Déclin de la figure et de l'autorité paternelles.
- Idéalisation de l'enfant, règne de l'enfant roi.
- Effacement des différences entre sexes, père et mère, parents et enfants.
- Développement de la pornographie au cinéma, à la TV et sur Internet.
- Perte de repères et demande de sens accrue chez les jeunes.
- Banalisation de la consommation de cannabis chez les jeunes.
- Perte définitive pour l'école du monopole du savoir.
- Violence à l'école.
- Augmentation des décrochages scolaires.
- Fin de l'autorité des professeurs.
- Extension continue d'Internet, explosion des contacts virtuels.
- Hypermédiatisation, mise en scène de l'intime (talk shows, blogs...).
- Confusion entre culture et divertissement, disneylandisation de la société.
- Augmentation du nombre de personnes âgées dépendantes.
- Coût croissant des soins de santé.
- Consommation d'antidépresseurs en hausse.
- Risques de pandémies accrus par la mondialisation.
- Race qui grandit et grossit.
- Baisse de la fertilité des hommes.

2. Exemples d'hypothèses

- Les avocats interviennent systématiquement dans les différends du quotidien : la justice ne peut plus suivre.
- L'Assemblée nationale compte 60 % de femmes.
- Plus personne ne veut être instituteur.
- La France subit une émigration massive vers l'Australie.
- Un parti islamiste obtient 20 % des suffrages dans la région Nord-Pas de Calais.
- La circulation alternée est imposée sur l'ensemble du territoire national.
- Aucune chaîne de télévision ne fédère plus de 5 % de l'audience pour son JT.
- L'euro est abandonné : le franc est de retour, le yen devient la monnaie unique en Asie.

– La consultation de chirurgie esthétique est remboursée par la Sécurité sociale.
– Le code ADN de chaque individu est intégré à la carte nationale d'identité.
– L'Irlande est réunifiée.
– Il n'y a plus de boulangerie : le pain est vendu uniquement en grande surface.
– Les États-Unis refusent désormais d'intervenir militairement hors du continent américain.
– On a renoncé à faire respecter les droits d'auteurs sur Internet.
– La valeur des biens échangés sur *Second Life* dépasse le PNB de la Belgique.
– Chaque individu reçoit un quota d'énergie annuel maximal « à la Kyoto ».
– La semaine de 32 heures est votée.
– Les premières greffes de puces dans le cerveau apparaissent.
– Un lien est établi entre la téléphonie sans fil et certaines formes de maladie mentale.
– La forêt tropicale amazonienne est privatisée.
– Une majorité de grandes villes françaises deviennent piétonnes.
– Les voyages au Moyen-Orient sont interdits par le Quai d'Orsay.
– Les investissements chinois en Afrique dépassent de loin ceux des pays occidentaux.
– Une majorité de Français louent leur voiture.
– Les cadres changent en moyenne 7 fois d'employeur au cours de leur carrière.
– Les trois principaux pays exportateurs ne commercent pratiquement plus qu'entre eux.
– Un partage plus équitable des ressources et l'aide internationale réduisent le besoin d'émigrer.
– Le nombre d'ingénieurs formés en Europe est divisé par deux, alors qu'il augmente massivement en Asie.
– Le mouvement altermondialiste se transforme en parti politique.
– Les risques accrus de pandémies et d'actes terroristes diminuent fortement le transport aérien.
– 10 % des enfants sont élevés en anglais.
– Les banques islamiques refusent le concept de taux d'intérêt.

Etc.

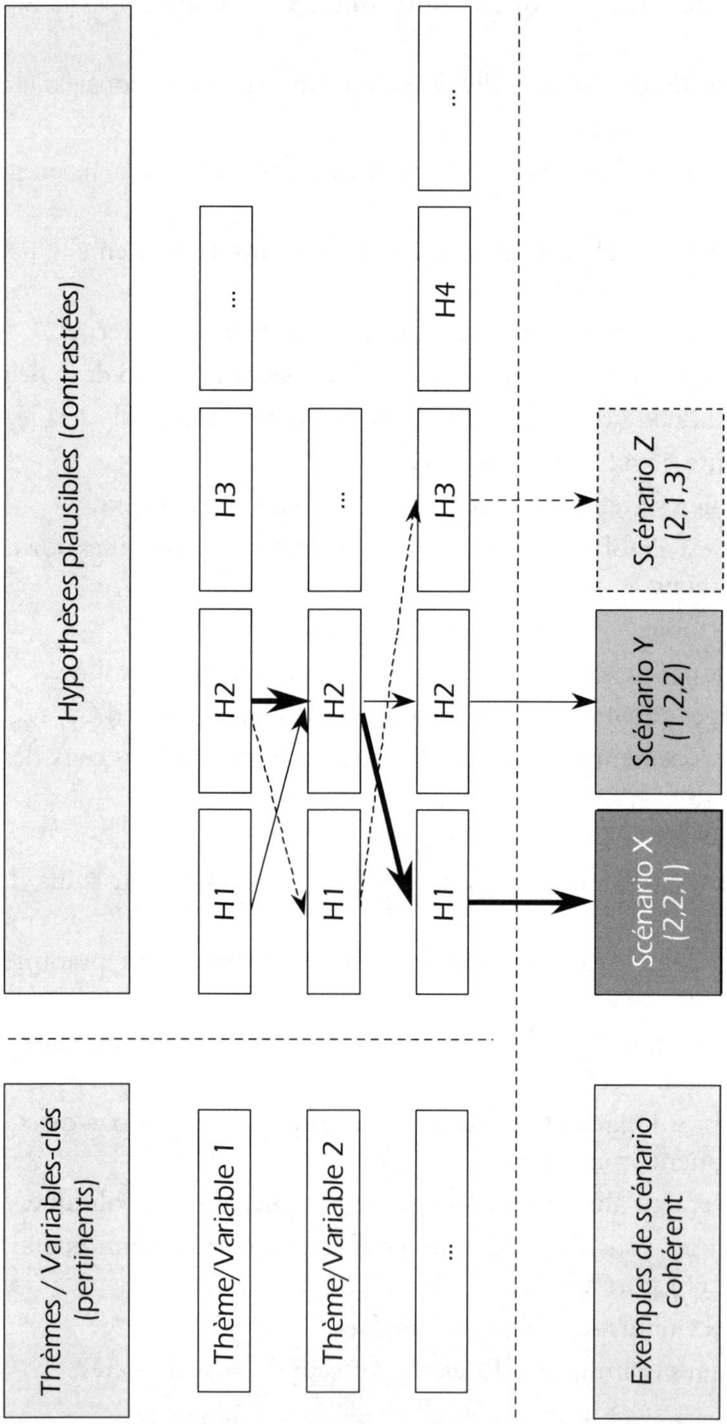

(D'après H. de Jouvenel, *La démarche prospective. Un bref guide méthodologique.*)

➤ *Phase 2 : Construction des scénarios*

Cette deuxième phase débute par la définition du problème étudié et par le choix de l'horizon (de 3 à 15 ans). Par exemple : quelle sera la place des États-Unis dans le monde en 2020 ? Quel est l'avenir de l'industrie aéronautique à l'horizon 2015 ? Quels seront les secteurs industriels les plus porteurs en 2015 ? Comment sera mon entreprise d'ici 10 ans ?

En partant des tendances et facteurs critiques identifiés dans l'étape précédente (situés dans le carré supérieur gauche de la matrice), il s'agit d'identifier les *thèmes* qui serviront de fondation aux scénarios. Un bon thème est un thème-clé pour le futur de l'entreprise, il a une évolution incertaine, il est bien cerné pour permettre la création d'une liste d'hypothèses, il peut être interne ou externe à l'entreprise.

Un grand groupe chimique et pharmaceutique a par exemple retenu comme thèmes l'organisation interne, le type d'activités, le processus de vente et l'environnement de l'entreprise. Mais un thème est trop vaste pour exciter l'imagination. Il est utile de le réduire à un sous-ensemble, même très restreint, ce que nous appellerons une *variable.* Dans l'exemple retenu, cela pourrait être le contrat de travail, le problème de l'accès aux ressources, la publicité et les changements climatiques.

Chaque variable sera ensuite concassée. Elle fera l'objet d'*hypothèses* audacieuses, voire extrêmes (H1, H2, H3...) : passage à la limite, rupture, rêve, catastrophe, chaos, boom... Une hypothèse doit être à la fois plausible et incertaine. Un bon ensemble d'hypothèses est composé d'hypothèses différentes et contrastées. Par exemple, la variable « contrat de travail » est écartelée entre des hypothèses aiguës : rien que des intérimaires, 50 % de rémunération variable, une année sur trois en poste à l'étranger, etc.

Pour chaque thème/variable, quatre à cinq hypothèses d'évolution seront formulées. Elles seront ensuite regroupées par affinités de façon cohérente et combinées dans une ébauche de scénario auquel on donnera un nom imagé et évocateur. Si par exemple H2 de la variable 1, H1 de la variable 2 et H3 de la variable 3 contiennent de la violence, un scénario Z se dessine qui pourrait s'appeler « Le temps des mercenaires ». Etc.

➤ *Phase 3 : Développement et affinage des scénarios*

Tout le talent du « scénariste » va être de laisser se développer des scénarios réalistes et cohérents, issus de la combinaison des hypothèses.

À ce stade, la créativité entre en scène pour enrichir et étoffer le scénario. Dans quel contexte mondial se déroule chaque scénario ? Quelles peuvent être les implications de chacun sur les différents éléments de l'activité de l'entreprise ? Que peut-on en déduire en termes d'enjeux, d'opportunités et de menaces ? Qu'ajouter pour rendre le scénario vraisemblable ?... C'est la créativité qui apportera des réponses à ces questions. C'est l'imagination qui permettra de visualiser scènes, événements et paysages.

Un bon scénario doit être coloré, donner à voir. Il doit être pertinent par rapport aux décisions à prendre, cohérent, vraisemblable et plausible, important en termes de conséquences, transparent, facile à raconter et éventuellement même à dessiner. Un bon ensemble de scénarios doit être composé de trois à cinq histoires, structurellement ou qualitativement différentes, qui ne soient pas de simples variations sur la base d'un même scénario. Il doit couvrir le plus possible d'alternatives du futur et varier les chemins qui conduisent à ces futurs. Il doit faire apparaître les problèmes et les tensions les plus divers et mettre en scène des projets différents.

Un ensemble de bons sénarios n'est donc pas nécessairement un bon ensemble de scénarios.

➤ *Phase 4 : Présentation et communication des scénarios*

La dernière phase consiste à habiller et à présenter les scénarios, des opérations cruciales pour assurer le succès de leur communication et de leur diffusion dans l'ensemble de l'entreprise. C'est la meilleure manière de permettre à tous ceux qui n'ont pas participé à l'exercice d'en tirer néanmoins le meilleur profit.

Le scénario est une histoire inventée qui dessine l'avenir à partir d'une situation donnée et selon une logique d'emboîtements à travers le temps, comme dans un roman, une pièce de théâtre ou un film. Un scénario a un début et une fin et pas de temps mort. Le scénario doit donc être raconté, faire l'objet d'un récit : « Il sera une fois... ».

Pour toucher son public, ce récit a besoin d'une structure et d'une présentation efficaces. Une structure efficace aide l'audience, le public à intérioriser le scénario. Une présentation efficace aide l'histoire à frapper les esprits et à s'y fixer. Ceci suppose de donner à chaque scénario un nom très évocateur et très parlant, d'intégrer chaque histoire dans l'Histoire, d'éclairer les lignes de force du scénario, d'utiliser un maximum d'images et un minimum de texte, d'être clair et concis, enfin de présenter le scénario sous une forme originale.

L'image finale, le produit fini peut être un texte présenté sous diverses formes (échange de lettres, carnet de bord, journal...) mais aussi une vidéo, un film, un sketch, des posters...

Voici, à titre d'exemple, les images finales des scénarios élaborés par la CIA et rendus publics dans son rapport *Comment sera le monde en 2020 ?*

Scénarios développés	
Le monde selon Davos Globalisation remodelée, avec un aspect moins occidental Géants asiatiques creusant l'écart avec les économies occidentales Puissances occidentales devant faire face à l'insécurité de leur marché de l'emploi Moyen-Orient est à la traîne Tensions autour de Taïwan sur le point de provoquer un effondrement économique	***Pax americana*** Washington, pivot central de la politique internationale Changement des alliances et des relations fondamentales entre l'Europe et l'Asie Coopération États-Unis-Europe renouvelée, intégrant le Moyen-Orient Nouveaux accords de sécurité conclus avec l'Asie Washington lutte pour affirmer son leadership
Un nouveau califat Mouvement mondial alimenté par l'identité religieuse Combat du calife pour arracher l'Occident aux régimes traditionnels Conflits et confusion qui en découlent à l'intérieur et en dehors du monde musulman Afrique musulmane et Asie agitées de soubresauts Ce scénario s'achève avant que le calife ne parvienne à instaurer une autorité	**Le cycle de la peur** Inquiétudes nées de la prolifération de certaines armes Mesures de sécurité à grande échelle, forcément importunes Agents de la prolifération (marchands d'armes clandestins) ayant de plus en plus de mal à opérer Propagation des armes de destruction massive Cycle de la peur échappant à tout contrôle Mesures prises par les gouvernements commençant à faire fuir les marchands de canon

Scénarios communiqués de manière créative	
Le monde selon Davos Lettre du directeur du Forum économique mondial à l'ancien président de la réserve fédérale américaine à la veille de la réunion annuelle de Davos	***Pax americana*** Journal personnel du secrétaire général de l'ONU
Un nouveau califat Lettre hypothétique d'un petit-fils fictif de Ben Laden, Sa'id Oussama Ben Laden, à un membre de sa famille	**Le cycle de la peur** Série de messages SMS échangés entre deux marchands d'armes lancés dans une affaire illégale

➤ *Phase 5 : Exploitation des scénarios*

En aucun cas, il ne s'agit de choisir entre les scénarios, ou encore moins d'y mettre un coefficient de probabilité. Un scénario n'est pas un plan d'action. Puisqu'il fait partie d'un groupe avec trois ou quatre autres futurs possibles très contrastés, il ne peut être mis en pratique tel quel. Comme ce doit être le cas dans une approche prospective, les quatre ou cinq scénarios sont incompatibles, voire exclusifs. Si c'est l'un, ce n'est pas l'autre.

La méthode des scénarios n'est pas telle quelle un guide pour l'action, mais elle est un bel outil de pensée. Les scénarios peuvent devenir un cadre de référence pour tous dans l'entreprise, à tous les niveaux, chaque fois qu'il est question d'avenir. Ils peuvent alors servir à tester les modes de gestion, à évaluer la solidité des stratégies présentes dans des conditions complètement autres, voire exceptionnelles.

Scénarios / Stratégie	Scénario 1	Scénario 2	Scénario 3	Scénario 4
Ressources humaines	adaptée		désastreuse	
Architecture informatique		à renforcer	idéale	inadaptée
Recherche et développement		insuffisante		sans objet
Etc.				

Penser en permanence – en plus du futur probable – à quatre futurs possibles et très différents pour l'entreprise est une garantie contre la peur du changement et une invitation à innover.

Déconfuture

Pas facile de remettre en question sa vision des choses et d'imaginer demain ! Toutes les petites phrases qui suivent font partie du musée des erreurs d'appréciation et de prévision. Le conservateur ne peut néanmoins garantir que toutes les pièces exposées soient authentiques.

- « *La logique est une science faite. L'ère des découvertes est close pour elle.* » (Emmanuel Kant, environ 1787)
- « *Le voyage en train à grande vitesse est impossible parce que les passagers mourront d'asphyxie.* » (D. Lardner, professeur à l'université de Londres, 1850)
- « *Qu'est-ce que notre entreprise pourrait bien faire de jeux électriques ?* » (William Orton, président de la Western Union, refusant à Alexandre Graham Bell d'acheter son téléphone, environ 1876)
- « *L'univers est désormais sans mystère.* » (Berthelot, 1887)
- « *Le Canal de Panama appartient au passé.* » (Scientific American, 1891)
- « *Il est impossible de faire voler des objets plus lourds que l'air.* » (Lord Kelvin, Président de la Royal Society, 1895)
- « *Aucune machine ne remplacera un employé fiable et honnête.* » (Le président de Remington Company, 1897)
- « *Le cheval restera toujours alors que l'automobile n'est qu'une nouveauté qui passera.* » (Le président de la Michigan Savings Bank, déconseillant à l'avocat d'Henry Ford d'investir dans l'automobile, 1903)
- « *Je ne vois aucun système de télégraphie sans fil menacer sérieusement nos câbles.* » (John Wolfe-Barry, président de la Western Telegraph Company, 1907)
- « *Les avions sont des gadgets amusants mais sans aucun intérêt militaire.* » (Maréchal Ferdinand Foch, responsable de la stratégie militaire française et futur commandant de guerre, 1911)
- « *Personne ne craint plus qu'une flotte japonaise ne bombarde par surprise nos avoirs dans le Pacifique… la radio rend toute surprise impossible.* » (Josephus Daniels, ancien secrétaire de la US Navy, 1922)
- « *Il est peu probable qu'on maîtrise un jour l'énergie atomique.* » (Robert Millikan, prix Nobel de physique, 1923)

– « *Mais qui donc a envie d'entendre parler les acteurs de cinéma ?* » (Harry M. Warner, président de la Warner Bros, 1927)
– « *La Bourse donne l'impression de devoir rester à ce niveau élevé.* » (Irving Fischer, professeur en sciences économiques appliquées à l'Université de Yale, 17 octobre 1929)
– « *Je pense qu'il y a un marché mondial d'environ cinq ordinateurs.* » (Thomas Watson, président d'IBM, 1943)
– « *La télévision ne conservera aucun des marchés qu'elle a gagnés au cours de ses six premiers mois… Les gens en auront vite assez de regarder une boîte en contreplaqué tous les soirs.* » (Darryl F. Zanuck, patron de la 20th Century-Fox, 1946)
– « *Les futurs ordinateurs ne pèseront peut-être qu'une tonne et demie.* » (Popular Machanics, anticipant le développement de l'informatique, 1949)
– « *Les groupes de guitaristes sont en voie de disparition.* » (Decca Corporation, justifiant le refus de signer avec les Beatles, 1962)
– « *La mini-jupe est une mauvaise plaisanterie qui ne durera pas avec l'hiver qui vient.* » (Coco Chanel, 1966)
– « *L'année 68, je la salue avec satisfaction.* » (Charles de Gaulle, Président français, 31 décembre 1967)
– « *Nous ne vendrons jamais nos dessins animés sur vidéocassettes.* » (Plan stratégique de Disney, années 1970)
– « *Grâce à la grandeur du Shah, l'Iran est un îlot de stabilité dans le Moyen-Orient.* » (Jimmy Carter, Président des États-Unis, 31 décembre 1977)
– « *Je ne crois pas qu'Internet aura un impact significatif sur mon entreprise.* » (Un président directeur général, à propos de son entreprise, 1998)

Idées-clés de ce chapitre

Il faut anticiper l'avenir pour pouvoir le changer.

Face à l'incertitude, il n'y a pas un seul futur à prédire mais plusieurs futurs à préparer.

Il ne faut plus chercher dans le passé l'explication de l'avenir mais percevoir l'avenir comme la raison d'être du présent.

La méthode des scénarios est à la prospective ce que le brainstorming est à la créativité.

Les facteurs critiques pour construire des scénarios sont ceux qui ont l'impact le plus important et qui sont les plus incertains.

Un bon scénario doit être coloré, donner à voir. Son nom doit exciter l'imagination.

Face au « sans doute que… », il est utile d'avoir en permanence en tête une poignée de « mais au fond si… ».

Un scénario est la simulation d'une condition extrême qui permet de tester la robustesse de l'entreprise.

7

IMAGINATION *versus* JUGEMENT : DYNAMIQUE ET GESTION DE LA CRÉATIVITÉ

Il suivait son idée, c'était une idée fixe
et il était surpris de ne pas avancer.

JACQUES PRÉVERT

Après avoir mis en lumière le rôle de la perception dans le processus de changement et d'innovation, nous vous proposons d'entrer plus avant dans le système de la génération d'idées nouvelles et de leur gestion au sein de l'entreprise.

Pour gérer les idées comme on gère les autres ressources, il existe une méthodologie qui se base sur un constat bien simple : le système de la pensée est un moteur à deux temps. Le second temps est le plus connu : c'est le temps du jugement, qui n'est possible que grâce à l'existence et à l'utilisation de règles. Le premier temps est celui de l'imagination qui ne peut fonctionner qu'en roue libre. Tout l'art est de bien régler le moteur, d'alterner phase de divergence et phase de convergence, d'encourager la sortie du cadre, l'idée extravagante, et de garantir le « retour », l'idée réalisable. Il est aussi de prendre le risque d'une rupture avec l'existant.

Comme la meilleure manière d'avoir une bonne idée est d'en avoir beaucoup, l'organisation d'un système permanent de suggestions fera aussi partie de la dynamique de la créativité dans l'entreprise.

Le système de la pensée : un moteur à deux temps

La créativité, qui est évoquée dans tous les discours, ceux des patrons comme ceux des syndicats, ceux des étudiants comme ceux des routiers, ceux des ministres comme ceux des professeurs reste encore bien souvent à l'état de vœu pieux. Quel dommage puisque voilà bien là un point qui met tout le monde d'accord !

Une des raisons de cet état de choses est la méconnaissance des outils disponibles. Pour mettre la créativité en pratique, pour gérer les idées comme on gère toutes les autres ressources, il existe une méthodologie. Cette dernière se base sur un constat bien simple : le cerveau est un moteur à deux temps. Le deuxième est celui qui nous est le plus familier. C'est le temps où le cerveau choisit, compare, trie, planifie, lutte contre le gaspillage..., le temps de la convergence et de la décision. Mais le premier temps ne reçoit pas assez d'attention. C'est pourtant celui où le cerveau imagine, rêve, suggère, ouvre les horizons, anticipe..., le temps de la divergence et de l'exploration qui permet le vrai changement.

Le mode d'emploi de la créativité ne se résume certes pas à ce ping-pong cérébral mais commence par une recommandation : s'y entraîner.

De même que devenir bilingue est un effort qui peut requérir des années de travail, devenir bicérébral est une longue aventure au cours de laquelle on découvre l'art de constituer des équipes innovantes, l'efficacité des méthodes pour stimuler l'imagination ou encore la manière de créer une banque d'idées. Une longue aventure certes... mais quel plaisir que d'inventer le futur ensemble, et de se battre ensemble contre le risque de « pensée unique ».

Introduite dans les années 1990 par Ignacio Ramonet dans *Le Monde Diplomatique*, la « pensée unique » était supposée « traduire en termes idéologiques à prétention universelle les intérêts d'un ensemble de forces économiques, celles en particulier du capital international ». Elle a ensuite fait l'objet d'un livre et est devenue un ingrédient d'un discours à la mode. Elle a été mise à toutes les sauces, un peu comme sa sœur, la monnaie unique.

Outre le débat salutaire que « la » pensée unique a suscité et suscite encore sur le fond, il est intéressant d'ajouter une pièce au dossier, à propos de la forme. « Une » pensée unique est en effet néfaste en soi. Quand les opinions viennent à se confondre, quand les avis commencent à se ressembler, quand les différences disparaissent, quand les standards s'uniformisent et quand les uniformes se standardisent, le peu qui reste du choc des idées ne produit plus beaucoup de lumière.

Car tout comme en électricité, le potentiel créatif est fonction d'une différence. Celle qu'il faut maintenir entre les deux types de pensée, celle qui permet d'inventer et celle qui permet de juger. En d'autres mots : la pensée magique et la pensée logique.

La tentation de l'analogie est vraiment grande. Carnot a un jour démontré l'impossibilité d'un mouvement perpétuel qui équivaudrait, pour un bateau, à tirer son énergie de l'eau chaude de la mer et à la rejeter ensuite sous forme de blocs de glace. Le fondateur de la thermodynamique a prouvé l'indispensable présence simultanée d'une source chaude et d'une source froide pour produire du mouvement. Il en va de même du moteur de la pensée. Mais ce moteur semble bien mal réglé. L'unique pensée ne fait pas avancer les choses, le penseur unique évoque plutôt un ordinateur. Je pense, donc tu suis !

Il faut donc retrouver la force d'une pensée plurielle, qui gère le pour et beaucoup plus tard le contre, qui donne un rythme successif à la divergence et à la convergence, qui alterne quantité et qualité. Inventer et critiquer sont deux métiers différents qu'il ne faut pas pratiquer simultanément.

La pensée unique est d'une certaine manière la négation de la pensée. Elle équivaut à ne plus penser du tout. Or c'est de la confrontation des idées, et pas de la dissolution de l'une dans l'autre, que se nourrit l'imagination. Il est donc impératif de retrouver les forces – et le plaisir – de la pensée multiple, abondante, diverse.

La gestion du cycle complet de la pensée – magique ET logique – est plus que jamais le défi de tous les responsables, politiques, patronaux ou syndicaux.

Mais on peut se répartir le travail ! Pourquoi ne pas s'organiser en binôme ? Hewlett et Packard, Rolls et Royce ou les frères Lumières ont dû fonctionner de cette manière. Même si l'Histoire a tendance à ne retenir qu'un nom, les deux formes de pensée sont présentes. Jules Verne le divergent doit beaucoup à son éditeur Hetzel, le convergent. Et Catherine de Médicis la convergente consultait le divergent Nostradamus.

Du bon réglage du moteur de la pensée

Alternance divergence-convergence

C'est J.-P. Guilford qui a développé le premier, au début des années 1950, le modèle divergence-convergence pour décrire le déroulement idéal du processus de recherche et d'invention. Ce processus comporte deux étapes, distinctes et successives. Dans un premier temps, il s'agit d'émettre le plus d'hypothèses possibles dans des registres différents. C'est le moment de diverger, d'élargir le champ d'investigation, de multiplier les pistes de recherche. On met l'imagination en roue libre, sur un rythme soutenu. Dans un deuxième temps, il s'agit d'aboutir à une conclusion, de proposer une solution. C'est le moment de converger, de rassembler les idées, de les organiser et de les sélectionner. On freine l'imagination et on fait intervenir le jugement critique. Si diverger est le propre des artistes, converger serait plutôt le propre des artisans.

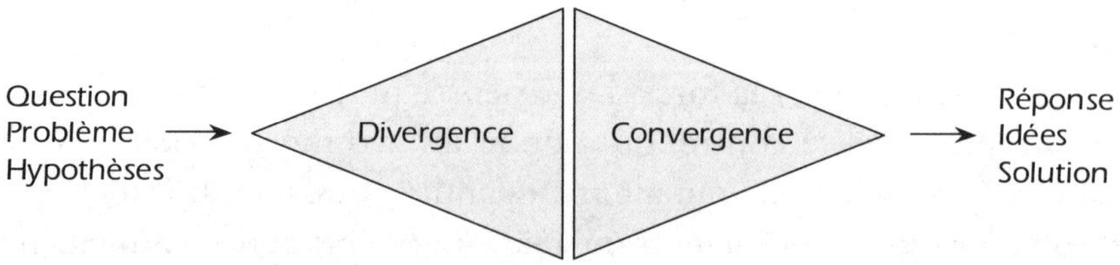

Ce binôme divergence-convergence a toujours prouvé une exceptionnelle richesse. Mais à une condition : qu'on n'actionne pas les deux fonctions en même temps. Les deux temps doivent sans cesse alterner. L'un est aussi important que l'autre mais en aucune manière, ils ne peuvent se mélanger sous peine de voir la mécanique des idées s'autodétruire. Si on accélère et on freine en même temps, on fait du surplace. Si une partie du cerveau cherche une solution à un problème pendant que l'autre veut montrer qu'elle n'est pas bonne, le résultat sera celui d'une lampe de poche dont la moitié des piles ont été montées à l'envers. Admirable pour inventer et sublime pour critiquer, le cerveau excelle autant pour montrer une nouvelle piste que pour en démontrer les faiblesses, pour exciter l'imagination que pour susciter des réactions.

Ce qui semble vrai pour le cerveau d'un individu, l'est tout autant pour le cerveau collectif que peut être une entreprise ou une organisation. Les deux temps de la pensée doivent aussi être respectés dans des réunions où les gens ne deviennent bien souvent créatifs que lorsqu'il s'agit de démolir une idée, de prouver qu'elle n'est PAS bonne ! Combien de fois n'entend-on pas dire « vous n'y pensez pas ! » à quelqu'un qui précisément vient de penser à quelque chose...

Stimuler la divergence

Les idées nouvelles dérangent. Perçues comme un risque de changement, elles suscitent méfiance et inquiétude. Tous les prétextes et les excuses sont alors bons pour les critiquer, les écarter ou les ignorer. Quand la pensée convergente se met au service de la peur de changer, elle est particulièrement efficace. Voici quelques exemples de ces petites phrases assassines qui coupent les ailes à la divergence. On peut les classer de la façon suivante.

- On se met en défaut soi-même :

– *Je n'ai pas d'idée sur la question.*

– *Je ne suis pas créatif.*

– *Je ne suis pas spécialiste, mais…*

– *Nous sommes trop petits.*

– *Nous ne sommes pas un laboratoire.*

– *Etc.*

- Ou bien, on incrimine son interlocuteur :

– *Vous n'y songez pas.*

– *Vous voulez nous ridiculiser.*
– *Où voulez-vous en venir ?*
– *Vous ne comprenez pas notre problème.*
– *Avez-vous mesuré les risques ?*
• Ou encore, on reporte la responsabilité sur les autres :
– *Le syndicat va hurler.*
– *Que penseront les gens ?*
– *Les gens ne veulent pas changer leurs habitudes.*
– *Le patron ne marchera pas !*
– *Le concurrent ne le fait pas non plus.*
– *Etc.*
• On invoque aussi les « bonnes excuses » :
– *Ça va prendre un temps fou.*
– *Le règlement nous en empêche.*
– *Nous n'avons pas l'équipement pour…*
– *L'ordinateur n'est pas assez puissant.*
– *Cela va coûter trop cher.*
– *Etc.*
• Et le pire sans doute, ce sont les attitudes négatives, les préjugés à l'égard du problème :
– *Là n'est pas la question !*
– *C'est impraticable.*
– *C'est bien en théorie, mais en pratique…*
– *Attendons voir !*
– *Nous n'avons pas besoin de cela.*
– *Etc.*

Plutôt que de laisser mourir les idées nouvelles par manque de curiosité et d'audace, le chef d'entreprise doit leur réserver accueil et attention. Car, tout comme il n'existe pas d'idée bonne du premier coup, il n'existe pas d'idée mauvaise à cent pour cent. Rejeter une idée soi-disant mauvaise, c'est perdre le petit quelque chose de bon qu'elle contient malgré tout.

Plutôt que les mille variantes du « oui, mais », encourageons toutes les formes du « oui, et » :

– *Cela vaudrait la peine d'aller plus loin.*

– *C'est une idée à creuser.*
– *Pourquoi pas ?*
– *C'est un peu comme...*
– *En plus, on pourrait...*
– *Il faudrait aller voir ailleurs.*
– *Une idée à garder sous la main.*
– *Il y a plusieurs façons de le faire.*
– *Et en plus, on pourrait...*
– *Il suffirait d'ailleurs de...*

Oui mais... attention aux encouragements déguisés ! Certaines phrases créaticides n'ont d'encourageant que l'allure :

– *Réfléchissez-y !*
– *Faites-moi une note.*
– *On en reparle ?*
– *Vous prenez l'initiative ?*
– *J'ai une meilleure idée.*
– *On se rappelle ?*
– *Tu me tiens au courant.*
– *On consultera un avocat.*

Freiner la convergence

Façonné et marqué par des années d'éducation et d'enseignement, le cerveau commet deux « péchés » contre la créativité : non seulement, il diverge trop peu mais il converge trop vite. Deux exercices pour se regarder penser

Exercice 7.1

Demandez à un groupe de personnes réunies en séminaire de combien de manières différentes on peut découper un carré en 4 parties égales, de même forme et de même surface. Les réponses sont éloquentes. Vous en recueillez immédiatement 2 (les 4 carrés formés par les médianes et les 4 triangles formés par les diagonales) puis 4 (tranches horizontales et verticales). Les participants paraissent satisfaits jusqu'au moment où quelqu'un, mal assuré, propose une infinité de solutions !

Mais oui, en faisant tourner la croix formée par les diagonales, vous obtenez une infinité de solutions. « C'est évident ! », reconnaissent en chœur les participants. Mais jusque là, ils n'ont envisagé que des lignes droites. Personne n'a pensé aux lignes brisées ni aux lignes courbes. Une convergence moins rapide permet de trouver une infinité de solutions – la croix que l'on fait tourner – mais c'est une meilleure divergence qui fait penser aux lignes courbes et conduit à une infinité d'infinités de solutions.

Exercice 7.2

Pour recouvrir la surface quadrillée ci-dessous, un ouvrier dispose de 31 dalles équivalentes à deux carrés. Estimant le stock suffisant, il se met au travail. Comment doit-il procéder ?

Lorsqu'on propose cet exercice, la plupart des personnes, dans un même élan de convergence, estiment que c'est possible, 62 étant effectivement égal à 31×2, et commencent leurs essais. Ils font confiance aux tables de multiplication ancrées depuis l'« âge de raison » dans leur cerveau...
Solution à la fin du chapitre, p. 202.

Le message de ces deux exercices est doublement clair :

- il faut redonner à chacun des deux temps de la pensée les moyens de libérer toute sa force;
- il faut gérer l'alternance, et qui d'autre que le patron de l'entreprise peut le faire ?

Trop de convergence peut mener à la catastrophe, tout comme l'excès de divergence. Dans le secteur de l'informatique par exemple, des entreprises ont disparu d'avoir voulu toujours faire la même chose, sans écouter le marché. D'autres n'ont jamais vraiment apparu, incapables de terminer un produit, fût-il génial.

Il y a un temps pour la réflexion et un temps pour l'action, autrement dit un temps pour le doute et un temps pour la décision. Les deux moments sont nécessaires et respectables, mais pas vraiment compatibles.

Le changement devient difficile quand ce sont les mêmes personnes qui conduisent les deux exercices. Quelqu'un peut-il vraiment, en toute liberté intellectuelle, penser une nouvelle structure, créer un nouveau système, imaginer de nouvelles fonctions quand il sait devoir ensuite se retrouver dans cette structure, être impliqué dans ce système ou même exercer une de ces fonctions ? N'est-il pas automatiquement condamné à souffrir comme le joueur d'échecs de Stephan Zweig qui essaie de jouer seul, d'être tantôt du côté des blancs, tantôt du côté des noirs ?

Nos problèmes viennent peut-être du fait que nos décideurs ne croient pas assez à la valeur du doute et que ceux capables du doute rêvent un jour de décider.

La démocratie passe aussi par la séparation des différents « pouvoirs de penser » et chacun doit pouvoir trouver sa juste place, remplir le rôle qui est le sien. Platon a connu l'échec quand il a essayé, à Syracuse, d'appliquer ses conceptions de la vie en société. Newton, qui a siégé des dizaines d'années à la chambre des représentants, n'a, paraît-il, pris la parole qu'une seule fois. Et encore, c'était pour demander de fermer la fenêtre... Einstein, lui, a compris la leçon et a décliné l'invitation qui lui était faite de prendre la présidence de l'État d'Israël à peine constitué.

La créativité est donc une question d'harmonie entre les talents, d'alternance dans les compétences, de passerelles entre les disciplines. En un mot, c'est la reconnaissance de l'indispensable apport de l'autre. Mais elle ne surgira que si les entreprises recréent un espace pour le débat d'idées.

Si trop d'intellectuels sont devenus muets et si trop de patrons sont devenus sourds, c'est entre autres parce que manquent ces espaces rigoureux et symétriques où se côtoient le respect pour les idées des uns et le respect pour les responsabilités des autres.

Le paradoxe de la créativité

Voici encore un petit exercice proposé régulièrement lors de séminaires.

Exercice 7.3

Comment mesurer la diagonale intérieure d'une boîte de lait parallélipipédique au moyen d'une règle graduée de 30 cm ?

Solution à la fin du chapitre, p. 202.

Les réactions sont en général très variées. Si l'un ou l'autre des participants a un vague souvenir de la géométrie euclidienne, il propose d'utiliser le théorème de Pythagore. Parfait, il suffit alors de calculer la racine carrée de la somme des carrés des deux côtés du triangle ad hoc. Et, en général, sans calculatrice ! Un autre participant, que Pythagore énerve encore plus que l'exercice, propose alors de casser la boîte. Ce qui permettrait d'avoir la réponse, certes, mais causerait des dégâts irréparables. Une variante moins violente pourrait consister à la percer au moyen d'une paille ou d'une aiguille.

Pour éviter un trou regrettable, un participant suggère alors de mettre la boîte devant le rétroprojecteur. L'ombre mesurée sur l'écran peut en effet mener au résultat, à condition de maintenir la diagonale de la boîte parfaitement verticale et de se souvenir du théorème de Thalès et des propriétés des triangles semblables.

Si, par hasard, l'un ou l'autre haut gradé fait partie du groupe, excédé par la tournure des événements, il propose alors de faire appel à quelqu'un. L'habitude de la sous-traitance sans doute (dans le cas où le séminaire réunit un comité de direction, cette idée est en général la première à venir sur la table !).

Une légère variante dans la question influence d'ailleurs la séquence des réponses. Si l'objet parallélépipédique présenté est une brique, un bloc de verre, un dictionnaire ou un morceau de bois, les suggestions ne surgiront pas dans le même ordre alors que le problème est identique.

Si, dans un premier temps, la méthode « latérale » ne vient pas à l'esprit, la raison en est probablement sa nature doublement paradoxale. D'une part, toute connaissance mathématique ou confort hiérarchique constitue plutôt un obstacle sur le chemin de la méthode facile ! D'autre part, la solution au problème se trouvait en dehors du problème. Doublement inhabituel, il est tellement tentant a priori d'utiliser son savoir et puis, quand une question est posée, pourquoi aller voir ailleurs si la réponse s'y trouve ? Une faute dans la comptabilité se corrige dans la comptabilité, et une panne dans une machine se répare dans la machine, non ? Eh bien, pas toujours, il faut bien l'admettre !

Le lien entre la créativité et le paradoxe est dévastateur. Peut-être même que la créativité est le paradoxe. Dès qu'une vérité semble établie, qu'une technique de créativité semble au point, qu'une méthode a l'air de donner de bons résultats, il devient urgent de prouver que parfois la démarche contraire est tout aussi efficace ! Sous peine de quitter le monde de la créativité et d'entrer dans celui des algorithmes, où des machines n'attendent qu'à montrer leur savoir-exécuter un programme.

Pour illustrer cette nouvelle affirmation, revenons à notre exercice de départ. L'astuce consistait donc à dédoubler le système, à créer un système jumeau virtuel où tout devenait simple. Pour montrer qu'il n'y a pas LA méthode – et bien créativité – voici un autre petit exercice. Là aussi une approche excessivement simple existe. Elle consiste… à faire exactement le contraire. De deux systèmes, il faudra donc n'en faire qu'un.

Exercice 7.4

L'histoire se passe dans les Alpes. Un alpiniste expérimenté décide de faire l'ascension de la montagne qui le nargue en permanence. Un seul chemin est possible mais il offre un parcours très varié. Certaines portions sont simples et une marche rapide possible, d'autres sont escarpées et la progression plus lente. La montée, entrecoupée de pauses et d'arrêts divers, dure 12 heures. Parti à 7 h, l'alpiniste atteint le refuge à 19 h. Après une nuit de repos, il décide de redescendre dans son village. La chose est beaucoup moins fatigante et – pour le sport – il décide de faire la descente pratiquement d'une traite. Parti à 9 h 30, il arrive à 17 h en bas de la montage. La question est la suivante : existe-t-il un endroit du sentier où l'alpiniste passera à la même heure les deux jours ?

Pas facile ! Les vitesses sont variables, les pauses à des moments différents, et plus courtes à la descente…

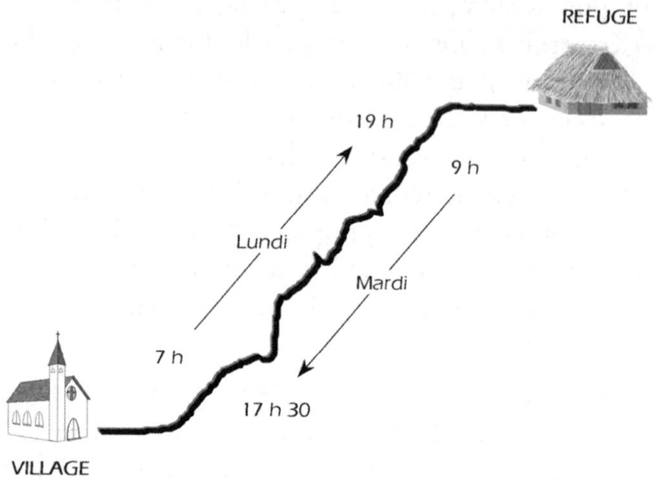

Solution à la fin du chapitre, p. 202.

La juxtaposition des deux exercices n'est pas innocente. Il n'y a pas de recette de créativité, une approche peut être indiquée dans un cas, une autre – opposée à la première – dans un autre cas.

Il n'y a pas de recette à appliquer, mais il y a des chemins de créativité à emprunter. Nous en distinguerons deux dans les sous-chapitres suivants. Le premier consiste à sortir du cadre et à y revenir par une autre voie. Le deuxième est plus radical et consiste à s'éloigner du cadre jusqu'à rompre carrément avec l'existant. Nous parlerons de changement à petite échelle dans le premier cas, de changement à grande échelle dans le deuxième.

Sortir du cadre : apprivoiser les idées extravagantes

De nombreuses idées auxquelles nous sommes aujourd'hui accoutumés, que nous trouvons aujourd'hui non seulement acceptables mais même évidentes – comment n'y avait-on pas pensé plus tôt ? – ont souvent pour origine une idée farfelue passée au crible du processus divergence-convergence.

La divergence dérange et la convergence arrange mais la deuxième n'existe que si la première insiste. Le célèbre Post-it de 3 M est né parce que quelqu'un, un jour, a cherché de la colle qui collait le moins possible. Le vaisseau spatial Pathfinder a pu se poser sans encombre sur la planète Mars parce que quelqu'un, un jour, a imaginé de le faire rebondir comme une balle de ping-pong.

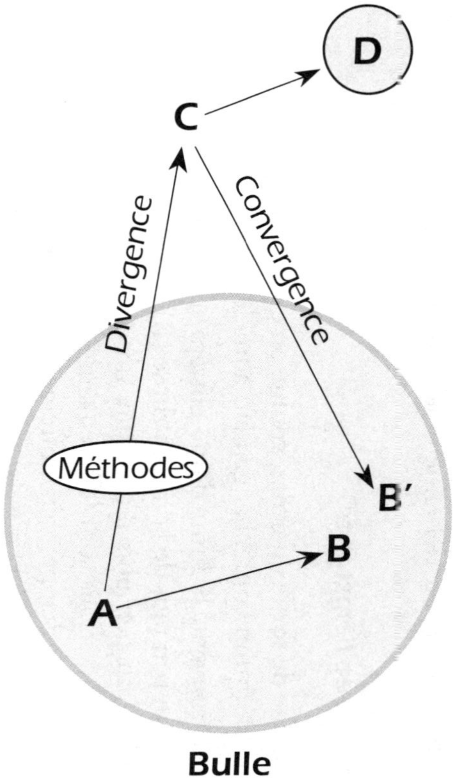

Bulle : l'environnement quotidien, le cadre de travail

Deux types de progrès :

- **AB** : on suit un chemin traditionnel à l'intérieur de la bulle qui, à tout moment, respecte les règles habituelles
- **ACB′** : on suit un chemin inhabituel, extra-ordinaire, en sortant de la bulle à un endroit pour y revenir par un autre
- **B** = un peu plus de la même chose
- **B′** = rupture

Pour arriver en C, deux possibilités :

- Idée suggérée spontanément par le groupe
- Idée trouvée à l'aide de méthodes de créativité
- **C** = l'idée de l'idée

En C, trois attitudes possibles :

- Faire demi-tour
- Revenir dans la bulle par une autre voie, en **B′**
- Changer, agrandir la bulle ou en créer une autre **D**

Si, heureusement, il est des responsables d'entreprise qui prennent le risque de s'évader un moment de leur « bulle », il y en a qui s'aventurent plus loin encore, jusqu'à recréer une autre « bulle ». Le résultat est alors étonnant : de la bière au livre des records, des pneus aux cartes routières et aux guides touristiques, Guiness et Michelin ont tenté et osé l'expérience avec succès.

En face d'une idée neuve, à première vue extravagante, la tentation est de faire demi-tour, de revenir dans la bulle… « Ça nous écarte du sujet » est la réponse classique. Le rôle de l'animateur de ce genre de réunion est tout à la fois de provoquer la sortie de la bulle, d'empêcher le retour à la case départ et de favoriser le retour dans la bulle par une autre voie. Ce qui importe, c'est de prendre le risque de faire un détour par le déraisonnable pour revenir ensuite à l'acceptable, c'est de se libérer du cadre pour ensuite le réintégrer.

Accueillir l'idée folle de type C, l'accompagner, l'exploiter, la transformer, l'adapter au contexte et la concrétiser en un produit satisfaisant, encourager la divergence mais garantir la convergence, c'est à cela que doivent arriver les responsables d'entreprise et d'organisation.

Imaginez une réunion du service marketing d'un grand quotidien qui cherche des idées pour fidéliser ses clients. À un moment donné, quelqu'un suggère d'offrir en cadeau au cent millième abonné une soirée en compagnie de la vedette de son choix. Extravagant, trop compliqué, impossible… Non. L'idée folle a été retenue et s'est transformée en une idée « raisonnable » : la vedette y a été remplacée par son sosie ! De même, l'idée d'écrire la formule de politesse à la main pour personnaliser le courrier administratif, adoptée par un grand service public, est née de l'idée folle de revenir au courrier entièrement manuscrit.

Rompre avec l'existant

La démarche de sortie du cadre, voulue ou contrainte, peut aller beaucoup plus loin et entraîner un changement à une échelle nettement plus large.

Le plus souvent, le futur d'une entreprise est pensé de manière incrémentale : un peu plus de la même chose (B). Un peu plus efficace, un peu plus rapide, un peu plus esthétique, un peu plus sophistiqué. C'est très bien et les suggestions sont les bienvenues. Mais une partie de l'avenir de cette entreprise échappe obligatoirement à la continuité : un morceau du futur viendra d'autre(s) chose(s), en rupture avec son existant (B′).

Il y a les ruptures qu'on choisit et celles qu'on subit. Les ruptures désirées et les ruptures différées. Mais rupture il y aura nécessairement, un jour ou l'autre, sur le chemin de la croissance. Ces fractures à venir se préparent donc et un coup d'œil sur le passé permet d'en mesurer la grande variété. On pourrait classer les ruptures dans différentes catégories, induites de situations tout aussi différentes.

➤ *Le retour à la case départ*

Les informaticiens de ma génération se souviennent que pour produire un tableau de chiffres sur l'IBM 360, il fallait écrire un programme, des lignes et des lignes de spécifications où tous les paramètres du tableau étaient précisés a priori. L'apparition du premier tableur – Visicalc si ma mémoire est bonne – eut pour nous l'effet d'un tremblement de (prise de) terre.

Quel choc ! Il était donc possible de produire un tableau en construisant un tableau ! À force d'avoir son nez dans le clavier, on l'avait presque oublié. Ce premier type de rupture consiste à retrouver les racines, la terre natale de l'idée première. Nous l'appellerons donc – cela s'impose pour un tableur ! – le *retour à la case départ*.

Un même esprit a accompagné l'évolution d'Apple Computer. D'abord avec l'Apple II, en permettant l'ordinateur à la maison, mais surtout, dix ans plus tard, avec l'apparition du Macintosh et de sa stupéfiante interface graphique. Stupéfiant ? Oui et non. C'était surtout rappeler que le support premier du travail est le bureau, avec des dossiers et une poubelle.

Parfois les choses sont plus simples et le retour à la case départ se fait tout seul. Le *Rubik's Cube* par exemple, inventé en 1974 et vendu à plus de 250 millions d'exemplaires au début des années 1980, est revenu à la mode avec la génération suivante. Mais peu de produits commerciaux jouissent de ce privilège de pouvoir être relancés sans être modifiés. Même la trottinette n'a dû son grand retour qu'à une fameuse mise à jour.

➤ *Le Fossbury flop*

Une autre manière de rompre avec l'existant consiste à changer les règles du jeu. Les compagnies d'aviation *low cost* en sont une belle illustration. Pourquoi avoir différents types d'avion ? Pourquoi vendre ses tickets à travers un réseau d'agences ? Pourquoi aller dans les aéroports principaux et donc chers ?

Cet exemple montre bien que certaines décisions peuvent être prises indépendamment du monde environnant. Ce n'est pas un événement externe qui permet tout à coup de ne garder qu'un type d'avion. Par contre, d'autres règles ne peuvent être brisées que lorsqu'une nouveauté apparaît en dehors de l'entreprise. C'est Internet qui rend possible de court-circuiter l'agence de voyage. Mais dans tous les cas, ce changement de paradigme passe par le dynamitage de quelques hypothèses de travail coulées dans le béton du métier. Comme l'a fait Polaroïd : pourquoi en effet attendre des heures – si ce n'est des jours – pour avoir la photo qu'on venait de prendre ? L'exemple date un peu mais les choses se répètent aujourd'hui avec la photographie digitale.

Ce deuxième type de rupture fait penser à ce que les physiciens appellent un saut quantique. Nous l'appellerons donc le *Fossbury flop.*

Les champs d'activité sont souvent entourés de clôtures. Rupture pour rupture, pourquoi ne pas couper les barbelés du métier ? Pourquoi ne pas tâter du métier d'à côté. Comme les grands constructeurs informatiques qui se lancent dans la consultance ou Caterpillar et Michelin dans la chaussure, ou encore Amazon.com qui décide de commercialiser son moteur de recherche ?

➤ *La prairie d'à côté*

Parfois, l'herbe du voisin est vraiment plus verte. C'est ce que vous diront en tout cas les millions de vaches fournisseurs de Danone. À l'origine, voilà BSN, un industriel du verre, qui quitte le métier du contenant pour celui du contenu. Il passe du verre à yaourt au yaourt dans un verre, en délaissant d'autres formes possibles d'emballage au profit de l'emballé.

Cette rupture du troisième type est celle pratiquée par les managers sans frontières, les nomades de l'investissement, et nous l'appellerons la *prairie d'à côté.*

Cette prairie peut être un pâturage. La compagnie des Alpes, leader mondial des sports d'hiver (Tignes, les Arcs…) envahit les autres saisons. Elle se veut active toute l'année dans le divertissement familial et acquiert le Parc Astérix, le musée Grévin, France miniature…

➤ *Le grand plongeon*

Et tant qu'on y est, pourquoi ne pas aller carrément ailleurs, très loin, pour voir si par hasard l'avenir n'y est pas ? On ne se sépare pas à l'amiable de ses habitudes. On rompt avec elles. Et c'est peut-être parce que dans habitude il y a habit, que Luciano Benetton a décidé d'investir massivement dans le secteur autoroutier.

Il semble en tout cas y avoir de la chaise musicale dans l'ère (des ruptures). Bouygues, le roi de l'autoroute, n'a-t-il pas investi massivement dans les télécommunications (télévision et téléphonie portable) ? Et Coca-Cola ne se lance-t-il pas dans la vente en ligne de musique ?

Ce quatrième type de rupture a permis au géant de la sidérurgie allemande Preussag de devenir un leader du tourisme. Nous l'appellerons donc le *grand plongeon.*

➤ *L'arc électrique*

La rupture vient parfois d'un lien nouveau établi entre deux mondes éloignés. Inventer consiste le plus souvent à combiner de manière inédite des choses déjà souvent dites.

Quand Philips s'associe avec Nivea (Beiersdorf) pour lancer un nouveau type de rasoir avec crème incorporée, ou avec Douwe Egberts (Sarah Lee) pour lancer Senseo, un nouveau type de machine à café avec crème en surface, la bissociation saute aux yeux du public qui aime les idées nouvelles. Philips a même un département *Corporate Alliance* pour systématiser cette démarche. Il peut être fier, Senseo est un incroyable succès commercial alors que Philips voyait ses ventes de percolateurs se tasser et Douwe Egberts la consommation de café évoluer de manière pas trop excitante. Mais attention aux lauriers. Sarah Lee a vu en 2004 ses concurrents autorisés par la justice à vendre des recharges pour Senseo…

Ce cinquième type de rupture crée souvent de la tension entre deux cultures parfois très distantes. Elle nécessite beaucoup d'énergie et nous l'appellerons l'*arc électrique.*

➤ *SARS : Savoir s'Attendre à de Réelles Surprises*

Les exemples cités ci-dessus sont tous le fait d'entreprises qui ont su rompre avec l'existant. Il me reste donc à traiter un cas : celui où il n'y a pas d'existant ! Quand l'idée germe en dehors de toute structure, un peu comme une rumeur. On ne sait pas très bien comment, ni pourquoi. Nous l'appellerons donc le *SARS* pour *Savoir s'Attendre à de Réelles Surprises.* Le cas d'école est Linux, le logiciel libre évoqué dans le deuxième chapitre de ce livre.

Évidemment, cette sixième catégorie est d'un genre différent. Elle pose même la question fondamentale : une entreprise est-elle capable de la rupture nécessaire, voire vitale ? Microsoft aurait-il pu envisager de lancer un Linux ? Il y a de quoi en douter : ce n'est pas l'ORTF qui a inventé les radios libres, ce n'est pas La Poste qui a inventé le fax ou DHL, ce ne sont pas les exploitants de salles de cinéma de quartier qui ont inventé les magnétoscopes.

Mais il y a aussi là une manière de différencier le manager du stratège : le premier gère la continuité, le deuxième se préoccupe de la discontinuité.

Système de suggestions et débat d'idées

Au cœur d'une entreprise innovante doit bien sûr exister un système de suggestions. C'est lui qui catalyse la créativité du personnel et en précipite le succès, c'est lui qui favorise le processus divergence-convergence.

Un système de suggestions « clé sur porte » n'existe pas. C'est plutôt un ensemble de fonctions et de modules qui tous doivent trouver une place dans l'entreprise, s'y insérer et s'y adapter. Ils doivent faire partie de l'existant sans pour autant le bousculer, et être pris en charge par les différents responsables. Ce système fait en effet partie de la réalité des entreprises, et il doit faire l'objet d'une communication particulière.

Le circuit à parcourir par une suggestion est long. Elle peut être successivement :

- encouragée : chez ceux qui peuvent participer ;
- déposée : enregistrée, numérotée, suivie d'un accusé de réception ;
- acceptée : en fonction des critères prédéfinis par l'entreprise, par exemple : pas d'attaque personnelle, en relation avec l'entreprise, pas de suggestion anonyme… ;
- retenue : considérée comme bonne et gardée éventuellement pour le futur ;
- appliquée : mise en place, donne le droit de participer au concours annuel des suggestions ;
- généralisée : permet des améliorations ailleurs dans l'entreprise ;
- primée : fait l'objet d'une reconnaissance publique ;
- brevetée : … on ne sait jamais !

Comme le processus prend du temps, il est important que chacun sache à tout instant où en est sa suggestion. C'est moins dur d'attendre le métro quand une petite lampe indique à quelle station il se trouve, et le temps qu'il faut encore attendre.

Le long de ce parcours des idées combattantes, certains modules sont indispensables.

➤ *Module d'encouragement*

Le « système » de Maslow[1] peut être utilisé pour augmenter la créativité dans une entreprise. Un programme de suggestion d'idées peut très bien s'analyser au macroscope et la motivation du personnel sera alimentée successivement par cinq types de messages différents correspondant aux étages de la pyramide des besoins de Maslow :

– arrondissez vos fins de mois grâce aux primes (besoins vitaux);
– vos idées garantissent votre avenir (besoin de sécurité et de confort);
– faites partie d'une équipe qui gagne (besoin d'appartenance, d'acceptation);
– devenez le héros de la fête du personnel (besoin de reconnaissance);
– découvrez le plaisir de voir vos idées appliquées (besoin d'épanouissement).

L'encouragement peut aussi s'exercer de manière plus individuelle avec l'appui d'un parrain ou le droit à un joker, appartenant ou non à l'entreprise. Ceux-ci pourraient éventuellement aider à mettre une idée en... forme, ou offrir une possibilité de recours à une idée écartée.

➤ *Module de récompense*

Trois sortes de récompenses peuvent être envisagées le long de ce parcours :

– toute idée simplement acceptée fait l'objet d'un petit cadeau symbolique;
– une suggestion appliquée entraîne une prime substantielle;
– une fois par an, une idée est retenue et primée lors d'une fête qu'on pourrait baptiser « I-DAY ». La récompense doit alors être importante.

L'importance des cadeaux symboliques (premier type) est liée aux deux temps de la pensée expliqués en début de ce chapitre.

Il faut, en effet, récompenser spécifiquement la pensée magique. La plupart des prix – comme le plus prestigieux d'entre tous, le prix Nobel –

1. Voir page 16.

couronne un achèvement, une invention arrivée à maturité, l'aboutissement d'un cycle complet de la pensée. Mais ces encouragements à l'innovation encouragent fort la convergence, et il faut également et distinctement favoriser la divergence, la quantité. La meilleure manière d'avoir de bonnes idées est d'en avoir beaucoup.

Walt Disney l'avait bien compris. Il envoyait un dollar à quiconque lui envoyait une idée, quelle qu'elle soit. Un enfant, trouvant tout à coup que le dos d'un chameau ressemble à un engrenage, pouvait le signaler au génie des dessins animés. Celui-ci, après l'envoi d'un billet vert et d'un mot de remerciement à l'auteur de la remarque, classait l'idée dans le dossier « chameau » et « engrenage ». Et le jour où l'un ou l'autre de ces sujets était à l'ordre du jour, le créateur se faisait un plaisir de faire rouler un chameau sur un autre.

Pour stimuler l'abondance des idées dans une entreprise ou une organisation, une bouteille de champagne pourrait être tirée au hasard entre ceux qui simplement en ont mise une dans la boîte à suggestions… Ou l'engagement pourrait être pris de verser une petite somme d'argent à l'ONG dont le nom accompagne la suggestion.

Cet accent sur la divergence nécessaire permet de retrouver la noblesse de l'erreur. Edison disait souvent qu'il avait trouvé plus de 500 manières de ne pas faire une lampe… Et lorsqu'on demande aujourd'hui quel fut le premier ordinateur individuel, la réponse est bien souvent l'Apple II. Bien sûr que non. Le tout premier fut l'Apple I, tellement mauvais qu'il permit de développer celui qui effectivement allait ouvrir une nouvelle époque.

Mais la récompense peut être d'un autre type et prendre la forme d'une reconnaissance. Juste un exemple : si un local est réaménagé suite à une suggestion, une simple photo au mur de la situation telle qu'elle était « avant » sera une invitation pour tous les passants à essayer eux aussi de faire bouger les choses.

➤ *Module de formation*

Si tout le monde doit un jour apprendre à « jouer de la créativité », il faut donc former des formateurs.

Un peu comme des secouristes au service des réunions malades, ceux-ci doivent être identifiés et disponibles, bénéficier de certains avantages et bien sûr pouvoir eux-mêmes acquérir de l'expérience.

➤ *Module de gestion*

Comme tous les systèmes, celui des suggestions doit, dans sa totalité, être constamment évalué, piloté et amélioré, suite à d'éventuelles... suggestions. Il doit s'inscrire dans le temps et disposer de statistiques :

- le nombre d'idées par employé,
- le taux de participation des employés,
- le délai moyen de mise en œuvre,
- le taux de mise en œuvre,
- les économies réalisées par idée,
- les économies réalisées par employé,
- une comparaison avec la moyenne du secteur,
- etc.

L'ensemble du système doit bien sûr trouver sa place au sein de l'informatique. Appelons-le alors I-MAIL.

Idées-clés de ce chapitre

Admirable pour inventer et sublime pour critiquer, le cerveau excelle autant pour montrer une nouvelle piste que pour en démontrer les faiblesses.

La meilleure manière d'avoir de bonnes idées est d'en avoir beaucoup.

Aucune idée ne naît bonne, aucune idée n'est mauvaise à cent pour cent.

La divergence dérange et la convergence arrange mais la deuxième n'existe que si la première insiste.

Découragez les « oui, mais... ». Encouragez les « oui, et... ».

L'absence de créativité peut conduire une entreprise à la catastrophe. L'excès de créativité peut la conduire au désastre.

Au cœur d'une entreprise innovante doit exister un système de suggestions. C'est lui qui catalyse la créativité du personnel et en précipite le succès.

Solutions des exercices

7.2. C'est impossible. Les dalles comportent 31 carrés blancs et 31 carrés noirs qui ne pourront jamais recouvrir l'échiquier tronqué qui en aura 32 noirs et 30 blancs.

7.3. Et dire qu'il y a une façon tellement simple de procéder. Il suffit de poser la boîte sur le coin d'une table et de la faire glisser d'une largeur égale à la sienne. Un espace virtuel est ainsi créé, identique, dans lequel il suffit de mettre la règle pour connaître la distance demandée. Trop simple ? Oui et non. Un enfant a un jour suggéré d'enfoncer la boîte dans de la boue.

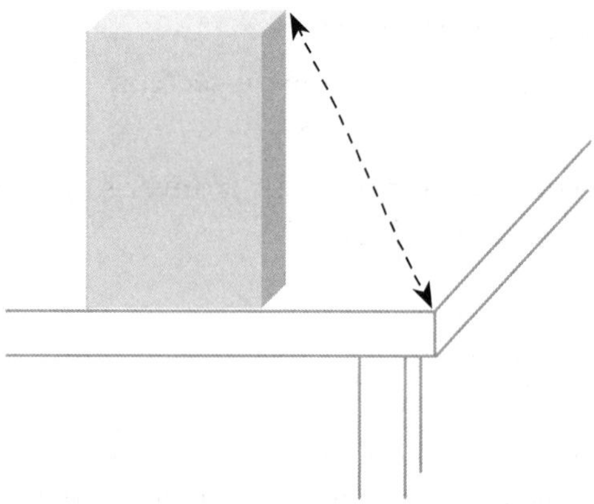

7.4. Mais non, c'est facile. Si difficulté il y a dans un problème de ce type, bien souvent elle vient du refus d'entendre la question. Le cerveau se met alors à chercher où et pas si un tel endroit existe. Des deux systèmes, n'en faisons qu'un. Imaginons les deux journées superposées. Qu'apparaît-il ? Une chose extrêmement simple : de toute évidence les deux alpinistes (celui du lundi et celui du mardi) se croiseront. Et à ce moment, ils seront bien au même endroit et à la même heure. La réponse est donc : oui… évidemment.

8

CERVEAU GAUCHE *versus* CERVEAU DROIT : DES PROFILS CRÉATIFS DIFFÉRENTS

Il y a deux sortes d'esprit :
l'esprit de finesse et l'esprit de géométrie.

BLAISE PASCAL

Une bonne gestion de la créativité est aussi une question de personnes et d'équipes. Nous sommes tous créatifs, mais nous sommes tous différents. Les uns seront plus sensibles aux différences, les autres aux ressemblances, les uns seront plus « cerveau droit », les autres plus « cerveau gauche », les uns seront meilleurs pour poser un nouveau problème, les autres pour trouver une nouvelle réponse, les uns seront plus abstraits, les autres plus concrets...

Les progrès de la neurologie et de l'imagerie cérébrale permettent de mieux comprendre certaines de ces différences, la boîte noire du cerveau humain livre petit à petit les secrets de son fonctionnement.

Penser en équipe sera d'autant plus riche que cette équipe sera composée de talents et de profils différents : par exemple le bricoleur peut stimuler le visionnaire, et l'explorateur peut donner des idées à quelqu'un qui aime les combiner.

La boîte noire du cerveau humain : quelques notions de physiologie

Si tout le monde est créatif, tout le monde ne l'est pas de la même manière et n'utilise pas de la même façon les potentialités de son cerveau. Ce chapitre présente quelques données générales sur le sujet ainsi qu'un modèle intéressant, mais ne prétend en aucun cas se substituer aux analyses des spécialistes. La physiologie pas plus que la psychologie ne sont de notre domaine. Notre seul but est d'inviter le lecteur à la réflexion et de lui donner des repères.

Avec ses cent milliards de neurones, le cerveau humain est un organe incroyablement complexe, une « black box » mystérieuse et très sophistiquée qui alimente depuis longtemps les recherches de nombreux scientifiques. Des découvertes importantes – notamment les travaux de P.D. Mac Lean, R.W. Sperry, H. Laborit, P.M. Changeux ou Ned Herrmann – ont permis d'éclairer son fonctionnement et de faire prendre davantage conscience de ses extraordinaires potentialités. À leur suite, neurobiologistes et experts en imagerie cérébrale continuent de dévoiler les secrets du cerveau, d'apporter des réponses à ses énigmes, mettant à profit les progrès fulgurants réalisés ces dernières années dans l'observation et l'analyse fonctionnelle du cerveau humain.

Si les études se suivent sans toujours se ressembler, notamment celles portant sur la différence entre le cerveau masculin et le cerveau féminin, elles s'accordent au moins sur un point : tous les cerveaux sont différents. Et l'on sait désormais expliquer pourquoi : cet organe à l'étonnante plasticité ne cesse, en fonction des expériences vécues par chacun, d'évoluer tout au long de la vie.

À partir des différents travaux que nous venons d'évoquer, on a pu établir des grilles d'analyse des fonctions cérébrales. Comme tout modèle, elles n'expliquent pas à elles seules la réalité, mais leur côté pratique et opérationnel facilite l'appréhension de cette réalité. On distingue ainsi deux approches, l'une qui rend compte de la dimension verticale du cerveau, l'autre de sa dimension horizontale. Au risque d'une simplification extrême.

Le cerveau tri-unique de Mac-Lean

Le cerveau actuel de l'homme a mis des millions d'années à se former et présente une superposition verticale de trois couches correspondant chacune à un stade d'évolution différent. Les études de Mac Lean ont montré que ces trois couches, avec leurs caractéristiques spécifiques, fonctionnent simultanément et sont étroitement liées les unes avec les autres.

- Le cerveau reptilien, le plus ancien, appelé aussi cerveau primitif ou primaire, est le siège des pulsions vitales, des mécanismes instinctifs et des automatismes. Sa principale fonction est d'assurer les besoins de base, la sauvegarde de l'individu et de l'espèce et de gérer le danger.
- Le cerveau limbique, appelé aussi cerveau viscéral, est le centre de l'affectivité et des émotions, de la mémoire à long terme et de l'apprentissage par l'expérience, des motivations et des conduites sociales de base. Imperméable à la logique, il filtre les informations selon leur tonalité émotionnelle, enregistre l'action vécue et stocke tous les souvenirs. Il assure aussi le début de la connaissance par l'élaboration d'images.
- Le cerveau cortical est le centre des activités humaines supérieures : conscience et raisonnement, pensée logique et abstraite, imagination et invention, langage. Il permet à l'homme de réfléchir, de choisir parmi différentes éventualités et de s'adapter. Il lui permet aussi d'associer les éléments mémorisés, de les recombiner autrement et donc de créer du neuf.

Plus le cerveau est évolué et complexe, plus il intègre les différentes dimensions du temps et s'élève dans l'échelle de la conscience.

Les trois cerveaux fonctionnent simultanément. De nombreuses expériences de la vie courante peuvent bien nous le faire comprendre. Prenons le cas d'un accident de voiture sans gravité, où vous n'êtes pas en faute. Première réaction de type reptilien : vous injuriez l'autre automobiliste et êtes prêt à l'empoigner. « Quel imbécile ! » Deuxième réaction, de type limbique : vous vous rendez compte que cela aurait pu être beaucoup plus grave et vous vous dites que vous avez finalement eu de la chance. « Heureusement, il n'y a pas de blessé. » Troisième réaction, de type cortical : privé de votre voiture le temps de la réparation, vous vous demandez comment vous allez vous organiser et envisagez déjà des solutions de rechange.

Les deux hémisphères du cerveau : le vrai débat gauche-droite

Le cerveau cortical, comme une noix, est constituée de deux parties spécifiques, l'hémisphère droit et l'hémisphère gauche. Ces deux hémisphères sont en liaison étroite et fonctionnent en coordination par le corps calleux. En apparence identiques, ils ont des fonctions différentes. Leur spécialisation respective a été démontrée grâce aux recherches du Docteur Roger Sperry qui a reçu le Prix Nobel de physiologie – médecine en 1978 pour cette découverte.

- L'hémisphère gauche est le domaine du langage, de la parole, de l'écriture. Il est le siège privilégié de la rationalité, le centre de la pensée analytique, logique et symbolique. Il permet de quantifier, de décomposer un problème, en procédant méthodiquement, de façon linéaire et séquentielle. Il dissèque l'information dans tous ses détails et fait une chose à la fois.
- L'hémisphère droit est le centre de la pensée analogique et globale, de l'intuition et de l'imagination. Il voit les informations dans leur ensemble, les traite simultanément et en fait la synthèse. Il voit les liens entre les choses, associe et crée de nouvelles structures imaginaires. Son mode d'approche n'est pas verbal mais visuel, spatial et concret.

Certains neurophysiologistes disent que cette dissociation des deux hémisphères est une simplification outrancière de ce qui se passe réellement dans le cerveau. Il est vrai que les mystères et les curiosités ne manquent pas. Chez les gauchers de mère gauchère par exemple, la fonction du langage se situe dans le cerveau droit...

	Cerveau gauche	Cerveau droit
Pensée	analytique linéaire logique rationnel parcellaire successif séquentiel convergent déductif abstrait objectif sensible aux différences vertical	synthétique spatial analogique intuitif global simultané multiple divergent inductif concret subjectif sensible aux ressemblances latéral
Expression	verbal explicite actif parler compter écrire	non-verbal, visuel tacite réceptif faire des gestes dessiner, chanter griffonner
Mémoire	mots nombres parties éléments noms	images modèles tout ensemble visages

Suivant la loi du moindre effort, nous nous contentons souvent de faire fonctionner l'hémisphère cérébral dans lequel nous nous sentons le plus à l'aise. Pour être vraiment efficace, nous devons arriver à utiliser tout autant les deux hémisphères et nous entraîner à les relier en effectuant des transferts de l'un à l'autre.

Par ailleurs, l'éducation cartésienne occidentale a privilégié l'entraînement et le développement du cerveau gauche au détriment du cerveau droit dont elle a négligé les possibilités. Il est temps de rétablir aujourd'hui l'équilibre entre les deux, de solliciter et d'exercer davantage la moitié droite de notre cerveau et d'exploiter les trésors de créativité qu'elle recèle.

Voici quelques petits exercices pour stimuler votre cerveau droit !

Exercice 8.1

En ajoutant un caractère au chiffre VI on peut en faire un 7, il suffit de rajouter une barre; comment alors, en ne rajoutant toujours qu'un seul caractère, faire d'un IX un 6 ?

Exercice 8.2

Quelle est la dernière chose qui passe par la tête d'un moustique au moment où il se fait écraser ?

Exercice 8.3

Dans les nombres ci-dessous, lequel ne semble pas vraiment à sa place ?

1. 1,3;
2. 1/3;
3. 31.

Exercice 8.4

Une encyclopédie française en dix volumes est rangée dans l'ordre sur une planche de bibliothèque. Chaque volume est épais de 4,5 cm pour les feuilles et de 0,5 cm pour la couverture. Un ver, né en page 1 du volume 1, se nourrit en traversant perpendiculairement et en ligne droite la collection complète et meurt à la dernière page du dixième volume. Quelle distance aura-t-il parcouru pendant son existence ?

A première vue, 10 épaisseurs de feuilles de 4,5 cm plus 18 épaisseurs de couverture, c'est-à-dire 4,5 cm, donnent un voyage total de 49,5 cm. Eh bien non…

Exercice 8.5

Un tournoi de tennis est organisé par élimination directe. On demande le nombre de parties jouées – finale comprise – en fonction du nombre de joueurs inscrits. La méthode lourde consiste à additionner : une finale, plus deux demi-finales, plus quatre, etc… en n'oubliant pas les matchs de qualification, si le nombre de joueurs n'est pas une puissance de deux. La méthode créative par contre est instantanée…

Voir les solutions à la fin du chapitre, p. 221.

Le modèle de Ned Herrmann

En croisant les deux approches, verticale et horizontale, Ned Herrmann, physicien et directeur de la formation des cadres chez General Electric dans les années 1970, a établi un modèle, une métaphore du cerveau où la distinction hémisphère gauche/hémisphère droit s'enrichit de la distinction cerveau cortical/cerveau limbique. Se basant sur les interconnexions entre ces différentes fonctions cérébrales, il distingue quatre zones ou secteurs de réactivité cérébrale : le cortical gauche, le limbique gauche, le cortical droit et le limbique droit.

Quatre zones de réactivité cérébrale

- Secteur cortical gauche : quand ce secteur est activé, nous considérons les choses de manière séquentielle plutôt que dans leur ensemble et nous utilisons un raisonnement logique. Nous comprenons facilement les concepts techniques et scientifiques et manipulons les chiffres avec aisance. Nous menons des raisonnements cohérents, avec rigueur et précision, nous réfléchissons avant d'agir et analysons les éventualités en tenant compte de l'aspect financier.
- Secteur limbique gauche : lorsque ce secteur est activé, nous avons le souci de gérer et de contrôler nos émotions, de rester maîtres de nous-mêmes. Nous planifions, organisons, administrons, rangeons dans un souci de cohérence, nous nous rassurons en mettant de l'ordre dans nos idées et dans les choses. Ce secteur nous aide à réaliser, à mettre en œuvre selon un planning et un calendrier précis.
- Secteur limbique droit : ce secteur est activé lorsque nous sommes ouverts aux autres et que nous avons envie de communiquer, en groupe ou dans l'intimité, lorsque nous avons besoin d'échange et de contact humain. Enthousiasme et idéalisme, plaisir de faire des choses ensemble, réceptivité aux réactions et aux émotions d'autrui, sensibilité musicale sont le fait du secteur limbique droit.
- Secteur cortical droit : ce secteur nous permet de penser par images et de résoudre les problèmes par intuition, de voir les choses et les faits d'une manière globale et de ne pas nous perdre dans les détails. C'est le domaine de la synthèse et des associations d'idées, de la conceptualisation et de l'invention, de l'initiative et de l'audace. Ce secteur est particulièrement sollicité dans la création artistique.

Nous avons tous ces quatre secteurs de réactivité cérébrale et nous les utilisons tous, mais avec des intensités variables selon notre personnalité, notre histoire, le travail que nous avons à effectuer, les circonstances ou le milieu dans lequel nous vivons. Un secteur est préféré, l'autre est moins utilisé. Telle est la notion de préférence cérébrale.

Préférences et interconnexions cérébrales

Suivant le modèle de Ned Herrmann, on peut classer les préférences ou dominances cérébrales en trois catégories :

- préférence marquée (1) : tel secteur est très présent chez une personne et elle l'utilise spontanément et fréquemment dans ses différentes activités;
- usage fonctionnel (2) : tel secteur est présent et la personne s'en sert principalement lorsque la situation le demande;
- évitement (3) : tel secteur est rarement activé chez un individu; c'est presque un rejet de sa part.

Ned Herrmann représente ces préférences cérébrales à l'aide d'une grille circulaire et en dégage ce qu'il appelle un « profil ». Vous en trouverez un exemple ci-contre.

Ce profil *2 3 1 1* est double dominant dans le mode droit, il utilise le cortical gauche mais évite le limbique gauche. La personne approche la réalité prioritairement sous l'angle émotif et interpersonnel et sous l'angle global, créatif et synthétique. Secondairement, sous l'angle analytique, logique et quantitatif et pas du tout de manière organisée, structurée et planifiée. Cette personne sera clairement perçue comme intuitive, imaginative et tournée vers les autres.

Ce mode de fonctionnement se rencontre fréquemment chez des artistes, des représentants commerciaux, des entrepreneurs, des formateurs et des enseignants.

Grâce à ce système de représentation des préférences cérébrales, Ned Herrmann a dénombré 81 profils théoriques. Pour les valider, il a réalisé des milliers de tests, à l'aide de formulaires comportant plus de 120 unités d'information. Voici, à titre d'illustration, deux autres profils.

1 1 3 2. Ce profil double dominant est celui d'une personne qui privilégie le mode gauche, utilise le cortical droit mais évite le limbique droit. C'est quelqu'un de rationnel, logique, doué pour l'analyse et la technique. Il est en même temps concret, organisé, il a le goût de l'ordre et du détail.

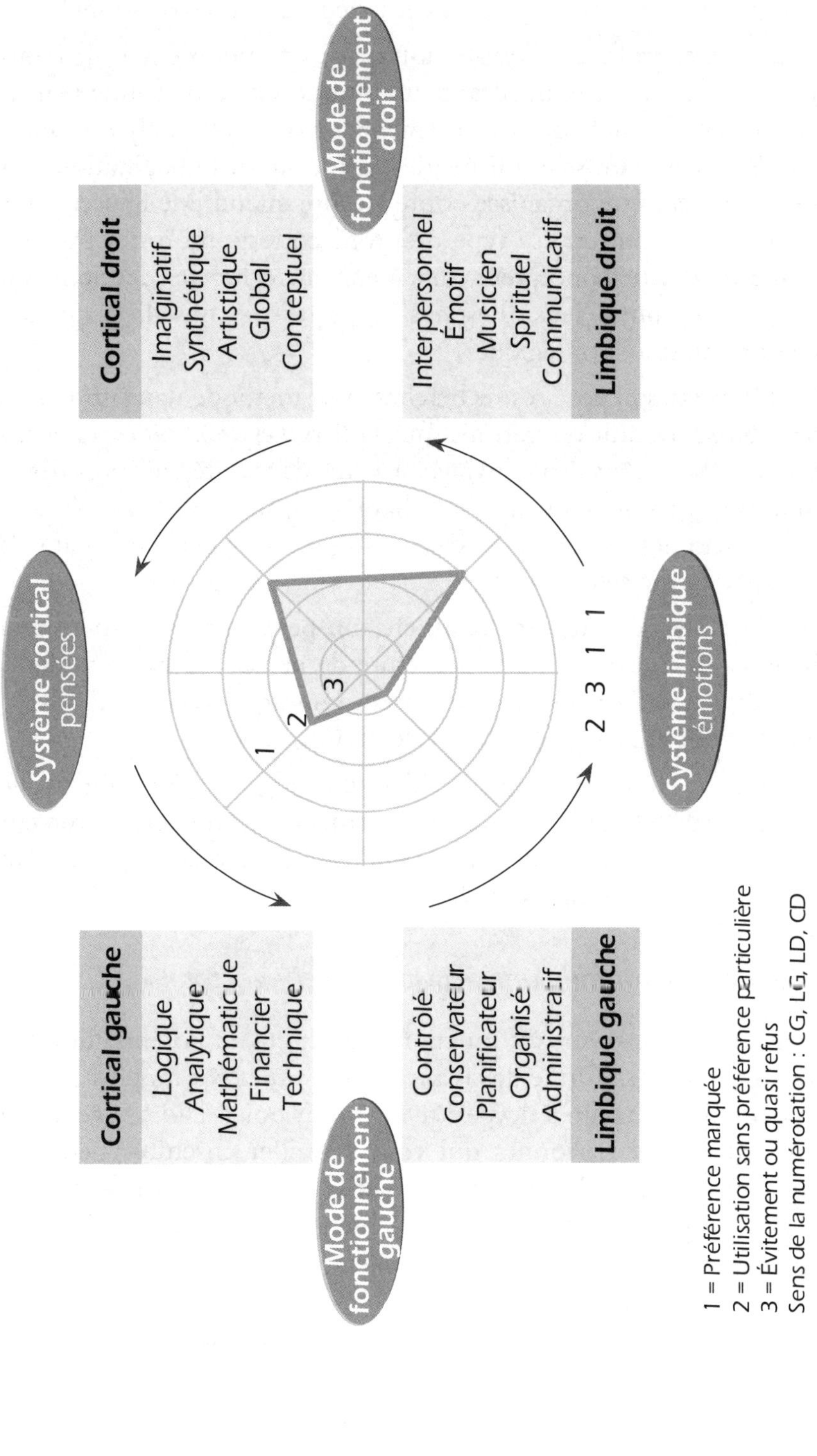
Système cortical
pensées
Mode de fonctionnement droit
Cortical droit
Imaginatif
Synthétique
Artistique
Global
Conceptuel
Interpersonnel
Émotif
Musicien
Spirituel
Communicatif
Limbique droit
Système limbique
émotions
Cortical gauche
Logique
Analytique
Mathématicue
Financier
Technique
Mode de fonctionnement gauche
Contrôlé
Conservateur
Planificateur
Organisé
Administratif
Limbique gauche
1
2
3
2 3 1 1
1 = Préférence marquée
2 = Utilisation sans préférence particulière
3 = Évitement ou quasi refus
Sens de la numérotation : CG, LG, LD, CD

Quand il veut, il est capable de voir plus loin, d'innover mais il manque d'intérêt pour les relations affectives et les contacts interpersonnels.

1 2 2 1. Ce profil est double dominant en mode cortical. Il utilise secondairement les deux quadrants limbiques. Cette personne peut ainsi combiner des capacités de raisonnement logique et d'analyse rationnelle des problèmes avec un sens affirmé de l'intuition, de l'imagination et de la synthèse. Elle sait être organisée et prévoyante quand il le faut et gérer ses rapports avec les autres. Ce type de profil correspond à des professions telles que ingénieur-concepteur, ingénieur en recherche développement, spécialement les physiciens. Il est aussi typique des conseillers spécialisées dans les orientations stratégiques.

Ned Herrmann expose ses recherches et sa méthode dans un livre, *The Creative Brain*, traduit en français sous le titre *Les dominances cérébrales et la créativité*. Pour relayer son ouvrage, il a créé dans différents pays des instituts qui portent son nom. Ils sont chargés de diffuser et d'exploiter son modèle au sein des entreprises et des organisations et participent aux développements du modèle[1].

À l'aide de la grille d'Herrmann, chacun peut cerner sa « personnalité cérébrale », en d'autres mots sa structure de pensée, sa manière de fonctionner, de traiter l'information et de communiquer, sa façon de voir les choses, de résoudre les problèmes et de prendre la vie.

Le modèle d'Herrmann contribue dans une large mesure à une meilleure connaissance de soi, mais il reste une approche parmi d'autres, forcément partielle. Il faut s'en souvenir et ne pas pousser le modèle trop loin, dans le sens d'une catégorisation excessive.

La créativité en équipe : une activité à « cerveau total »

Être davantage conscient du fonctionnement et des potentialités de son cerveau, découvrir sa forme de créativité et la situer par rapport à celle des autres peut aider chacun à devenir meilleur. Et pour celui qui veut constituer un groupe de personnes qui vont travailler ensemble pendant un certain temps, il est très utile de connaître leur profil afin de réunir des styles de créativité différents et complémentaires. L'équipe n'en sera que plus performante.

---

1. Herrmann International Europe, 102, boulevard Franklin Roosevelt, BP 238, 92500 Rueil-Malmaison.

John Wallas, psychologue de la *Gestalt*, distingue dans le processus créatif quatre stades fondamentaux : la préparation, l'incubation, l'illumination et la vérification. Pour trouver une solution à son problème, une « équipe de recherche » devrait passer par ces quatre étapes et être idéalement composée de personnalités différentes qui correspondent à chacune d'entre elles.

Une manière parmi d'autres de constituer cette équipe efficace est... d'utiliser la grille d'Herrmann. En effet, il y faut à la fois des dominants « cortical gauche » pour préparer le terrain et rassembler les données, des dominants « limbique droit » pour favoriser l'appropriation du sujet et le travail en groupe, des dominants « cortical droit » qui provoqueront l'étincelle et enfin des dominants « limbique gauche » qui vérifieront les possibilités d'application à la réalité.

Ajoutons que pour Ned Herrmann, il est nécessaire d'insérer le processus de Wallas entre deux autres étapes-clés : l'intérêt ou la motivation, réparti dans les quatre quadrants, et l'application ou la mise en œuvre, le plus souvent initiée par le « limbique gauche » pour ensuite impliquer les trois autres secteurs.

La créativité est donc une activité qui fait appel aux quatre quadrants, autrement dit une « activité à cerveau total ».

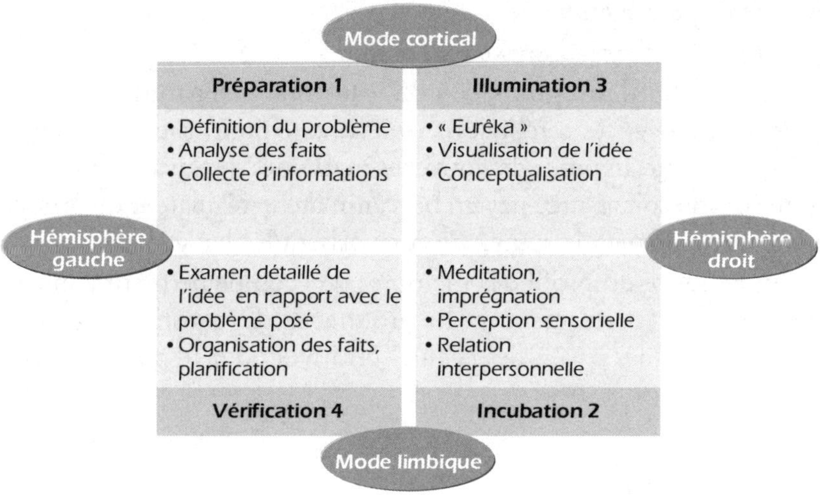

Il importe aussi au chef d'entreprise de connaître, pour chacun des membres de l'équipe, les craintes et les incapacités qui entravent le lancement, la poursuite et l'aboutissement de la recherche créative.

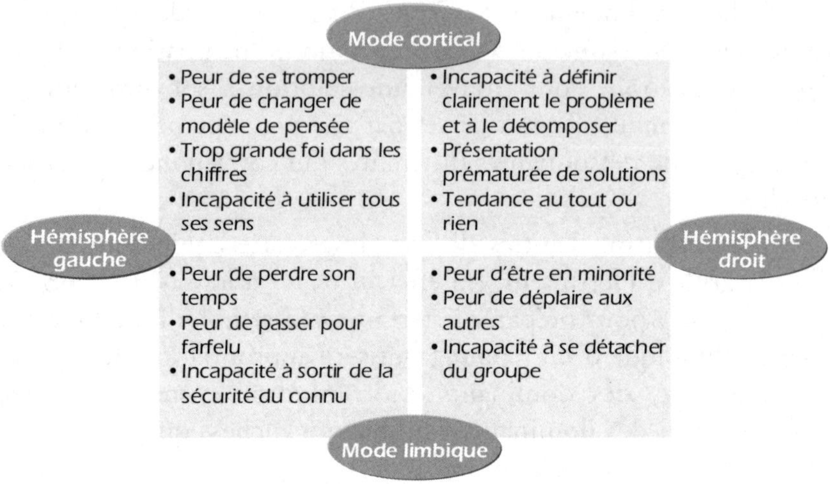

Dans des réunions de travail, on entend souvent le genre de petites phrases qui suivent. Dans quel quadrant les placeriez-vous ?

– *D'après les textes...*
– *Précisez les objectifs.*
– *Il faut favoriser le travail en équipe.*
– *On l'a toujours fait comme ça.*
– *Travaillons sur une large base.*
– *Si on décompose le problème...*
– *La culture d'entreprise rassemble les hommes.*

La constitution d'un groupe à « cerveau total », où sont mêlées toutes les sortes de préférences cérébrales, est nécessaire pour trouver de nouveaux produits ou mettre au point de nouvelles méthodes de travail. Pourvu que la communication soit assurée par un bon animateur-régulateur du groupe, les différences enrichissent la recherche et favorisent le changement.

La connaissance du profil des membres de l'équipe permettra au « chef » d'optimaliser les performances du groupe et de constituer, grâce à la complémentarité des styles, des cellules créatives pour résoudre des problèmes particuliers.

D'autres typologies

Les aventureux et les autres

Parmi les différentes formes de créativité, on peut distinguer deux démarches. La première se rencontre le plus souvent, c'est la démarche qui vise à trouver une réponse originale et nouvelle à une question (qui peut, elle, être banale et ancienne). La deuxième est plus rare – parfois pour des raisons budgétaires ! – et consiste à imaginer non plus une solution inédite mais bien… un problème jusque-là jamais posé !

Le deuxième type de créativité, perçu quelque peu comme luxueux, s'est pourtant avéré bien souvent fécond dans l'histoire, et les grandes figures de la recherche scientifique ont toujours eu en commun cette volonté de se réserver un espace de jeu intellectuel.

Les chercheurs du RAND Corporation, probablement un des centres de recherche qui a joué le plus grand rôle sur la Terre depuis la Seconde Guerre mondiale, n'ont certainement pas échappé à la règle. Un des problèmes favoris de ces scientifiques basés en Californie était le suivant. Puisque, d'une part, une pièce de monnaie lancée en l'air n'a qu'une probabilité infime de retomber sur la tranche, mais puisque d'autre part, un tube d'aspirine jeté dans les mêmes conditions n'a lui pratiquement aucune chance d'atterrir en équilibre sur une de ses faces, il doit donc exister – entre ces deux extrêmes – un cylindre d'une hauteur bien précise telle que la probabilité de chute soit exactement d'un tiers sur une des faces, d'un tiers sur l'autre et d'un tiers sur le côté…

Il n'est pas démontré que la recherche de la solution à un tel problème a débouché sur une théorie mathématique révolutionnaire. Mais ce n'est pas impossible, car le cas s'est déjà produit à maintes reprises dans l'histoire. Quand Bombelli s'est un jour demandé ce que pourrait être la racine carrée d'un nombre complexe, quand Georges Boole a essayé de voir ce que donnerait le calcul si seuls les chiffres 0 et 1 étaient autorisés, quand Riemann a remis en question le cinquième postulat d'Euclide, ils ne pouvaient pas savoir à quel point un – ou plusieurs – siècles plus tard, leurs travaux allaient être appréciés.

Les créatifs de ce type ont des profils d'explorateurs. Ils partent à l'aventure intellectuelle, revendiquent une liberté totale, s'appuient tantôt sur une intuition, tantôt sur la simple envie d'explorer. Théoriquement un explorateur découvre, il n'invente pas. Mais la nuance entre les deux est parfois difficile à tenir. Tintin a été créé, le vaccin contre la rage a été découvert. Mais que doit-on dire d'un nouveau théorème de mathématique ? Nous y reviendrons.

Détecter une nouvelle interrogation, chercher une question inédite, jouer au jeu des « et si… », imaginer une solution à un problème qui n'existe pas, réagir quand personne ne le demande, aller voir ailleurs si une idée n'y est pas… L'explorateur a le choix des embarras.

Mais le plus souvent, des considérations économiques privilégient les profils de créatifs plus pragmatiques et plus concrets, qui font avancer les choses, à condition qu'on leur laisse quand même le choix de ces choses !

Différents profils répondent à ces critères. Un bricoleur, par exemple, peut parfois étonner son entourage par sa trouvaille. Il épuise son problème à force de le triturer. Il le malaxe, le retourne, l'étire, le fait et le défait, le monte et le démonte, le remonte et enfin le surmonte. Face à un bricoleur, c'est le défi lui-même qui abandonne.

L'expérimentateur, lui, a toujours un pied ailleurs. Il ne se laisse jamais englober par une problématique. Ne lui demandez jamais à quoi il pense, car il pense toujours à autre chose, à quelque chose même qui n'a rien à voir. Rien à voir ? C'est à voir. La preuve, c'est qu'il ramène des analogies étonnantes, des synthèses magiques entre deux mondes que jusque-là tout – sauf lui – séparait.

Troisième profil de ces créatifs qu'on reconnaît tout de même utiles : les visionnaires. Ceux-là ne pensent qu'au but à atteindre, au point d'arrivée, au rêve qui doit devenir réalité. Le visionnaire n'a qu'une idée claire : l'aboutissement. Quel chemin pour y mener ? Aucune idée. Ou peu importe.

Classer les créatifs en quatre catégories est caricatural et presque paradoxal. Mais parfois utile. Car gérer une usine à idées consiste, par exemple, à ne pas constituer des équipes formées uniquement de visionnaires –

4 types de créatifs

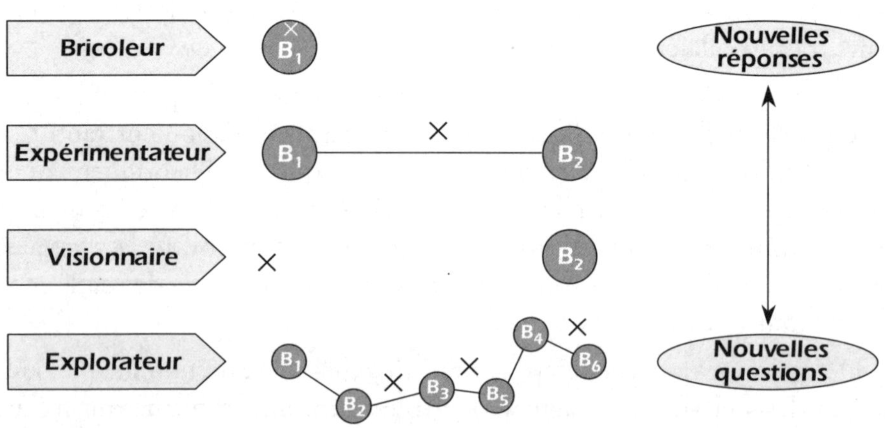

qui ne penseraient qu'à refaire le monde – ou uniquement de bricoleurs – qui en précipiteraient probablement la fin :

– les bricoleurs combinent différents éléments à l'intérieur de leur bulle. Gaston Lagaffe ou Zénobe Gramme sont de ce type;
– les expérimentateurs rapprochent et exploitent les éléments de deux ou plusieurs bulles différentes comme Gutenberg (sceau à cacheter – pressoir à raisin) ou Lavoisier (chimie-comptabilité);
– les visionnaires, eux, imaginent et voient une nouvelle bulle, tels Christophe Colomb, Jules Verne ou Jean Monet;
– les explorateurs se promènent, voyagent de bulle en bulle, pour le plaisir et l'intérêt des idées d'abord. C'est le cas de Léonard de Vinci, Mandelbrot ou Von Neuman.

Portraits de chercheurs

Le mot « expérience » évoque bien vite laboratoire, fumée, éprouvette, test, écriture illisible, formule incompréhensible, voire manipulation ou potion magique. Le terme « expérimentateur » est même presque devenu péjoratif. Tout de suite apparaît un personnage genre Tournesol ou Frankenstein, à mi-chemin entre l'alchimie et l'ésotérisme, savant flou, souvent fou. Avec son tablier taché, troué et imbibé, il ne simule pas, il expérimente.

Mais il existe un profil de chercheur à l'autre extrême. Habits neutres, impersonnels, perdu aux frontières des mathématiques et de la philosophie, il a pour tout matériel du papier et un crayon, un PC éventuellement. Son cerveau est son laboratoire, les modèles sont ses éprouvettes. Il ne distille que des symboles, ne secoue que des chiffres et ne teste que des concepts. Même quand ses idées sont fumeuses, ses brouillons restent propres. Lui, il ne manipule pas, il pense.

Entre ces deux extrêmes, à mi-chemin entre le concret et l'abstrait, se trouve le chercheur d'un troisième type. Il a un demi-carnet de notes dans chacun des deux mondes. Il aime la physique si on peut la mettre en équation. Il aime les calculs s'ils contribuent à expliquer les phénomènes. Il conçoit la recherche comme une partie de ping-pong, il induit puis il déduit. Il regarde le monde et imagine une loi, il regarde ensuite sa loi pour voir autrement le monde. Il confronte en permanence la théorie et la pratique. Son crayon lui sert de cuiller, il y a du cambouis sur son clavier.

Ces trois types de chercheur ont leur référence, leur archétype.

– James Watt est de la première catégorie. Ne dit-on pas que la science est plus redevable à la machine à vapeur que l'inverse ?
– Alan Turing appartient à la deuxième, la machine qui porte son nom n'existe pas. Il est même impossible de la construire car elle est pure abstraction. Elle a pourtant permis l'avènement de l'informatique.
– Galilée serait bien l'ancêtre commun aux chercheurs du troisième type. Ses machines à lui se nomment pendule, plan incliné ou télescope : elles existent mais ne consomment pas d'énergie. Elles produisent surtout des idées.

Ces trois catégories de savants ont leur méthode. Le premier vit de l'expérience, le deuxième de la pensée, le troisième imagine, lui, des « expériences de pensée ». Une métaphore aéronautique éclaire les nuances : le premier essaye de voler, le deuxième plane et le troisième est dans un simulateur de vol.

La modularité de l'esprit humain

Les paléontologues peuvent situer de manière assez précise l'apparition de l'eau sur cette planète, celle de la première fleur ou du premier papillon. Les historiens peuvent dater la première forme d'écriture ou la première machine à vapeur. Mais au fond, de quand date la première idée ? Le carbone 14 fonctionne pour les fossiles et les poteries, mais pas trop pour les concepts.

On peut facilement imaginer une continuité d'évolution entre le singe et l'homme où chaque millénaire apporterait sa dose de transformations à peine perceptibles. Mais au fond, en va-t-il de même de l'esprit ? La faculté de penser a-t-elle également évolué en s'améliorant presque insensiblement ? Ou bien a-t-elle progressé par paliers ?

Le cerveau s'est-il lentement musclé ? Ou bien au contraire y a-t-il eu de brusques sauts en qualité, des moments de l'histoire de l'intelligence caractérisés sans confusion possible par un avant et un après ?

Cette question en rappelle une autre qui a longtemps divisé la communauté scientifique : l'évolution mentale d'un enfant comporte-t-elle les mêmes étapes que celle de l'humanité depuis l'*Homo erectus ?*

Une troisième question tracasse d'ailleurs des milliers de cerveaux savants : notre cerveau est-il constitué d'un ensemble unique ou bien d'un grand nombre de parties bien spécifiques ? Cette deuxième hypothèse semble aujourd'hui l'emporter, comme nous l'avons vu au début de ce chapitre.

La modularité de l'esprit suscite en tout cas beaucoup d'intérêt depuis que Jerry Fodor a publié un livre portant ce titre en 1983. Pour le philosophe américain, la pensée est compartimentée. Les principales activités cognitives – le langage, la perception, le raisonnement… – sont logées dans des modules dédicacés, peu en contact les uns avec les autres.

Pour appuyer sa thèse, il utilise la célèbre illusion d'optique de Müller-Lyer, où le trait du dessus semble plus court que celui du dessous.

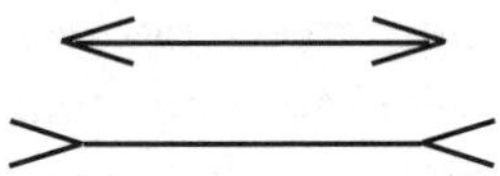

Fodor fait remarquer que la différence de longueur continue à être perçue, même quand le sujet sait parfaitement bien qu'il s'agit d'une illusion d'optique ! Un peu comme si une partie de son cerveau ne pouvait pas communiquer avec une autre…

Le livre de Fodor marque la fin des conceptions simples du cerveau, illustrées par des métaphores tout aussi simples telles que le cerveau-éponge ou le cerveau-ordinateur soutenue par exemple par Jean Piaget.

La même année (1983), un deuxième livre – fort différent mais complémentaire de celui de Fodor – donna le coup de grâce aux analogies simplistes : la théorie des intelligences multiples de Howard Gardner. La métaphore y serait plutôt celle du canif suisse. S'y côtoient ainsi sept intelligences : linguistique, musicale, logico-mathématique, spatiale, corporelle, plus deux autres au statut différent, une intelligence ouverte au monde (interpersonnelle) et une capable de réflexivité et d'analyse sur elle-même (intrapersonnelle).

Si, pour Fodor et pour Gardner, le cerveau est constitué d'un ensemble de modules, pour le premier philosophe, ces modules fonctionnent en totale indépendance, pour le second par contre, l'interaction est la clé de toute pensée. Ces connexions ouvrent en effet la voie à la possibilité d'analogie et on pourrait donc trouver là un début d'explication à la manière dont l'imagination fonctionne.

Une nouvelle question s'est alors rapidement posée : ces modules cérébraux sont-ils « vides » a priori ou ont-ils un contenu cognitif ? Une simple constatation ferait plutôt pencher pour cette deuxième hypothèse. Alors que les règles du langage sont plus compliquées que celles de l'arithmétique, les petits enfants apprennent en effet plus facilement à parler qu'à calculer. Et c'est là que Noam Chomsky affirme que l'esprit contient génétiquement un outil d'apprentissage des langues.

Tout cela n'explique toujours pas le fonctionnement de l'imagination, la manière dont le déclic créatif se produit. Arthur Koestler le définit comme une « bissociation », une soudaine et surprenante passerelle entre des matrices de pensées jusqu'alors demeurées séparées.

Ce qui supposerait donc un module supplémentaire, englobant, capable de métareprésentation. On y trouverait des « concepts de concepts » et il fonctionnerait un peu comme une chambre de compensation par laquelle une nouvelle idée trouverait un antre.

Nous voilà donc embarqués pour une quatrième métaphore. Après l'éponge, l'ordinateur et le canif suisse, Stephen Mithen nous propose celle de la cathédrale, susceptible d'éclairer le fascinant moment de l'*eurêka*.

Sa cathédrale contient, en effet, une super-chapelle où communient les intelligences spécifiques. Elle est consacrée à la créativité. Comme il l'explique dans son livre *The Prehistory of Mind*, dans une cathédrale gothique, la combinaison de son et de lumière donne l'impression d'un espace sans limites. De même, dans la super-chapelle de l'esprit, la fluidité cognitive est infinie, et le choc d'idées généré par les intelligences différentes s'appelle imagination.

L'esprit humain – et c'est ce qui le distingue de tous les autres êtres vivants – est donc capable d'agir sur son propre contenu. L'alchimie de la créativité se produit quand les portes s'ouvrent, quand les cloisons mentales s'affaissent.

Alors, de quand date la première idée de l'Histoire de l'humanité ? Probablement d'il y a deux millions et demi d'années lorsque, pour la première fois, ce qui n'était plus tout à fait un singe et pas encore tout à fait un homme, en voyant un caillou, s'est dit qu'il pourrait l'utiliser pour taper sur quelque chose d'autre.

Il a certes fallu encore quelques milliers de siècles pour voir apparaître de vrais outils. Après la créativité vint lentement l'innovation. Des galets aménagés, des galets tranchants, des galets symétriques, des galets plus nombreux pour un même volume de silex, c'est ce qu'on appelle aujourd'hui un indice de productivité…

Bref, un moment d'inspiration, et des milliers de millénaires de transpiration.

Idées-clés de ce chapitre

Si tout le monde est créatif, tout le monde ne l'est pas de la même manière.

Être davantage conscient du fonctionnement de son cerveau peut aider à devenir meilleur.

La connaissance du profil créatif des membres de l'équipe permettra d'optimiser ses performances.

Une équipe formée uniquement de visionnaires ne penserait qu'à refaire le monde, une équipe formée uniquement de bricoleurs en précipiterait probablement la fin.

Il faut réinventer la roue, il faut changer une équipe qui gagne.

La créativité, c'est comme le golf. Plus on la pratique, plus on a de la chance.

La créativité tient plus de la pêche que de la chasse.

Solutions des exercices

8.1. Il suffit de mettre un S devant le IX.

8.2... ses pattes arrières.

8.3. Le 2 !

8.4... car la première page du volume 1 et la dernière page du volume 10 ne sont pas aux extrémités de la collection. Le trajet total est donc de 40,5 cm.

8.5. Elle consiste à remarquer que la réponse se trouve dans la question ! Si on regarde en effet un partie de tennis au latéroscope, on réalise qu'elle a pour seul objectif d'éliminer un joueur. Or, comme il faut éliminer tous les joueurs sauf un (le vainqueur), le nombre de parties jouées est bien le nombre d'inscrits moins un ! Voilà donc bien un cas où le temps de calcul ne dépend pas de la taille du problème.

9

QUESTION *versus* RÉPONSE : LES ÉTAPES DU SAUT CRÉATIF

Que fait le vent quand il ne souffle pas ?

La pensée créative est une subtile « mécanique ». Comme un cheval lancé au galop court trop vite pour que l'on puisse voir distinctement le mouvement, de la même façon, le processus mis en œuvre par l'imagination va trop vite pour que nous comprenions complètement son fonctionnement lorsque nous sommes en train d'imaginer. C'est une succession de surprises, de doutes, de questions, de connexions... En prendre conscience, c'est apprendre à mieux penser et à moins se tromper, à mieux répondre et à mieux trouver.

Tout commence par l'étonnement. C'est l'étincelle qui met le feu à l'imagination. On peut s'étonner de la présence d'un élément qui crée la surprise, mais aussi de l'absence de quelque chose qui n'est plus ou pas encore. L'étonnement, suivi par le doute, le questionnement, la recherche, conduit à la trouvaille. Selon que l'on aura trouvé quelque chose qui était, qui n'est pas encore ou qui peut être, on parlera de découverte, d'invention ou de création.

Comment se fabrique une idée ?

Le galop du cheval est resté longtemps incompris de l'œil humain. Avant que la photographie ne permette d'en décomposer le mouvement, un cheval au galop était représenté en extension complète, comme un pont, les membres antérieurs joints et tendus vers l'avant et les postérieurs solidaires comme pour projeter l'animal avec une force maximale. On sait depuis Nadar qu'il n'en est rien et que les phases d'un galop sont asymétriques et bien différentes.

Il en va un peu de même de la pensée. Même si on dit des petites idées qu'elles trottent dans la tête, le plus souvent l'imagination galope, les idées jaillissent et donnent une impression d'instantané. Mais là aussi, il n'en est rien. Les différents progrès réalisés dans les sciences dites cognitives permettent de démonter quelque peu la fabrication d'une idée, ce processus qu'on appelle pensée. Entre « aucune idée » et « une idée », il n'y a pas un pont, une arche simple qu'il suffirait de construire. Il y a plutôt une succession de moments à identifier et à cerner de manière précise.

Avant de les examiner en détail dans ce chapitre, essayons un synoptique de l'imagination, risquons une vue globale de ces étapes dont toutes sont nécessaires et aucune n'est suffisante.

Au commencement des idées nouvelles se trouvent les sens. La vue ou l'ouïe doivent même être particulièrement aiguisées. Elles favorisent ainsi l'étonnement. Mais attention, on peut s'étonner puis penser à autre chose, s'il n'y a pas une forme de doute… Certitude ! Servitude ? Oui, d'une certaine manière. Le doute conduit à une interrogation qui, elle aussi, est un art. Une question peut être reformulée par exemple et se trouver à moitié résolue.

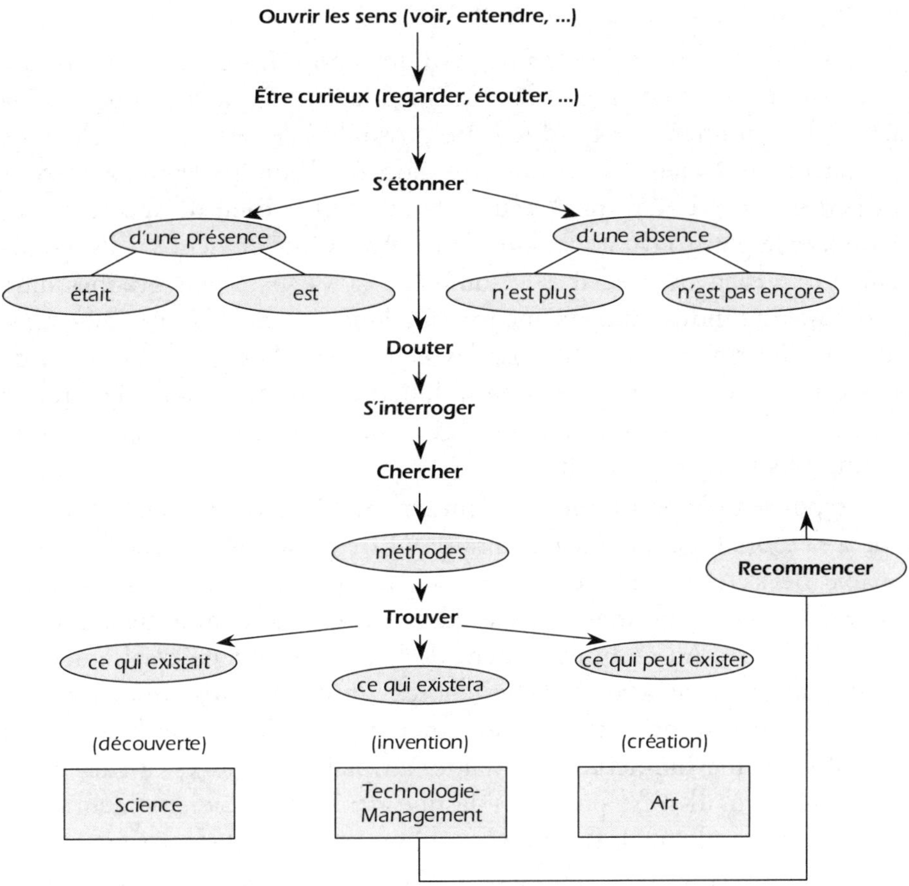

Étape suivante : la recherche, éventuellement à l'aide de méthodes de créativité… Et parfois, enfin, on trouve ! Les grandes époques de l'histoire sont trois fois grandes. À la Renaissance, Christophe Colomb a découvert l'Amérique, Gutenberg a inventé l'imprimerie et Michel-Ange a créé le plafond de la chapelle Sixtine.

L'étonnement, case départ de l'imagination

Lors d'un dîner, imaginez qu'un des convives s'exclament : « C'est fou comme le monde change… ». Il suscitera sans nul doute l'approbation de ceux qui l'écoutent. Mais imaginez, lors d'un autre dîner, dans une discussion tout aussi animée, un convive faire remarquer : « Nous vivons dans une société bloquée ! » Lui aussi verra autour de la table une majorité qui acquiesce. Il est en effet vrai que, suivant l'angle de vue ou la partie observée, presque tout peut donner simultanément une impression de mouvement et une impression d'immobilisme.

Essayons alors autre chose, à partir d'une aptitude qui est en nous, qui est peut-être même en amont de toute pensée, à l'origine de toute idée : la faculté de s'étonner. C'est-à-dire cette possibilité de ressentir un choc, de prononcer un « Tiens ! » ou un « Ça alors ! ». Peut-être connaissez-vous des personnes qui s'étonnent peu. À la question « Rien de spécial ? », ils répondent le plus souvent : « Non, rien ». Au « Quoi de neuf ? », ils retournent un : « Rien de spécial ». « Comment ça va ? » se voit gratifier d'un « Comme un lundi » ou dans une multinationale, d'un « *Business as usual* ». Ce genre de réaction n'excite pas les neurones. Mais grâce à ces cas de pensée assoupie et à ces réflexions qui hibernent, il est possible d'entrevoir ce qu'est la vraie case départ de l'imagination et de repérer ce que sont les starting-blocks de la créativité.

La réponse tient en un mot : l'étonnement. Ou plus exactement, l'aptitude à s'étonner. Schopenhauer disait : « Être philosophe, c'est donc être capable de s'étonner des événements habituels, des choses de tous les jours, de se poser comme sujet d'études ce qu'il y a de plus général et de plus ordinaire ». Au commencement de la pensée doit nécessairement se trouver un état d'ouverture sur les choses, un doute chronique et volontaire, une incertitude douce et permanente. La quiétude de l'esprit doit faire place à une inquiétude confiante, au plaisir des idées, à l'attention sans la tension. Il n'est pas possible que deux lundis soient identiques, qu'il n'y ait rien de neuf. Il y a donc toujours quelque chose à signaler.

Les idées ne poussent que dans un sol d'étonnement, fertilisé par la curiosité. Mais le sol est varié, multiple et le créatif doit être avant tout un guetteur total, intrigué par ce qui bouge et surpris par ce qui ne bouge pas. Car il y a bien différentes sortes d'étonnement. Ils sont tous bons à prendre et se distinguent par l'utilisation du verbe être.

- On peut, en effet, s'étonner par rapport à ce qui est. C'est peut-être le plus aisé des trois types de « tout à coup ». Une tasse de café mauvaise, un client qui n'a pas sa tête habituelle, un bruit étrange... Quelque chose se passe, capté par les sens, une différence est signalée, la surprise a lieu. C'est par exemple celle d'un touriste belge qui, à chacun de ses séjours en France, est étonné de voir qu'on y utilise encore des chèques.

- Plus difficile est l'étonnement par rapport à ce qui était depuis longtemps (mais jamais remarqué jusque là). Depuis des années, vous empruntez le même itinéraire pour vous rendre à votre travail. Chaque jour, matin et soir, vous voyez défiler les mêmes rues, les mêmes magasins. « Puisque tu passes par là, peux-tu t'arrêter reprendre ma montre chez l'horloger ? » Étonnement. Un horloger ? Jamais remarqué. Et pourtant, sur ce chemin que vous croyez connaître par cœur, au numéro indiqué, se trouve bien un horloger. Étonnement donc, alors qu'entre ce jour et la veille, rien n'a changé ! Rien ? Pas vraiment, votre perception a changé. Autre exemple : le logo des magasins Carrefour. Dans un premier temps, vous y voyez un vague as de pique horizontal. Puis quelqu'un vous fait remarquer qu'il y a un C majuscule. Étonnement à nouveau, alors que dans ce cas également rien n'a changé. Rien ? Pas vraiment. Quelque chose a changé : le regard qui est en vous, la manière de voir ce qui ne change pas.
- Mais le vrai défi est peut-être l'étonnement de troisième type : celui qu'on peut ressentir face à quelque chose qui n'est pas, face à une possibilité inexploitée. C'est la capacité d'être saisi quand une opportunité ne l'est pas. Si Procter et Gamble a lancé la boîte de couches Pampers qui, une fois vide, peut être transformée en maisons de poupée, c'est parce que quelqu'un, un jour, s'est étonné de voir l'envers du carton inutilisé.

Cette partition en trois groupes permet un regard intéressant sur la créativité des grands scientifiques. Trois exemples :

- Darwin s'est étonné, en arrivant aux Galápagos, de voir des tortues très différentes sur des îles distantes seulement de quelques kilomètres.
- Copernic, par contre, s'est un jour étonné en regardant le soleil « se coucher » alors que le même spectacle était offert depuis des milliers d'années.
- Carnot, enfin, s'est tout à coup dit, en observant une machine à vapeur, qu'il devait bien y avoir une théorie « thermodynamique » pour expliquer les rendements décevants.

Tous trois se sont étonnés : Darwin, mis tout à coup dans une situation nouvelle, Copernic face à une situation déjà ancienne, Carnot en situation de manque. Le premier savant profita du moment présent, le deuxième vit autrement le passé et le troisième imagina le futur. Aristote doit être heureux, lui qui écrivait dans *La métaphysique* : « Le commencement de toutes les sciences, c'est l'étonnement de ce que les choses sont ».

La créativité a été définie un jour comme une révolution du regard. Mais cette conjuration n'est pas réservée aux futurs prix Nobel, l'insurrection doit être populaire car les yeux de chacun peuvent contribuer à l'imagination de tous. Il faut être le savant de sa propre vie, s'étonner trois fois, de ce qui est, de ce qui a toujours été et de ce qui pourrait être.

Pour être complet, il faut mentionner un cas particulier de l'absence. Il est parfois possible de s'étonner parce que quelque chose n'est plus. C'est sans doute ainsi que fut relancée la trottinette.

« Il ne faut plus s'étonner de rien », entend-on parfois dire quand le désespoir menace. Au contraire, il faut s'étonner de tout, et l'espoir revient. « Pas de quoi s'étonner », dit-on parfois en croyant que les choses sont logiques. Au contraire, il y a toujours de quoi s'étonner, et certaines choses deviennent alors magiques.

Encore trois remarques importantes :

- Si l'étonnement est nécessaire, il n'est bien sûr pas suffisant, car il n'induit pas automatiquement l'interrogation. A posteriori existe alors ce sentiment de l'occasion manquée, de la chance gaspillée. « J'avais bien remarqué que… mais… » ou « C'est vrai qu'on m'avait dit que… mais… » Ce « mais » est celui de l'idée qui n'est pas venue alors que l'invitation était pourtant bien là.
- Attention, l'étonnement tient plus de l'étoile filante que de la comète. Il est imprévisible et ne revient pas périodiquement, automatiquement. Les sens doivent rester en éveil.
- Un groupe ne s'étonne jamais. Cette faculté est individuelle. Quand l'étonnement survient, on dit « Tiens ! » ou parfois « Tenez ! ». On ne dit jamais « Tenons ! ».

Alors, étonnez-vous, et étonnez-vous les uns les autres. De temps à autre, lisez un quotidien que vous ne lisez jamais, assistez au congrès politique d'un parti qui n'est pas le vôtre, prenez un trajet inhabituel pour une destination qui ne l'est pas, lisez les offres d'emploi même si vous ne recherchez pas un emploi. Regardez le football dans une langue qui n'est pas la vôtre… C'est important les choses de la vie mais il n'est dit nulle part qu'elles doivent toujours être les mêmes. Étonnez-vous et vous serez surpris de voir comme cela fait du bien. Même si on n'est encore nulle part…

L'art de poser des questions et… d'y répondre

L'objet de la pensée est d'apporter une réponse aux questions qui sont posées. Raison de plus pour s'arrêter quelques instants, pour réaliser à quel point une question peut être chargée, combien elle prédétermine parfois une réflexion sur le point d'être entamée.

Dans un de ses nombreux dialogues, Socrate demande à un esclave de construire, à partir d'un carré donné, un autre carré d'une surface double. Évoqué déjà dans le premier chapitre, nous reprenons cet exemple tant il illustre bien l'art de la question. Dans un premier temps, l'esclave – tout comme nous probablement 2 500 ans plus tard – raisonne dans le sens « d'un peu plus de la même chose » et se dit que la solution consiste à rallonger deux côtés d'une distance qu'il suffit de connaître.

Mais depuis Pythagore, les Grecs savent que cette rajoute est irrationnelle et Socrate suggère donc de raisonner autrement. Il conseille l'esclave, plus exactement, il lui pose les questions adéquates qui l'amènent à reculer pour mieux penser, à changer de point de vue pour mieux VOIR le problème. Plutôt que de doubler la surface de départ, divisons la en deux parties égales et quadruplons le résultat. Ce qui donne immédiatement la réponse demandée !

L'art des philosophes est peut-être de répondre à des questions avant même qu'elles ne soient posées. Socrate est alors un grand philosophe car, il met toujours sur la voie des solutions originales et simples à des problèmes a priori compliqués.

Plutôt que de demander à ses élèves une bonne réponse, Socrate leur suggérait la pratique de la bonne question. Il en distinguait ainsi cinq types et encourageait le choix de la question appropriée.

1. Une question dont le but est d'aider à comprendre le point de vue présenté : Qu'entendez-vous par là ? Pouvez-vous donner un exemple de… ? Comment expliquez-vous que… ?

2. Une question qui vise à tester la solidité de l'argumentation : Pourquoi pensez-vous que… ? Y a-t-il des preuves de… ? Comment peut-on justifier cela ?
3. Une question pour amener d'autres éclairages sur ce qui a été dit : Que dirait quelqu'un en désaccord ? Pouvez-vous reformuler… ? Et si quelqu'un suggérait de…
4. Une question qui attire l'attention sur les implications et les conséquences : Y aurait-il alors un principe général qui… ? Et quelles seraient les conséquences de… ? Est-ce cohérent avec ce qui a été dit précédemment ?
5. Une question au sujet de la discussion elle-même : En quoi cela nous aide-t-il ? Comment pourrait-on résumer à ce stade-ci ?… Y a-t-il d'autres questions ?

Questionner est de toute évidence un art, et il rappelle au passage les deux niveaux de la créativité : d'une part la capacité d'apporter une réponse inédite à un problème, d'autre part l'aptitude à imaginer une question jamais venue à l'« esprit » de quiconque.

Les entreprises qui se veulent « intelligentes » s'en donnent-elles toujours les moyens ? La… question mérite d'être posée ! Bon nombre de discussions semblent en effet contraintes au sens unique et le flux naturel des idées a tout l'air d'être celui qui va de haut en bas.

C'est perdre de vue que la pensée collective dans une entreprise doit se nourrir d'un dialogue incessant et équilibré entre ceux qui interrogent et ceux qui sont interrogés. Tout comme l'utilité d'un temps « questions-réponses » à la fin d'une conférence ou d'un séminaire ne dépend qu'en partie seulement des compétences de l'orateur ou des experts.

Quel que soit l'objet d'une réunion, la « question » doit donc toujours être à l'ordre du jour. Elle doit être décortiquée, analysée, passée au rayon X.

On qualifie parfois une question de tordue. Mais pourrait-il en être autrement ? La personne qui la pose, la relation qui existe avec elle, le ton qu'elle utilise, tout contribue à donner à une question une orientation, une inertie, un élan. Une question posée a déjà une propre idée de sa réponse, mais est-ce la vôtre ?

En fait toutes les questions sont tordues ! Il y a des questions fermées (Avez-vous... ? Y a-t-il... ? Est-ce que.. ?) et des questions ouvertes (Quand allez vous... ? Comment y a-t-il... ? Pourquoi est-ce... ?). Rien que l'entame a déjà une influence…

Il faut donc se poser des questions sur les questions, voir si on ne se laisse pas entraîner sans le vouloir, si on ne peut pas la reformuler, l'alléger, l'ouvrir, l'inverser pour éviter… qu'elle ne réponde à notre place !

Faites le test et demandez à quelqu'un de dessiner en vitesse un petit chien. La plupart du temps, il sera de profil, et la tête à gauche. C'est, paraît-il, lié à notre éducation occidentale pour qui la flèche du temps va de gauche à droite (comme nous le faisons depuis le début de ce livre) et qui attribue plus d'importance à la tête qu'aux autres membres du corps…

L'art de la réponse est donc une question de méfiance et la manière la plus efficace de traiter une question consiste parfois à la remettre en question !

Une des reformulations efficaces consiste à rendre la question visible, à la mettre en scène, à créer une situation que les sens peuvent appréhender. Une société de services voulait un jour traiter en session de créativité le difficile problème de la vente au secteur public. Peu d'idées naquirent jusqu'au moment où l'animateur décida d'imaginer une panne d'ascenseur, et un tête-à-tête fortuit – et inespéré – entre le délégué commercial et le secrétaire général à convaincre. Les idées fusèrent car il était soudain possible de voir le problème.

Le roi Hiéron de Syracuse demanda un jour à Archimède, mathématicien de formation, si sa couronne était vraiment en or. Archimède reformula le problème de qualité en un problème de quantité : peser la couronne et comparer son poids à un volume équivalent d'or. Mais avec les instruments dont il disposait, la mesure du volume lui était impossible.

L'« *eurêka* » célèbre consista pour lui à utiliser l'eau de son bain comme instrument de mesure. Archimède posa la question autrement et trouva la solution. La légende a fait de lui le premier homme qui réalisa que bien souvent le problème, c'est le problème.

Un autre exemple de reformulation a été un jour donné par Karl Duncker en 1945 (il doit donc être remis dans le contexte technologique de l'époque) : « Comment détruire une tumeur à l'estomac grâce à des rayons, sans pour autant endommager des tissus sains ? ».

Le problème ainsi posé restait bien souvent sans réponse. La même question reformulée de la manière suivante : « Comment diminuer l'intensité des rayons dans les parties du corps non concernées par la tumeur ? » a mis les chercheurs sur un autre piste. Celle d'une lentille précisément située à l'extérieur du corps pour concentrer les rayons au centre de la tumeur.

Pour vous aider, nous vous proposons ici neuf types de questions différentes qui comportent autant de caractéristiques et présentent différents types de difficultés ou de pièges possibles, ou encore d'attitudes à adopter.

De nombreux petits exercices les accompagnent. Prenez les comme des métaphores, identifiez dans votre vie de tous les jours et dans vos problèmes de toutes les heures, les pièges dans lesquels vous voudriez ne plus tomber.

Le problème, c'est souvent le problème !

La question inversée

Une question est par définition « sensée », c'est-à-dire qu'elle a un sens ! Elle peut être présentée en marche avant ou en marche arrière, elle a un endroit et un envers.

Une même question peut ainsi induire des réactions variables. Mais puisque c'est l'abondance des idées qui est l'objectif ici, pourquoi ne pas essayer les deux ?

Exercice 9.1

Prenez un groupe de personnes que vous divisez en deux, de manière aléatoire. Aux premiers, demandez de donner un ordre de grandeur du produit

$$2 \times 3 \times 4 \times 5 \times 6 \times 7 \times 8$$

sans leur laisser le temps de calculer. Au deuxième groupe, dans une autre pièce mais dans le même temps très court, demandez d'estimer la valeur du produit

$$8 \times 7 \times 6 \times 5 \times 4 \times 3 \times 2$$

Les réponses du premier groupe seront en général inférieures – et de loin – à celles du deuxième !

Ne dites donc plus que ces questions n'ont pas de sens.

Il est parfois utile d'inverser une question, de prendre le problème à l'envers. N'est-il pas plus aisé d'aborder le problème de l'augmentation du temps de loisir que celui de la diminution du temps de travail ? Il est plus facile de multiplier par deux que de diviser par un demi. Et un projet « nouvelle informatique » simplement rebaptisé « suppression de l'ancienne informatique » augmente *de facto* ses chances de réussite.

En 1654, Pascal recommandait déjà à Fermat ce type d'approche. Plutôt que de calculer la probabilité qu'un événement se produise, écrivait-il, il est parfois plus facile de calculer la probabilité qu'il ne se produise pas.

La question surchargée

« Un fermier a 17 chevaux. Tous sont morts sauf 9. Combien en reste-t-il ? » Ce genre de devinette qui amusait notre enfance reste une leçon pour les adultes. Ne sent-on pas en effet en nous une tentation, une force même, qui nous pousserait à soustraire 9 de 17, quitte à sourire dans la seconde qui suit… ?

Ce genre de plaisanterie est là pour nous rappeler à quel point une question peut être surchargée, encombrée de chiffres inutiles qui non seulement gênent la réflexion mais parfois aiguillent même dans une direction erronée ou sans issue.

Exactement comme les 17 de départ constituent un renseignement parfaitement inutile (dangereux même… !), combien de fois ne sommes nous pas piégés par une information surabondante que nous croyons utile, ou même nécessaire d'utiliser ?

Exercice 9.2

Un automobiliste s'achète une voiture d'occasion pour 3 000 euros. Peu après, il la revend pour 3 500 euros. Pour une raison qui importe peu dans l'histoire, le voilà obligé de racheter cette même voiture qu'il paye cette fois 4 000 euros, mais quelques mois plus tard, il parvient à s'en séparer pour une somme de 4 500 euros. Quel est le profit réalisé par l'automobiliste sur la totalité de l'opération ?

Solution à la fin du chapitre, p. 250.

La question trop peu chargée

Le périmètre d'une question peut aussi être plus large qu'on ne le pense, comme dans le célèbre exercice des neuf points disposés en carré qu'il faut relier de quatre traits de crayon, sans quitter la feuille de papier. La chose n'est possible qu'en « sortant du cadre ». Mais combien de fois n'encadrons-nous pas inconsciemment – et inutilement – la question qui nous est posée ?

Pourquoi au moment d'acheter un cadeau d'anniversaire, est-il si difficile d'échapper aux bouteilles de vin ou aux prix littéraires ? Il y a pourtant une infinité de cadeaux possibles.

Face à une question trop ouverte, une bonne réponse peut parfois en cacher une autre.

Exercice 9.3

Dans une région désertique, quelque part sur la Terre, un explorateur décide de parcourir une distance de 1 000 kilomètres en direction du Sud. Ensuite, il se déplace de 1 000 kilomètres en direction de l'Est. Enfin, après un troisième voyage toujours de 1 000 kilomètres mais cette fois en direction du Nord, il s'aperçoit qu'il se retrouve à son point de départ. Quel est-il ?
Ce petit problème qui évoque de vagues souvenirs en forme de triangles sphériques suggère rapidement une réponse en forme de pôle Nord, ou éventuellement de pôle Sud. Mais le danger est d'en rester là !
Solution à la fin du chapitre, p. 250.

Le propriétaire d'un chien, désespéré de voir celui-ci sauter sans cesse au-dessus de sa clôture, décide un jour d'enlever tous les fils de fer devenus inutiles. Pour se rendre compte un peu plus tard qu'à cet endroit précis le chien continuait à sauter…

La question – pas vraiment – « impossible »

Exercice 9.4

Un superbe petit tapis d'Orient rectangulaire a été fortement endommagé par des produits chimiques et la partie intacte présente la forme suivante. Une fente de 80 centimètres de long et de 10 centimètres de large le troue de part en part. Le propriétaire, plutôt optimiste de nature, réalise aussitôt que la surface restante est exactement égale à 1 m^2 ($90 \times 120 - 80$). Il prend donc des ciseaux, coupe le tapis abîmé en deux parties et les assemble pour former un carré parfait d'un mètre de côté. Comment s'y est-il pris ?
Solution à la fin du chapitre, p. 250.

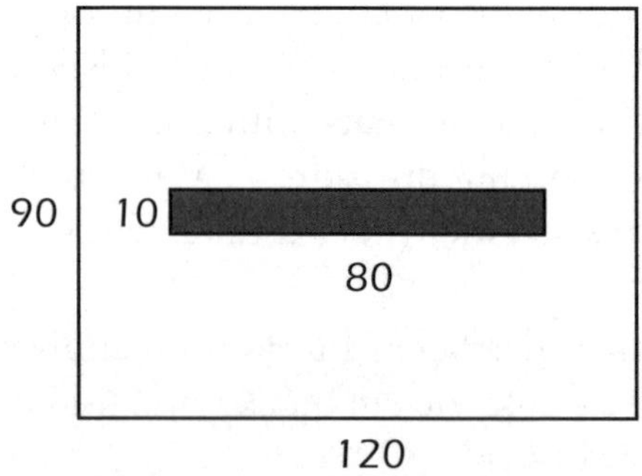

Certains problèmes sont qualifiés d'insolubles, certaines questions donnent vite l'impression de ne pas avoir de réponse. Et pourtant… Des centaines de livres remplis d'exercices de ce genre sont là pour rappeler que les puzzles comptables, les casse-tête informatiques, les énigmes commerciales ont peut-être eux aussi une solution.

La question « zoomée »

La vie des entreprises ne laisse que peu souvent l'occasion de prendre du recul. C'est dommage car s'il est vrai que souvent un cas particulier, un exemple précis est plus facile à traiter qu'un problème plus général ou même générique, il arrive cependant parfois que la situation inverse se produise. La théorie est alors plus efficace que la pratique, le macroscope plus indiqué que le microscope, la presbytie moins dérangeante que la myopie.

Exercice 9.5

S'il vous est par exemple demandé de prouver que 313 313 est divisible par 13, des yeux (trop) près des chiffres verront très vite la similitude entre les deux nombres, remarqueront immédiatement l'usage exclusif du 1 et du 3… et prendront probablement un chemin plus difficile, même s'il mène à la bonne réponse.

Solution à la fin du chapitre, p. 251.

La question orientée

Ces cinq premières sortes de question ont en commun d'avoir un contenu « piégé », mais un contenant innocent.

Ce n'est pas, bien sûr, toujours le cas. La difficulté réside parfois dans la forme et non dans le fond. La manière dont la question est présentée influence parfois plus la réflexion que la question elle-même.

Juste un exemple :

Exercice 9.6

Comment pourrait-on démontrer que les tangentes communes à trois cercles quelconques se coupent en ligne droite ?

Solution à la fin du chapitre, p. 251.

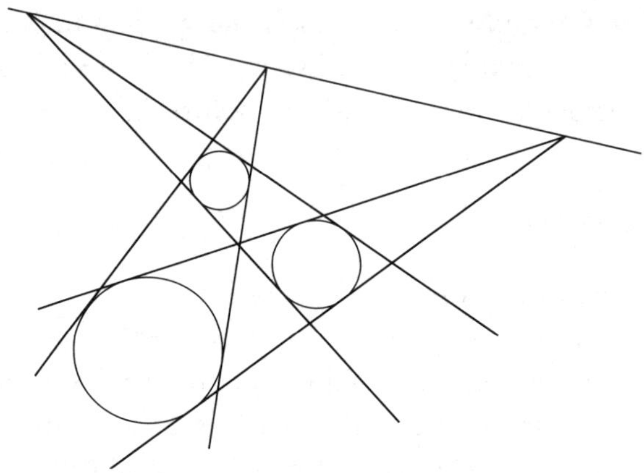

La question à mémoire

Jusqu'à présent, nous nous sommes attachés à détecter la « charge instantanée » de la question, nous avons appris à nous méfier de son instant présent. Mais certaines questions ont aussi un passé, une mémoire, elles ressemblent à une autre ou suggèrent le recours à une méthode habituelle. Illustrons ceci.

Si vous demandez à quelqu'un : « Combien d'habitants compte le Népal ? », la réponse risque de varier assez fort. Mais si vous lui demandez auparavant : « Le Népal a-t-il plus ou moins de 20 millions d'habitants ? », par un mécanisme d'« ancrage », la réponse ne s'éloignera pas trop de 20 millions. Corollaire, si vous demandez auparavant : « Le Népal a-t-il plus ou moins de 30 millions d'habitants ? », vous inciterez un chiffre plus élevé comme réponse.

Exercice 9.7

Demandez par exemple à quelqu'un ce que représente pour lui la figure suivante :

T

Il évoquera alors la lettre *t* en s'étonnant même de la question qui lui est posée. Demandez-lui ensuite ce que représente pour lui :

T T

Deux fois la lettre *t* probablement. Mais si vous avez procédé autrement, montré d'abord le soi-disant double *t*, quelle aurait été sa réponse ? Des poteaux, des antennes, la lettre π, un morceau de temple grec, une table trouée… difficile à dire a priori. Mais vous conviendrez que la probabilité de recevoir un double *t* est d'autant plus grande que le simple *t* aura été présenté juste avant.

Parce que la mémoire est ce qu'elle est, elle oriente la pensée dans les directions les plus familières. On a beau feuilleter un livre distraitement, c'est toujours sur les mêmes pages qu'on tombe…

Faut-il vraiment faire le budget de l'année qui vient en partant de celui de l'année qui s'achève ?

Des questions qui se suivent et se ressemblent déteignent les unes sur les autres. Parfois même, à une question pourtant identique, il faut aussi apporter une autre réponse, parfois totalement différente, simplement parce que l'environnement a changé.

Exercice 9.8

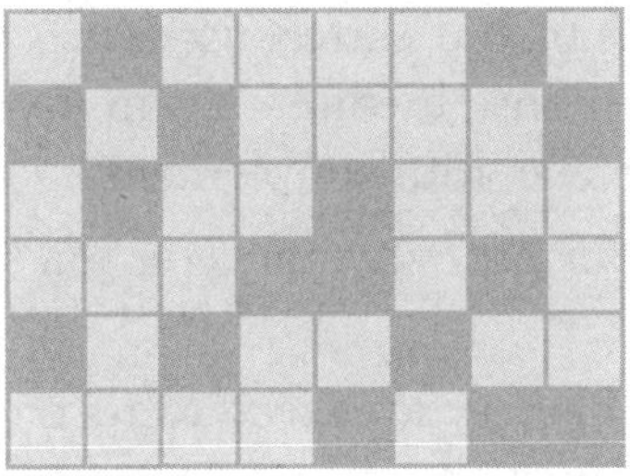

Il vous est par exemple demandé de compter, dans la figure ci-dessus, le nombre de carrés gris foncé. Ce qui n'est pas difficile et cette question est tellement fréquente que vous avez développé une méthode extrêmement efficace qui fait de vous le meilleur compteur de carrés gris foncé de la région. Quand tout à coup la figure suivante se présente…

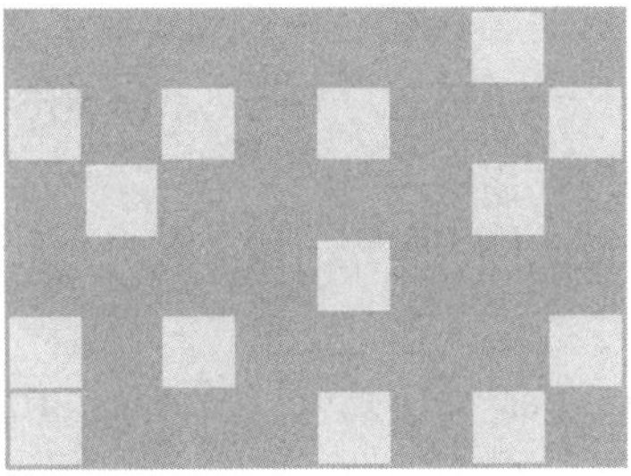

Et voilà, la méthode reconnue depuis longtemps comme étant la meilleure, soudain ne l'est plus !

Certaines entreprises tombent parfois dans ce type de travers à cause de leur gigantisme. Elles deviennent des paquebots tellement grands que l'équipage ne voit plus la mer… et forcément pas les autres bateaux.

La « bête » question

Dans ce chapitre sur la question, une place à part doit être réservée à toutes celles qu'on a envie de rejeter d'un revers du cerveau tant elles laissent perplexe dans un premier temps. Même si elles s'intègrent bien ici, elles ressortent d'un genre très différent.

Ce sont les questions que l'on préfère accueillir d'un sourire pour oublier qu'elles donnent le vertige. Elles déstabilisent, inquiètent et divergent à un point tel que bien souvent la convergence ne peut même pas commencer ! Mais elles sont belles, tout simplement. Peut-être même qu'il existe, comme dans bien d'autres disciplines, un niveau de créativité appliquée – l'art de la réponse inédite – et un niveau de créativité pure – l'art de la question nouvelle, tout simplement.

Les enfants sont là pour prouver que cet art-là leur est inné. Quelques-uns de leurs « mots » :

- Puisque les 5/6 de la planète sont recouverts d'eau, pourquoi s'appelle-t-elle « terre » et pas « mer » ?
- 3/10 + 4/10 = 7/10. Pourquoi alors deux leçons respectivement notées 3/10 et 4/10 ne donnent-elles pas un 7/10 ?

Les enfants – petits et grands – sont aussi célèbres pour leur pourquoi :

- Pourquoi le verre se casse-t-il ?
- Pourquoi le ciel est-il bleu ?
- Pourquoi dans l'histoire de la philosophie occidentale trouve-t-on aussi peu de femmes ?
- Alors qu'Athènes et Rome ont eu une histoire comparable, pourquoi n'y a-t-il pas eu d'empire grec ?
- Pourquoi les villes étaient plus harmonieuses quand il n'y avait pas de règles d'urbanisme ?

Alors… pourquoi ne pas retrouver l'imagination qui était la nôtre, jadis ?

La question pour la question

Un jour quelqu'un imagina de remplacer dans la géométrie d'Euclide les substantifs « point », « droite » et « plan » respectivement par « mot », « phrase » et « paragraphe ».

Si pour Euclide, deux points définissent une droite, pour ce questionneur flou, deux mots définissent donc une phrase. Et si vous voulez voir où cette manipulation vous mène, il faut alors faire un paragraphe de travail.

C'est bien sûr dans cette rubrique qu'on trouve les questions paradoxales ou les exercices de type « et si » :

– Et si tout à coup il n'y avait plus de gravité ?
– Et si le système solaire devenait instable ?
– Et si on n'oubliait plus jamais rien ?
– Et si une place de cinéma coûtait 100 euros ?
– Et si Ponce Pilate avait eu plus de courage ?
– Et si les week-ends étaient de trois jours ?
– Et si les jeux de cartes avaient quatre couleurs, des carreaux bleus et des piques verts ?
– Et si la lumière allait à la même vitesse que le son ?

Ce genre d'exercices est d'ailleurs une méthode de créativité, comme nous le verrons dans le chapitre suivant.

À l'école de la réflexion

Erreurs de la pensée : « Caramba, encore raté ! »

Parmi tout ce qu'il est bon d'apprendre, n'est-il pas une chose qui est finalement un peu oubliée ? De temps en temps, ne devrions-nous pas apprendre à mieux penser, tout simplement ? Il y a des cours d'informatique, mais où sont les cours de raisonnement ? Il y a des voyages d'études, où sont les voyages d'idées ? Il y a des écoles de tout, où est l'école de la réflexion ? L'exercice de la pensée ! La tâche est quotidienne et immense, à la fois individuelle et collective. Sommes-nous distraits au point d'y consacrer si peu de temps, ou présomptueux de croire qu'on peut se passer de professeurs ?

Et pourtant, chaque jour qui passe, il nous arrive de nous tromper. Une déduction un peu hâtive, une hypothèse insuffisamment vérifiée, un détail décrété sans importance et, patatras, la décision est mauvaise, le choix est erroné ou l'occasion est manquée. « Caramba, encore raté ! » Oui, mais au moins l'erreur est détectée. À la fois plus douce et plus grave est la faute ignorée.

L'objet n'est pas ici de faire la typologie des erreurs de la pensée. La question, pragmatique, serait plutôt la suivante : n'y a-t-il vraiment pas moyen de se tromper un peu moins ?

Apparemment, la réponse est oui, ce qui est une bonne nouvelle. Mais elle passe par une meilleure compréhension de notre intelligence. Quand une idée nous passe par la tête, il nous faut donc mieux savoir comment cela se passe !

Parfois, la pensée fait… penser à un chien qu'on promène en laisse. Tantôt à la traîne, tantôt devant, rarement à côté de son propriétaire. Il en va de même des idées : hors de contrôle, mais pas hors d'atteinte. Prenons deux premiers exemples.

Lisez cette phrase : « Un homme tient une bûche en main. Soudain, il ouvre sa main ». La petite scène s'arrête là, mais peut-être voyez-vous déjà la bûche sur le sol. Eh bien non, car l'homme avait la paume vers le haut.

Une autre : « Un enfant tient un gros ballon entre les mains. Soudain, il écarte les bras... » Que se passe-t-il alors ? La tentation est de voir le ballon rebondir. Eh bien non, le ballon monte car l'enfant était au fond d'une piscine. (Je vous épargne l'enfant dans une navette spatiale et le ballon qui reste alors immobile.)

Ces deux exemples sont du même registre. Ils montrent que la pensée connaît une loi d'attraction : celle qui la dirige vers le plus probable.

« La tempête fait rage, les vagues sont énormes et le navire secoué dans tous les sens. Le capitaine prend alors une décision, et quelques minutes plus tard, les passagers sont à nouveau dans le calme. » Eh oui, car il s'agit d'un sous-marin.

Il faut aller au-delà du petit agacement suscité par ce genre de devinettes et regretter qu'à l'école, elles alimentent plus les cours de récréation que les cours proprement dits. Il faut aller au-delà du sourire éventuel car ces micro-exercices mettent en évidence une caractéristique essentielle de la pensée : quand nous répondons à une question, une partie de notre réflexion nous échappe. Tout se passe comme si quelque chose pensait à notre place, comme si des choix étaient faits à notre insu.

Les connaissances que nous accumulons depuis notre plus jeune âge ne sont pas empilées dans notre mémoire comme des livres dans un grenier. Heureusement d'ailleurs, car ce savoir serait difficilement utilisable. Non, ce qui reste d'une expérience, d'une lecture ou d'une conversation reste stocké selon une structure qui se construit peu à peu. La mémoire est plus faite d'associations et de combinaisons que d'éléments isolés et entassés. Tout y est relation et lien, ce que, à la suite de Platon, nous appelons formes.

Le savoir n'est pas constitué d'atomes, mais de molécules. N'importe quel concept éveille en nous une structure de concepts associés. Ces formes varient pour partie d'une personne à l'autre, elles sont toujours réductrices et incomplètes. C'est le prix que la mémoire fait payer à ceux qui veulent bien l'utiliser. Et c'est là le paradoxe ! Si nous nous trompons, ce n'est pas parce que nous pensons mal, mais plutôt parce que notre cerveau fonctionne vite et bien.

Penser, c'est manipuler des concepts. Beaucoup d'erreurs proviennent non pas de raisonnements incorrects mais plutôt de concepts nécessairement imprécis. L'analogie avec le PC est tentante, car nous avons aussi un « disque dur », qui contient toutes nos expériences. Quel que soit l'objet d'une recherche, les informations supposées utiles, parce que reliées entre elles, sont mises en mémoire. Les concepts associés sont pris dans leur totalité et des hypothèses de travail non décidées risquent alors d'induire en erreur. Le côté « tout ou rien » des concepts est la menace principale pour la pensée. On ne peut corriger un concept que par un autre concept, ce qui déplace le problème mais ne le résout évidemment pas. « Caramba, encore raté ! »

Mais si la situation est désespérée, elle n'est pas grave, puisque cette faiblesse corticale est indispensable à l'humour. Ne l'oublions pas : pas d'erreur, pas de rire ! L'erreur est la signature de l'individu, le parfait est anonyme. Rappelez-vous ce film déjà ancien de Peter Sellers. Se promenant dans la rue, il rencontre une passante tenant au bout d'une laisse un chien plutôt costaud. Avant de le caresser, il s'enquiert prudemment auprès de la dame : « Votre chien mord-il ? ». « Non, non », répond-t-elle. Il approche alors la main et l'animal lui plante ses crocs dans l'avant-bras. « Mais vous m'aviez dit que votre chien ne mordait pas », hurle-t-il. « C'est vrai, répond-t-elle, mais lui, ce n'est pas mon chien. » Logiquement inattaquable.

L'humour britannique peut ne pas faire rire, mais il montre qu'un raisonnement correct peut être victime de concepts flous. Le non-sens n'existe pas. C'est le sens le moins probable, simplement. Et le non-sens est rendu possible parce qu'un concept a priori ne convient jamais parfaitement à un raisonnement. Quand on tombe dans l'erreur, c'est parfois dû à une faille dans un raisonnement, mais le plus souvent, c'est dû à des concepts friables.

Conceptualiser, c'est coder le savoir pour le plier aux règles de la mémoire. Un concept ne connaît donc pas la nuance, ni l'exception. Il est à la fois généralisation, abstraction, réduction et... source d'erreur. Plus grave, le concept n'est pas la seule structure mentale que la pensée manipule... ou qui manipule la pensée.

Ces formes mentales en nous sont nombreuses et variées. Rappelons-les même si nous les avons déjà abordées dans le chapitre consacré à la perception. Il y a celles dont on perçoit l'influence néfaste : les tabous, les préjugés, les a priori. D'autres, au contraire, semblent utiles : les projets, les valeurs, le savoir-faire. Un troisième groupe est inclassable : les habitudes, les stratégies qui peuvent jouer tantôt dans un sens, tantôt dans un autre. Ces trois catégories de formes ont en commun leur lien avec l'expérience passée, elles sont relatives à notre histoire.

Revenons à l'occasion ratée. C'est également un raté neuronal, mais il l'est de façon fort différente. Car il ne s'agit plus de quiproquo, de malentendu, de mauvaise décision ou de jugement trop hâtif, mais plutôt d'un déficit d'imagination. Ce n'est pas la logique qui est déficiente, mais le magique qui est absent.

À côté du « penser mal », il y a le « penser trop peu ». L'occasion ratée, c'est l'erreur à l'envers. L'idée n'est pas mauvaise puisqu'elle n'existe pas, mais c'est l'absence de cette idée qui est une erreur. On rencontre souvent ce genre de « bévue » dans la prospective. En voici un bel exemple datant des débuts de la société de l'information (1980). L'erreur a été certes d'annoncer quelque chose qui ne s'est pas produit : le développement de l'intelligence artificielle. Mais la vraie erreur a été de ne pas avoir annoncé quelque chose qui allait se produire : la mobilophonie et le sans-fil. Ce raté n'est pas dû à un raisonnement bancal, mais à un manque de créativité. On parle beaucoup de management de la connaissance, ici il s'agira plutôt du management de l'ignorance.

Le lien entre erreur et créativité apparaît maintenant établi. Il repose précisément sur la capacité de percevoir, de défaire ou de refaire autrement… tous les liens qui tissent nos idées, qui associent nos concepts.

Doute et raisonnement

Finalement qu'est-ce que se tromper ? Une faute dans un calcul, une distraction, un lapsus, un échec ? Non, pas vraiment. La première de *Hernani* de Victor Hugo, ou celle de *Carmen* de Bizet, ne rassemblèrent que peu de monde. Être dans l'erreur, c'est plutôt ne rien déduire des écarts observés entre ce qu'on croyait et ce qui est. Il ne faut jamais s'arrêter de penser. Plus exactement, il faut toujours garder un doute par rapport à sa propre pensée.

Tous les génies de l'humanité se sont trompés ! Peut-être même que l'erreur est indissociable du génie. Et la prochaine fois que vous commettez une bourde, n'hésitez pas à réaffirmer « Tout le monde peut se tromper » car l'Histoire montre que vraiment tout le monde a profité de cette permission !

Nous savons que la physique d'Aristote est fausse d'alpha à oméga. Descartes n'a guère fait mieux : il croyait que le sang, en circulant, faisait battre le cœur, alors que c'est exactement l'inverse. De même, il refuse l'existence du vide et invente alors le « tourbillon » dont Molière se moque dans *Les femmes savantes*.

Dans le cas particulier où il se trouve confronté à une divergence entre une observation pratique et un modèle théorique, le savant a le choix entre deux attitudes : douter de ses calculs et de ses mesures – c'est la plus fréquente – ou remettre en question la référence scientifique partagée, le paradigme du moment. Cette deuxième attitude est d'autant plus audacieuse que le modèle est ancien, mais c'est cette attitude-là qui caractérise peut-être le génie.

Vésale a fait faire un bond à la médecine en décidant une double rupture. Il décida d'abord de disséquer lui-même les cadavres, alors que cette tâche était jusque-là confiée à un opérateur. Ensuite, il osa contester l'autorité de Galien, la référence universelle en matière d'anatomie depuis treize siècles, ayant découvert des discordances entre les descriptions du médecin grec et ses propres observations.

Albert Einstein s'est trompé, lui qui avait pourtant décrété la connaissance moins importante que l'imagination. Une intelligence avertie en vaut peut-être deux – ce qui dans son cas fait beaucoup – mais Einstein a refusé de s'écarter de la « forme » qu'il s'était construite de la physique. Il en a toujours refusé la dimension probabiliste en affirmant haut et fort que Dieu ne jouait pas aux dés.

Heinrich Hertz, le physicien qui découvrit les ondes électromagnétiques, s'est trompé lui aussi. Un jour quelqu'un lui suggéra d'utiliser son invention pour transmettre des messages d'un point à un autre de la planète. Hertz lui répondit poliment que ce n'était pas une mauvaise idée mais que les ondes se propagent en ligne droite et que la Terre est ronde. Le « doux rêveur » du nom d'Alexandre Popov essaya quand même et constata que c'était possible. Hertz n'avait pas imaginé que les ondes puissent rebondir sur la couche d'ozone !

Thomas Edison, pourtant un des esprits les plus brillants de son temps, véritable usine à idées et fabrique de brevets à la chaîne, s'est trompé : lorsque, à la fin du XIXe siècle, les partisans du courant alternatif tâchaient d'en démontrer les avantages par rapport au courant continu, il prétendait le contraire. Il est vrai que le courant continu avait été pour Edison une hypothèse de travail très heureuse jusque-là. Il s'est même trompé une deuxième fois en s'opposant à ceux qui voulaient transporter l'électricité en haute tension. Or, Edison se croyait particulièrement flexible et ouvert aux idées nouvelles. Il l'avait prouvé en inventant l'ampoule électrique après un impressionnant demi-tour mental. Depuis toujours en effet, l'éclairage s'accompagnait de combustion. En d'autres mots, pour mieux éclairer, il fallait mieux brûler. Edison partit dans l'autre sens et fabriqua ses premières lampes sur l'idée inverse : pour éclairer, il faut empêcher quelque chose de brûler, soit un filament dans du vide.

Survivre au succès ! Peut-être est-ce là le vrai défi !

La liste des gaffes géniales est infinie. Mais comment en est-on arrivé là ? Probablement parce que cela avait mal commencé. Aristote, fondateur de la logique, monument historique du patrimoine des idées, était parti d'une hypothèse : l'élément de base de la pensée est du type « A est B » comme « la table est fragile », « l'enfant est triste » etc. Même une proposition de type « j'ai faim » peut, il est vrai, être reconstruite sous la forme « je suis ayant faim ». Il aura fallu deux millénaires pour ébranler le temple du syllogisme, pour réaliser que le postulat aristotélicien était trop réducteur, que les molécules de la pensée étaient beaucoup plus complexes que le simple « A est B ».

Pour Bertrand Russel, la principale innovation de la « nouvelle logique » est d'avoir compris qu'en dépit des apparences, des jugements comme « Socrate est mortel » et « Tous les hommes sont mortels » ne sont pas des propositions du même type. C'est Georg Cantor qui l'avait mis sur la piste. En travaillant le concept d'infini, il fit en effet apparaître toute l'ambiguïté du mot « tout ». Russel essaya alors de mettre tout (!) le monde d'accord en analysant la célèbre proposition : « L'actuel roi de France est chauve ».

Son contemporain Karl Popper a encore été plus loin. Pour lui, n'est scientifique que ce qui est falsifiable. Corollaire : s'il veut faire progresser la science, un savant ne doit pas vouloir démontrer que ses théories sont exactes, il doit au contraire tout faire pour les mettre en défaut. Les sciences humaines seraient donc, d'après Popper, humaines peut-être mais certainement pas scientifiques ! Et l'économie ne sera donc jamais une science. Décidément, on n'en sortira jamais. D'autant plus que, nous l'avons vu, des préjugés philosophiques complètement faux peuvent très bien mener à des conclusions scientifiquement correctes.

Prenons Kepler. Mathématicien, mais aussi poète et mystique, Kepler est hanté par la notion d'un univers harmonieux. Pour lui, les orbites planétaires doivent être circulaires, afin de réaliser le concept d'un monde inscrit dans une sphère. Mais sa vision du problème n'est corroborée ni par ses calculs ni par ses observations. Après de nombreux essais, il finit par écrire : « Et si c'était des ellipses ? ». C'est ainsi qu'il découvre les lois du mouvement des planètes, devenues lois de Kepler, et ce malgré lui, en partant d'un a priori philosophique erroné. L'histoire des sciences le montre, il est fréquent qu'une intuition philosophique ou religieuse serve à féconder la pensée scientifique

Alors, avoir raison serait-ce simplement une question de patience ? Avant de devenir « bonne », une idée doit parfois mûrir longtemps, 1 500 ans, 2 000 même. Dans l'Antiquité déjà, Pythagore était convaincu de l'importance des mathématiques. Démocrite avait eu une première intuition de la physique atomique et Anaximandre celle de l'évolution des espèces. Tout comme Aristarque voyait le soleil au centre du monde, Héron imaginait ce que pourrait être une machine à vapeur et Archimède n'était pas si loin du calcul différentiel. Ces savants avaient vu juste, quinze ou vingt siècles avant respectivement Descartes, Gassendi, Darwin, Copernic, Papin et Leibniz.

Tout le monde a dû leur dire qu'ils s'étaient trompés. Et tout le monde s'est donc trompé !

Errare humanum est. Mais *perseverare* l'est aussi. Ce qui est par contre *diabolicum*, c'est de ne pas se poser des questions. Pourquoi les génies – petits et grands – dérapent-ils de temps en temps dans leur raisonnement, quittent-ils soudain la trajectoire de leur logique et s'embourbent alors dans une obstination fatale ?

La réponse semble être la même pour tous. On peut dire sans se tromper (!) que ce n'est pas une question d'intelligence, mais plutôt une question de perception du monde environnant. Et nous revoilà au cœur du sujet de ce livre ! La moindre réflexion, le plus simple des raisonnements est nourri d'informations qui nous arrivent par les sens, et apparemment ceux-ci sont un peu aléatoires. Nous voyons et entendons les choses de façon variable, et certainement différente. Nous pouvons même devenir aveugles et sourds face à certaines situations par ailleurs flagrantes et éclatantes pour d'autres. Pas étonnant alors que, de temps à autre, on se « plante ».

On voit mal et on se cogne contre des évidences, on entend mal et on rate des opportunités. Et quand après avoir commis une erreur de jugement, vous jurez que l'on ne vous y reprendra plus, vous commettez simplement une erreur de jugement supplémentaire. Car la nature humaine est ainsi faite…

Les trois types de trouvailles

« Le fait de trouver avec bonheur. » C'est ainsi que *Le Robert* définit la trouvaille. Ce mot existe donc bien et la joie est indissociable du moment d'illumination, du déclic, de l'intuition soudaine, des premières secondes d'un nouveau possible. La trouvaille, c'est l'idée de l'idée, l'acte de naissance du nouveau concept, la discontinuité, la rupture. Ce n'est pas un hasard si l'icône de service est une ampoule car elle n'a que deux statuts : elle est éteinte ou allumée. L'instant est attendu parfois pendant de longues années et marque le début d'une réflexion qui elle aussi peut durer de longues années.

Mais il change tout. Il y a un avant et un après. L'*eurêka*, le flash (c'est ça le progrès, on passe du grec à l'anglais) correspond à un changement de perception. Le monde autour de nous reste le même, mais pas la manière de le voir.

Le mécanisme est semblable à toutes les échelles, de la grande idée qui va changer le monde à la petite idée qui améliore le quotidien. Laurence d'Arabie, qui cria soudain Aqaba et se dit qu'on pouvait prendre la ville (aujourd'hui jordanienne, occupée alors par les Turcs) en venant de l'intérieur des terres désertiques, ou encore Haendel, envahi par son projet de Messie, ont aussi fait l'expérience de « trouver avec bonheur ».

Tout comme vous d'ailleurs, tout content de terminer un casse-tête chinois ou de comprendre enfin un formulaire complexe de l'administration des finances.

Il n'y a pas que la taille, l'envergure ou l'impact qui caractérisent l'idée nouvelle, quelques autres distinctions sont possibles.

- Certaines trouvailles sont plus nécessaires que d'autres. On sent bien que la machine à vapeur devait être trouvée et que Lucky Luke n'était qu'une possibilité de l'imagination de Morris.
- Einstein était capable d'expliquer sa théorie de la relativité, alors que Paul Mc Cartney ne pourra jamais décrire la manière dont il a composé *Yesterday*.
- Les départements R&D des grandes sociétés pharmaceutiques sont en concurrence, les peintres et les écrivains sont plutôt des rivaux.

Ces trois constatations nous permettent déjà d'isoler un premier type de trouvaille : la *création*. Nous la définirons comme l'idée nouvelle possible. Aussi extraordinaire soit-elle, la trouvaille est dans ce cas contingente. N'en déplaise aux admirateurs de Beethoven, le monde serait néanmoins possible sans sa cinquième symphonie.

Du côté des trouvailles nécessaires, une nouvelle distinction est possible entre trouver quelque chose qui va être et trouver quelque chose qui était. Ce qui définit et différencie l'*invention* de la *découverte*. Galilée a utilisé une invention, le télescope, pour faire une découverte : les phases de Vénus. De même, Christophe Colomb avait une boussole quand il est parti à la recherche des Amériques.

La découverte est plus le domaine des scientifiques, l'invention est plus le défi des entreprises qui doivent trouver ce qui va être (avant le concurrent !).

D'autres questions sont intéressantes. Qui est le propriétaire de l'idée nouvelle ? La découverte ne devrait appartenir à personne, c'est tout le débat à propos du génome humain. L'invention est protégée par le brevet, la création par le droit d'auteur. Comme les conditions financières sont fort différentes, on comprend le lobby des grands constructeurs informatiques pour ranger leur produit dans la plus avantageuse des deux catégories, voire dans les deux à la fois !

D'autres distinctions sont possibles. La trouvaille est-elle une bissociation, un lien nouveau entre deux concepts anciens ?

- On peut découvrir le lien : ce fut le cas d'Oersted qui comprit que l'électricité et le magnétisme étaient cousins et proposa le premier principe de l'électromagnétisme. Et le cas de Marie Curie qui découvrit la radioactivité en faisant le lien entre une plaque photographique abîmée et la présence de radium à proximité.
- On peut inventer un lien : ce fut le cas de Gutenberg qui associa la presse et les caractères gravés et proposa un premier prototype d'imprimerie. Le code morse et l'électroaimant existaient avant le télégraphe électrique.
- On peut créer un lien. Ce fut le cas de Niemeyer qui trouvait élégant une ville en forme d'oiseau et proposa de construire sur cette base Brasilia, la nouvelle capitale du Brésil.

Comme pour toute modélisation, beaucoup de critiques peuvent être faites à cette manière de faire des subdivisions. Elle est incomplète, imprécise et peut être contredite.

- Un théorème mathématique est-il découvert, inventé ou créé ?
- Où se trouve l'intuition ?
- Il existe des découvertes en sociologie (c'est le but des grandes enquêtes où les corrélations apparaissent).
- Il existe des créations dans les entreprises (par exemple le mot Twingo).
- La frontière invention – création est floue (par exemple le Post-it).
- Y a-t-il du nécessaire ou tout est-il simplement possible ?
- Il y a des créations nécessaires aux artistes. Picasso ne pouvait pas ne pas peindre Guernica, et dès le moment où le frère de Wittgenstein se vit amputer, Ravel devait lui écrire un concerto pour la main gauche.
- Etc.

Une dernière remarque : le champ de ce texte est restreint aux idées nouvelles. Si cela semble évident pour l'invention ou la création, il n'en va pas de même pour la première catégorie. On peut en effet découvrir la momie de Tout Ankh Amon, la face cachée de la Lune, du pétrole, l'épave du Titanic, une grotte aux peintures rupestres ou encore un trésor enseveli (même si les juristes parlent pour ces deux derniers cas d'invention !).

Un classement reste possible car le hasard de la découverte, la nouveauté de l'objet découvert ou encore la détermination du découvreur varient d'un cas à l'autre. Des questions restent posées. À qui la propriété de ce qui est mis à jour ? S'agit-il d'une découverte ou d'une redécouverte ? Etc.

	Découverte	**Invention**	**Création**
Existait	Oui	Non	Non
Exemples	Calcul infinitésimal	Roue	Harry Potter
L'« autre »	Concurrent	Concurrent	Rival
Nécessaire	Oui	Oui	Non
Explicable	Oui	Oui	Non
Méthode de créativité	Inutile	Utile	Utile
Protection intellectuelle	Néant	Brevet	Droits d'auteur
Domaine	Science	Technologie Management	Art
Trouver sans chercher	Radioactivité	Post-it	Mémorial Yvo Van Damme
Trouver en cherchant	Hiéroglyphe	I-Pod	Pyramide du Louvre
Un lien ou bissociation	Électromagnétisme	Télégraphe	Brasilia

Toutes ces tentatives de classement ne doivent pas nous déconnecter de la réalité. On célèbre toujours l'inventeur de la roue. Peut-être devrions-nous être plus reconnaissants à ceux qui ont ajouté les trois autres !

Idées-clés de ce chapitre

Les idées ne poussent que dans un sol d'étonnement fertilisé par la curiosité.

L'art de la réponse est une question de méfiance.

La pensée connaît une loi d'attraction : celle qui la dirige vers le plus probable.

L'occasion ratée, c'est l'erreur à l'envers. L'idée n'est pas mauvaise puisqu'elle n'existe pas, mais c'est l'absence de cette idée qui est une erreur.

La meilleure définition d'une idée : c'est une hypothèse de travail.

Il faut survivre au succès.

La créativité, c'est passer d'une logique du « ou » (Aristote) à une logique du « et » (Russell).

Un dirigeant ne devrait jamais hésiter mais toujours douter.

Solutions des exercices

9.2. Posée en groupe, cette question débouche en général sur deux réponses. Une majorité évalue le bénéfice total à 500 euros, c'est-à-dire le gain réalisé sur la deuxième voiture, puisque les trois premières opérations semblent s'annuler les unes les autres.

Il suffit alors, dans un deuxième temps, de recommencer l'histoire de manière légèrement différente et de raconter les aventures d'un garagiste qui achète 3 000 euros et revend 3 500 euros une Renault, pour ensuite acheter 4 000 euros et revendre 4 500 euros une Peugeot. Le groupe sera alors unanime pour évaluer le bénéfice à 1 000 euros.

C'est alors le moment de se demander quelle est la différence entre les deux exercices. Il n'y en a évidemment pas, si ce n'est que la première question était surchargée d'une information impertinente : la fait qu'il s'agisse de la même voiture n'a aucune importance.

9.3. Car il y a une infinité de solutions. Prenez en effet sur le globe terrestre deux parallèles distants de 1 000 kilomètres et tels que le plus petit des deux ait une longueur de 1 000 kilomètres. (Rappel : un parallèle est un cercle obtenu par l'intersection de la sphère terrestre avec un plan perpendiculaire à son axe de rotation.) Tout point du plus grand des parallèles est également une bonne réponse par rapport à la question de départ.

9.4. Il « suffit » de découper le tapis abîmé en forme d'« escalier » en coupant des « marches » de 20 cm de longueur et 10 cm de hauteur afin d'obtenir deux parties A et B comme sur la première figure. Ces deux découpes pourront alors être assemblées comme l'indique la deuxième figure pour former un carré parfait.

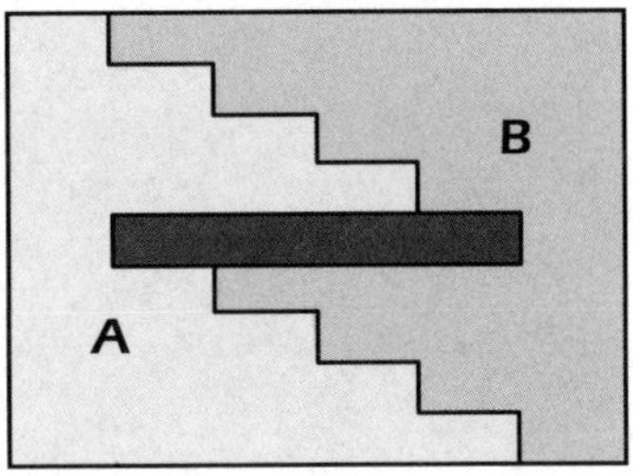

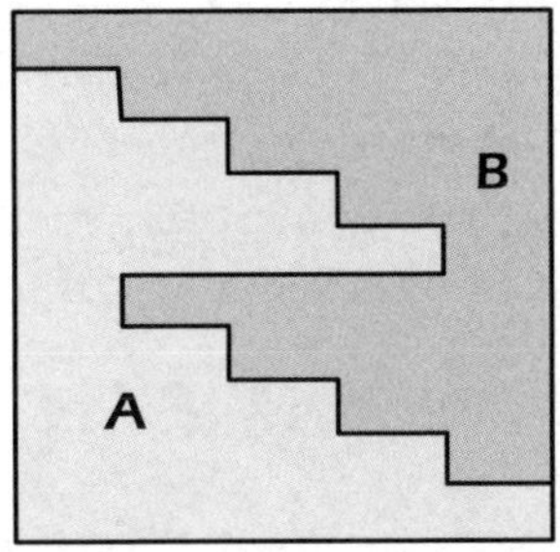

9.5. Un regard plus détendu par contre, même distant, remarquera peut-être que le nombre 313 313 est curieux, qu'il est de la forme abc abc et qu'il vaut donc mille fois abc plus encore une fois abc, soit au total 1 001 fois abc. Et qu'il est donc divisible par 13… quels que soient a, b et c (puisque 1 001 est divisible par 13).

9.6. Il, « suffit », de ne pas se laisser influencer par la manière dont la question vient d'être posée (c'est-à-dire en deux dimensions, dans un plan). Un regard spatial en trois dimensions peut en effet voir des sphères identiques déposées sur une surface plane. Les tangentes communes sont alors parallèles, et selon les lois de la perspective, se coupent bien le long d'une même ligne de fuite.

10

THÉORIE *versus* PRATIQUE : TECHNIQUES ET MÉTHODES DE CRÉATIVITÉ

Si à un moment, le long d'une route,
vous arrivez à une fourche, prenez-la.

Imaginez quelqu'un assis devant un piano, avec des menottes aux poignets. Il est incapable de jouer, évidemment. Vous lui enlevez donc les menottes mais, à votre grande déception, il ne sait toujours pas jouer parce qu'il n'a jamais appris. Il en va de même de la créativité. Devenir plus créatif, mieux diverger, cela s'apprend et s'exerce à l'aide de techniques et de méthodes.

Pour déblayer le terrain des réponses toutes faites et des solutions stéréotypées, dénicher les idées vraiment neuves et originales, pour sortir de la boîte et emprunter d'autres chemins, une série de méthodes sont à notre disposition. Le plus souvent, ces méthodes consistent à introduire un élément perturbateur dans notre « programme », à poser des questions provocantes, à suggérer des rapprochements inattendus. Aiguillons de l'imagination, elles sont les outils du brainstorming. Elles seront différentes suivant que l'on explore le domaine ou que l'on traite le problème.

Méthode des méthodes

La mise en œuvre des méthodes de créativité requiert elle-même une méthode, et implique quelques règles de fonctionnement qui peuvent être présentées sous la forme d'un « avertissement à l'utilisateur ».

- Les techniques de créativité font la preuve de leur efficacité lorsqu'elles s'appliquent à un problème concret, bien circonscrit, et non à un problème vague et trop vaste. Le succès de la recherche passe par une réduction préalable de son objet.
- Lorsqu'il s'agit de traiter un problème abstrait, il faut essayer de le voir, de le concrétiser en images. Cette visualisation éclaire la voie à suivre et facilite le choix de la méthode. Car toutes les méthodes ne peuvent convenir à tous les problèmes. Dans bien des cas, certaines sont plus appropriées que d'autres.
- Si, à propos d'un problème donné, l'application d'une seule méthode peut mener à la solution, très souvent, c'est l'enchaînement et la complémentarité de méthodes différentes qui y conduit. Les méthodes de créativité ne sont donc pas strictement délimitées, elles se superposent et se recoupent souvent entre elles.
- Il convient de distinguer le domaine de recherche du problème posé. Un même problème peut se poser dans différents domaines et différents

problèmes peuvent se poser dans un même domaine. Les méthodes d'exploration seront différentes suivant qu'il s'agit d'explorer le domaine ou la combinaison problème/domaine.

Domaine / Problème	Automobile	Pharmacie	Distribution	Banque	Autre
Prix					
Croissance				×	
Coûts					
Autre					

Chaque combinaison, chaque croisement peut être analysé séparément.

Échauffement des neurones

Avant d'aborder le problème posé, il est utile d'explorer et de déstructurer le domaine (secteur d'activités, entreprise, département...), comme il est utile de retourner la terre avant de semer. Les six exercices d'échauffement proposés ci-dessous relèvent chacun d'une méthode particulière.

Se projeter dans le futur à l'aide d'hypothèses

Nous regardons le futur à partir de ce que nous vivons, en extrapolant le présent. L'exercice suivant nous force à adopter un point de vue différent, en proposant un scénario parmi d'autres et en nous demandant d'expliquer les raisons qui ont pu y mener.

Exercice 10.1

Imaginez que votre entreprise ait disparu en 2015, pourquoi ? S'il s'agit d'une banque par exemple, cela pourrait être :
- un virus a détruit toutes les bases de données;
- plus personne ne désire travailler pour cette banque;
- la banque a été acquise par Wal-Mart;
- deux grands concurrents ont fusionné et décidé de...;
- etc.

Regarder l'entreprise sous des angles différents

Une entreprise est un ensemble d'éléments, présentés souvent de la même manière, d'après des critères classiques. L'exercice proposé encourage à regarder l'entreprise autrement, en la décomposant selon des dimensions inhabituelles.

Exercice 10.2

Divisez votre entreprise en deux parties. Demandez-vous par exemple :
- ce que le client peut voir et ce qui lui est caché;
- ce qui se trouve au-dessus du sol, ce qui se trouve en dessous;
- ce qui peut être réalisé sans appel à la sous-traitance et ce qui ne le peut pas;
- ce qui est jaune et ce qui ne l'est pas;
- ce qui rapporte de l'argent et ce qui n'en rapporte pas;
- etc.

Parler de l'entreprise avec d'autres mots

Le langage joue un rôle important dans la réflexion. Les nouvelles idées naissent souvent dans les mots et l'usage d'un vocabulaire différent favorise une nouvelle perception des choses. Le défi n'est pas tant de trouver de nouvelles idées que de changer les anciennes. Le vocabulaire peut y contribuer comme le montre l'exemple ci-dessous.

Exercice 10.3

L'exercice consiste à décrire son entreprise sans employer les cinq mots les plus utilisés habituellement. C'est grâce à ce type d'exercice qu'une grande marque de champagne a réussi à se voir autrement qu'en marchand de champagne et est arrivée à la conclusion que son business était de « contribuer au succès de célébrations et de petites fêtes ». Les mots proscrits étaient : bouteille, boisson, alcool, champagne, consommateurs... Ce changement de perception lui a permis de développer de nouvelles idées en rapport avec son métier, comme nous l'avons vu dans le chapitre 4.

Que se passerait-il si... ?

Les questions sans réponse évidente ou sans réponse du tout sont aussi aptes à mobiliser la créativité que les autres. Elles conviennent très bien comme exercices d'échauffement car elles n'ont d'autre but que de faire réfléchir.

L'exercice, qui relève – de loin – de la technique du scénario, consiste à imaginer les conséquences proches ou lointaines de décisions ou d'inventions nouvelles survenues dans l'entreprise ou plus largement dans le monde. Une variante est d'utiliser la méthode du scénario, non plus pour imaginer un futur hypothétique mais pour réinventer le passé, comme si on pouvait refaire l'histoire.

Exercice 10.4

Voici quelques exemples :

- Que se passerait-il si la Nasa commençait à construire des voitures ?
- Que se passerait-il si le département R&D d'IBM était transféré dans le département marketing ?
- Que se passerait-il si un nouveau concurrent entrait sur le marché avec des coûts de structure 50 % plus bas que les vôtres ?
- Que se passerait-il si toute forme de publicité était interdite dans les médias ?
- Que se passerait-il si plus personne ne s'y retrouve dans la comptabilité d'une banque ?
- Que se passerait-il si les associations de consommateurs remplaçaient le gouvernement ?
- Que se serait-il passé si le pétrole avait été découvert avant le charbon ?

Explorer le domaine à l'aide d'un « système d'axes »

Deux axes définissent un plan. C'est Descartes qui a(urait) donné son nom à ces droites perpendiculaires. L'axe cartésien vertical définit l'ordonnée, l'horizontal supporte l'abscisse. Ils délimitent un espace qui, depuis plus de quatre siècles, recueille les figures algébriques... et les larmes de ceux qui ne les aiment pas !

Une réflexion a besoin, elle aussi, d'un plan, d'un cadre pour se déployer. Pour ce faire, la matrice de découverte, dans sa présentation « système d'axes », peut se révéler très utile. La méthode consiste à décomposer l'objet de la recherche en différents éléments-clés, à choisir deux axes peu habituels, deux variables que l'on va croiser et mettre en relation, et à positionner les éléments-clés ou mots-clés de part et d'autre des axes.

Exercice 10.5

En voici deux exemples : le premier traite des sentiments désagréables, le deuxième des achats.

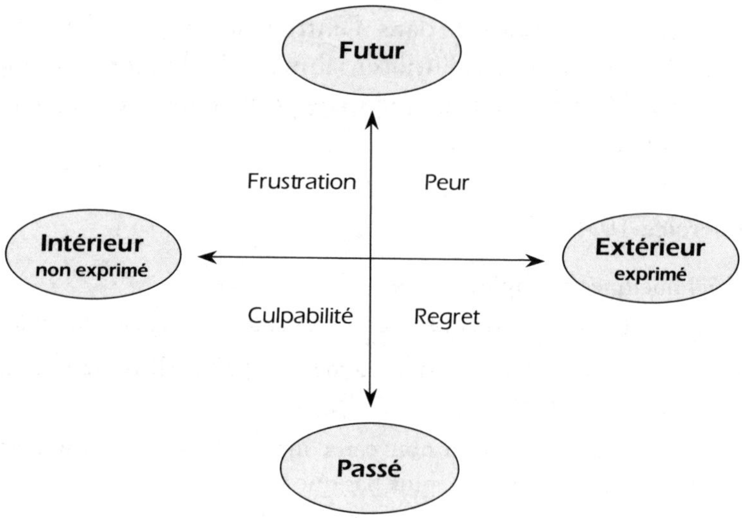

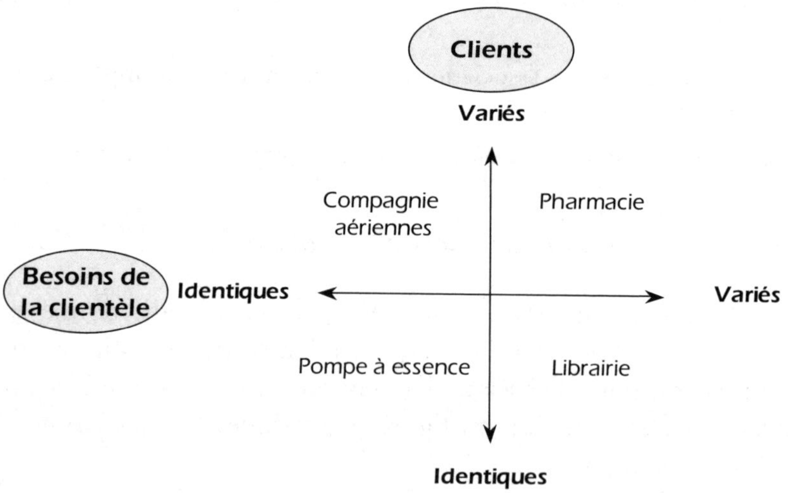

Les axes choisis vont déterminer d'une certaine manière la structure, le périmètre voire l'ampleur de la réflexion à venir. À partir de là, l'ensemble d'une session de créativité prend une orientation large mais néanmoins précise. C'est dire assez l'importance d'un choix à la fois original et judicieux des axes.

Dans un exercice de prospective sur le futur du crime en Suède, la police suédoise a identifié deux axes inhabituels qui lui ont permis de classer les différents éléments-clés du thème, dont l'attitude des médias, et d'y apporter un nouvel éclairage.

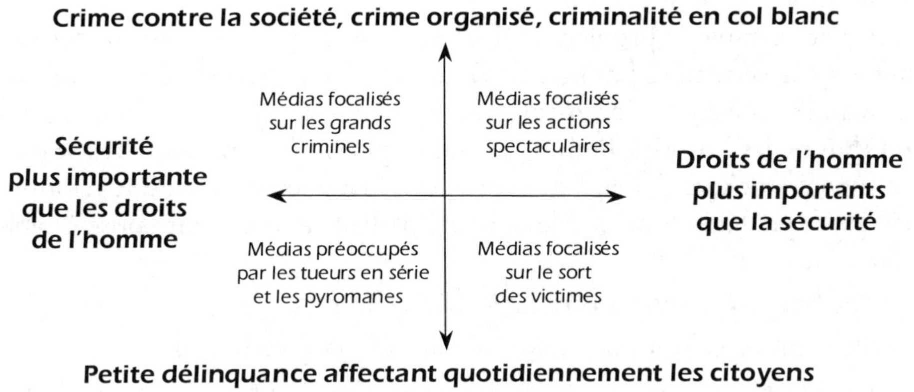

Le portrait chinois

Faire le portrait chinois d'un domaine ou d'un sujet, c'est le visualiser, le voir en images, le ressentir en sons, odeurs et autres sensations pour en obtenir une représentation élargie. La méthode, qui relève de la démarche analogique, consiste à se demander ce que serait le domaine s'il était quelque chose d'autre, quelque chose de différent…

Exercice 10.6

Que serait le domaine s'il était… ?		
Une fleur	Un jeu	Une sensation
Un animal	Une figure géométrique	Un matériau
Un oiseau	Un arbre	Une partie du corps
Un fruit	Un personnage de BD	Un moyen de transport
Un fromage	Un outil	Une émission TV
Une voiture	Un ustensile de cuisine	Un dieu grec
Un air de musique	Une boisson	Une pièce d'habillement
Un personnage célèbre	Un vin	Un insecte
Un sport	Un plat cuisiné	Un meuble
Une danse	Un site internet	Un objet d'art
Une épice	Un journal	Un film
Un édifice	Un héros de roman	Etc.

Reformulation du problème

Parfois, la manière la plus facile pour aborder et traiter un problème est de reformuler la question. En reformulant la question, on éclaire le problème, on voit les choses différemment, on change de perspective, bref on est plus créatif.

Si par exemple le problème initial était de savoir comment fonder une compagnie aérienne à bas prix aux États-Unis, il pouvait être reformulé de la manière suivante : comment faire pour que les gens, qui empruntent d'habitude les bus Greyhound, prennent plutôt l'avion ? Autre exemple : comment améliorer l'image de l'entreprise ? La question peut être reformulée par : que faire pour que les enfants parlent de notre entreprise à table durant le dîner ?

Une bonne question a certaines caractéristiques :

- elle commence soit par « quoi ? » soit par « comment ? »;
- elle doit être « visible », image et imagination étant intimement liées;
- elle doit mettre si possible les participants en situation;
- elle doit être concrète, limitée à un aspect précis du problème;
- elle doit être pertinente pour le business dont il est question. En d'autres mots, elle ne peut être utilisée facilement pour une autre entreprise dans un autre secteur industriel.

Une question qui présente ces caractéristiques aide à choisir la méthode la plus appropriée.

Une panoplie de techniques

Association forcée ou bissociation

L'analogie passe par un laisser-aller des associations. Mais on peut également fonctionner à l'envers : imposer l'association.

Les classes de neige associent l'école et les vacances, la vente par correspondance, la poste et le commerce, le skate board, la planche de surf et les patins à roulettes, les matchs d'impro, l'art de la comédie et les règles du hockey sur glace.

Toutes ces inventions sont le fruit d'une « bissociation ». « Bissocier » consiste à se faire rencontrer de force deux objets, deux concepts, deux personnes, deux métiers, souvent à l'antipode l'un de l'autre, et à les combiner pour faire jaillir de nouvelles idées, de nouvelles possibilités. C'est la synthèse inattendue entre deux mondes qui n'avaient a priori pas de raison de se croiser.

Cette méthode permet par exemple d'explorer des opportunités d'affaires suivant de nouveaux axes, comme en témoigne l'exercice suivant.

Exercice 10.7

Chaque participant prend une carte avec le nom d'une entreprise différente (X). Il est ensuite invité à développer des idées de *joint venture* potentielle entre cette entreprise et la sienne (Y). Basées sur un constat, beaucoup d'innovations sont des passerelles (voir figure page suivante).

Ces « binômes imaginatifs » sont le plus souvent le résultat de stimulations aléatoires, c'est-à-dire de méthodes destinées à provoquer et à exploiter le hasard des rencontres volontairement. Avec deux objets ou plus, tirés au hasard dans une liste, on peut en inventer un autre. Avec deux mots tirés au hasard dans le dictionnaire, on peut inventer une histoire originale ou créer un slogan surprenant.

L'analogie, voie royale de l'invention

David Hume, qui voulait être le Newton de l'esprit, se mit en tête de comprendre les mécanismes mentaux, la physique de la réflexion intellectuelle. Dans son *Traité sur la nature humaine*, il présente la connaissance comme un ensemble d'idées qui s'associent, se combinent, interagissent, qui se comportent comme des particules physiques et gravitent autour des concepts de base comme des planètes, qui s'attirent l'une l'autre comme des masses. David Hume explorait la nature humaine en suivant une démarche analogique.

Lavoisier, le fondateur de la chimie moderne, était également contrôleur des impôts. Sa vision nouvelle de la chimie lui est probablement venue lors d'une synthèse magique, où la précision du comptable a fait basculer le chimiste du qualitatif au quantitatif. Le fil rouge de ses démarches est l'idée de bilan, de ses entrées et de ses sorties, où rien ne se crée, rien ne se perd et tout se transforme. C'est avec une balance d'une précision inégalée que Lavoisier a compris la vraie nature de l'eau et de l'air. En anglais, un bilan financier se dit toujours... *balance sheet*.

Depuis toujours, la pensée analogique est un moteur puissant de la connaissance, une démarche favorite de l'imagination. De tout temps, elle s'est révélée un instrument privilégié de l'invention.

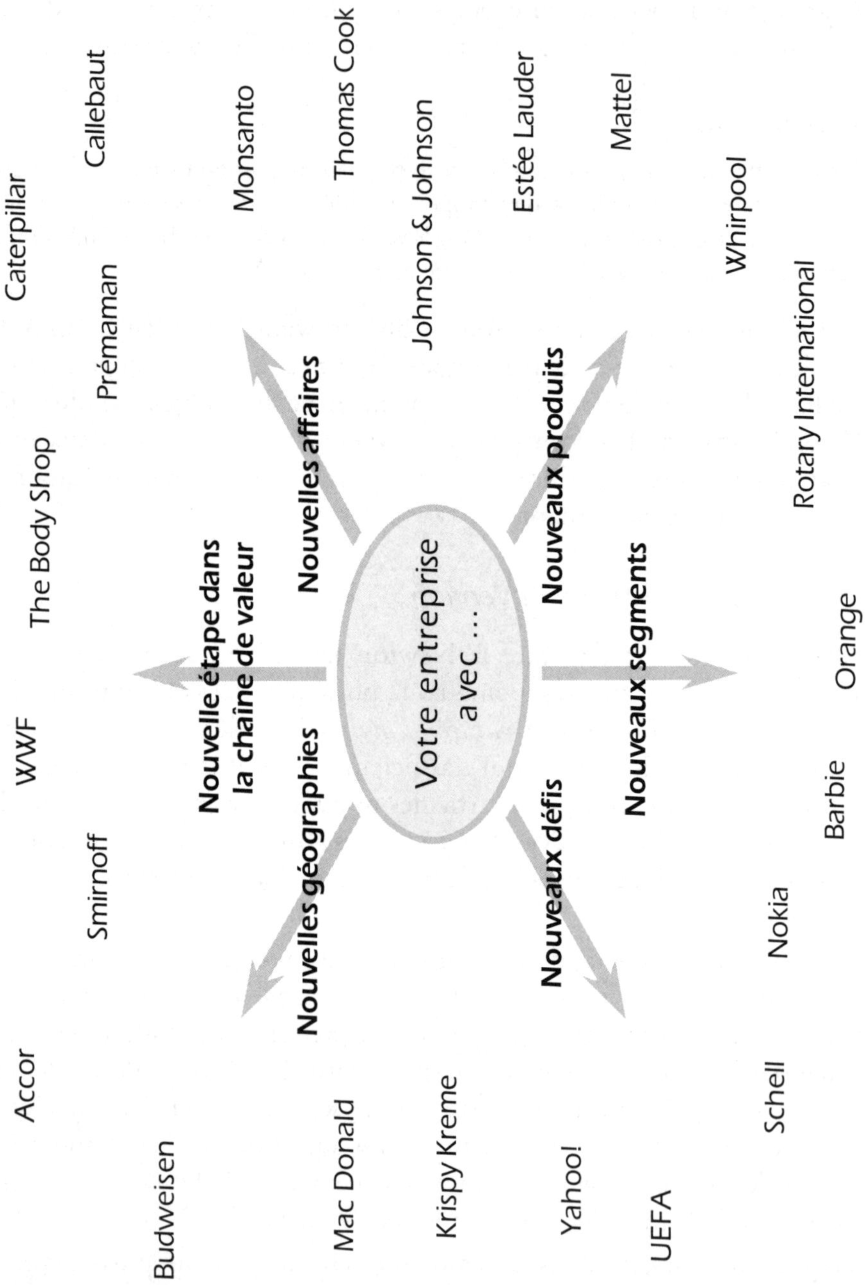
Votre entreprise avec ...
Nouvelle étape dans la chaîne de valeur
Nouvelles affaires
Nouveaux produits
Nouveaux segments
Nouveaux défis
Nouvelles géographies
Caterpillar
Callebaut
Prémaman
The Body Shop
WWF
Smirnoff
Monsanto
Thomas Cook
Johnson & Johnson
Estée Lauder
Mattel
Whirpool
Rotary International
Orange
Barbie
Nokia
Schell
UEFA
Yahoo!
Krispy Kreme
Mac Donald
Budweisen
Accor

➤ *Types d'analogie*

Faire des analogies, c'est saisir par l'imagination les relations de ressemblance et de parenté entre deux ou plusieurs objets de pensée différents, établir des correspondances entre eux. Penser par analogies, c'est penser par images et par comparaisons.

Il existe différentes formes d'analogie. Nous en retiendrons essentiellement deux : l'analogie directe et l'analogie symbolique.

- L'analogie directe consiste à transposer le problème dans un autre domaine de la réalité, à le mettre en parallèle avec des phénomènes scientifiques, techniques ou naturels. L'hypothèse Gaïa qui compare la planète Terre à un être vivant, l'alphabet du code génétique, le radar inspiré de la chauve-souris, ces trois exemples procèdent de l'analogie directe.
- L'analogie symbolique (ou métaphore) consiste à laisser flotter librement son esprit pour transformer le problème en images, surgies de zones plus ou moins mystérieuses, à trouver des représentations symboliques du problème. « La vie est un long fleuve tranquille », « le village global » de Mac-Luhan, « une entreprise, c'est comme un corps humain », « une idée qui jaillit, c'est comme une lampe qui s'allume »… tous ces exemples sont des métaphores.

➤ *Rapport d'analogie ou analogie de rapport*

Si une comparaison relie utilement deux concepts, comme le montrent les exemples ci-dessus, le raisonnement analogique, par contre, implique quatre termes. Ce qui est comparé, ce sont des rapports, des propositions, des relations. La forme générale du raisonnement est de type : A est à B ce que X est à Y. Par exemple, le bon chef est à son collaborateur ce que la boussole est au navigateur, les réseaux de télécommunications sont au monde ce que le système nerveux est au corps humain, les scénarios sont à la prospective, ce que le brainstorming est à la créativité, comme nous l'avons vu dans le chapitre 6.

L'analogie de rapport peut clarifier une pensée, la mettre en perspective. Une discussion sur l'avenir de la planète peut être initiée à partir du rapport

$$\frac{\text{écologie}}{\text{environnement}} = \frac{\text{médecine}}{\text{santé}}$$

Organisés en analogie de rapport, trois concepts existants peuvent mettre sur la piste d'un quatrième. Posons par exemple :

$$\frac{\text{minimélec}}{\text{énergie}} = \frac{\text{miniminfo}}{\text{information}}$$

La loi prévoit aujourd'hui que, pour des raisons humanitaires, on ne peut pas couper totalement le courant, même à celui qui ne sait plus payer ses factures. Si on entre vraiment dans cette fameuse société dite « de l'information », le législateur garantira-t-il alors une information minimale aux exclus (pour qu'ils le soient un peu moins) ?

➤ *Les étapes de l'exploration analogique*

- L'exploration commence par la recherche des analogies : étape imaginative durant laquelle, à propos d'un objet donné qui fait problème, on cherche des relations avec d'autres objets et on laisse monter en soi de libres images. L'esprit accomplit ici une opération de distanciation et de transformation.
- Suivent le tri et le regroupement des analogies : étape critique durant laquelle on classe les analogies en catégories pour trouver le fil qui les relie au problème de départ et identifier les pistes exploitables. L'esprit réalise ici une opération de décodage.
- Vient enfin l'exploitation des analogies : étape durant laquelle on procède à un examen des analogies les plus caractéristiques pour essayer d'appliquer à l'objet de la recherche les suggestions qu'elles font naître. Il s'agit ici d'une opération de rapprochement et de croisement.

La première étape correspond à la phase de divergence du processus créatif, les deux suivantes à la phase de convergence.

Voici deux exemples d'application de la démarche.

Exercice 10.8

Le domaine de recherche a trait aux idées nouvelles. Le problème posé : elles sont nombreuses mais elles se perdent. Peu d'entre elles sont concrétisées. Comment créer les conditions favorables à leur aboutissement ?

Commencez par noter les différentes métaphores qui vous viennent librement à l'esprit : une flamme, une bougie, un tremplin, un dollar, un parfum, un son de cloche, un œuf, le vent, un iceberg, un soufflé au fromage, un feu-follet, un geyser, une fleur etc.

Vous les regroupez ensuite suivant ce qu'elles vous suggèrent :
- flamme, bougie, feu-follet, fleur, soufflé au fromage : la fragilité et la fugacité des idées nouvelles;
- tremplin, dollar, geyser, iceberg, œuf : leur fertilité, leur force;
- vent, son de cloche, parfum : leur capacité à se diffuser, à se répandre spontanément.

Enfin, vous retenez une métaphore, par exemple celle du soufflé au fromage, que vous allez exploiter en faisant un parallèle entre les instructions de la recette du soufflé et l'encouragement des idées nouvelles :
- battre fermement les blancs d'œuf en neige = bien préparer les individus, les stimuler et les motiver;
- bonne température du four = bonne ambiance, climat de confiance;
- ne pas ouvrir le four pendant la cuisson = ne pas intervenir pour ne pas couper le rythme des idées;
- piquer un couteau dans le soufflé pour voir s'il est cuit = être attentif, tâter le terrain pour savoir s'il est temps d'intervenir.
- ne pas laisser le soufflé trop longtemps dans le four afin qu'il ne dessèche pas = intervenir à temps, ni trop tôt ni trop tard;
- servir rapidement le soufflé afin qu'il ne retombe pas = montrer qu'on attend avec impatience les idées nouvelles.

La méthode peut être appliquée avec des variantes, comme le montre l'exemple ci-dessous.

Exercice 10.9

Première étape : quelles analogies ou métaphores vous inspirent un logiciel informatique ? Les idées fusent, de tous ordres et de toutes les couleurs, et parmi elles, de très évocatrices. Voyez plutôt : un roman policier écrit à plusieurs, un réseau de chemins de fer, une partition musicale, le code de la route, du carburant, une cellule d'ADN, la moelle, un code juridique, une cathédrale, le cerveau humain, un organisme vivant, un plat de spaghetti, un labyrinthe, un château de cartes, un discours, un plat cuisiné, une œuvre d'art, un jeu de Lego, du plutonium, une poire dans une bouteille, etc.

Deuxième étape : à l'aide de l'une ou l'autre de ces analogies ou métaphores, essayez de trouver des solutions au problème de la lenteur de développement des logiciels. Prenons l'image de la cathédrale. Un logiciel est une œuvre, comme une cathédrale, et son élaboration demande du temps. La construction d'une cathédrale exige aussi du temps, elle fait appel à des architectes et des contremaîtres, aux meilleurs ouvriers et artisans. C'est tous ensemble qu'ils concourent à en faire un chef d'œuvre. La qualité d'un logiciel dépend aussi d'un travail de collaboration efficace. Peut-être que l'initiateur de l'*open source* a-t-il été traversé par le même genre d'image.

➤ *Approfondir la comparaison dans toutes ses dimensions*

La démarche analogique peut se révéler d'une fertilité insoupçonnée lorsqu'elle approfondit la comparaison dans ses différentes dimensions. Pour comprendre et expliquer des phénomènes, poser de bonnes questions, anticiper et inventer.

Prenons le phénomène Internet et interrogeons les métaphores utilisées à son propos. Lorsqu'on parle de la toile, il peut être intéressant de se poser des questions sur la fragilité des fils qui tissent le « *world wide web* », d'identifier qui sont les araignées et qui sont les mouches. Ou encore, lorsqu'on parle de surf et de navigation, de penser à ceux qui restent sur le quai, ou à ceux qui risquent de se noyer dans l'océan de l'information.

Exercice 10.10

Si Internet évoque pour vous...	Demandez vous alors...
– l'architecture...	– qui délivre les permis de bâtir ?
– la ruée vers l'or...	– que représente l'océan Pacifique ?
– le réseau électrique...	– où sont les fusibles ?
– l'espéranto...	– pourquoi il ne fut pas un succès ?
– la jungle...	– qui sont les moustiques ?
– un flipper...	– pourquoi on s'en lasse ?
– la ville de Bruges...	– ce qu'est un piétonnier ?
– une bibliothèque...	– quand est-elle le plus fréquentée ?
– etc.	– etc.

➤ *Transposer le problème dans un autre domaine*

Prenez un problème qui vous encombre depuis longtemps. Réduisez-le à sa composante la plus significative, quitte à devenir conceptuel ou même abstrait. Retenez de ce tracas un seul mot, celui qui caractérise le mieux la difficulté, par exemple insécurité, trahison, épuisement, rupture... Transportez-vous alors dans un autre système, dans ce que certains appellent un

« minimonde ». Et observez ce que ce mot évoque, comment le système a réagi, pourquoi les choses se sont passées d'une manière et pas d'une autre. Réimportez alors les idées recueillies dans le problème qui vous occupe.

Exemples de minimondes		
mécanique	photographie	religion
jardinage	épiceries	zoo
biologie	informatique intérieure	théâtre
agriculture	sports	insectes
coutumes tribales	astrologie	éducation
cirque	mode	oiseaux
littérature	psychologie	espionnage
physique	musique	minéraux
science-fiction	préhistoire	cinéma
mathématiques	danse	planètes
menuiserie	antiquité	sorcellerie
électricité	guerre	cerveau
publicité	finance	corps humain
météorologie	histoire	médecine
sculpture	presse	terrorisme
géologie	mythologie	espace
peinture	pêche	imprimerie
chimie	vins	mafia
transports	métallurgie	golf
comptabilité	grands magasins	marine
armée	monastères	botanique

Changement de point de vue

Changer de point de vue apporte de nouvelles idées. Il s'agit d'aborder le problème en se mettant dans la peau de quelqu'un d'autre, qui a une profession, un statut social, une appartenance culturelle différents, de voir le problème dans un état émotionnel particulier ou dans des conditions géographiques différentes.

Appartenance (pays, culture, religion, opinion politique…)	Situation, statut (familial, social, professionnel…)	Métier, profession, formation	Caractères, comportements, états psychiques
anglais	bébé, enfant	musicien	colérique
russe	adolescent	peintre	émotif
africain	vieillard	comédien	flegmatique
parisien	père	journaliste	gai
américain	mère	animateur TV	pessimiste
japonais	beau-père	publicitaire	mélancolique
turc	grand-mère	libraire	audacieux
chinois	marié	informaticien	paresseux
suisse	célibataire	photographe	travailleur
lapon	divorcé	écoconseiller	créatif
allemand	veuf	ingénieur	maniaque
polonais	orphelin	avocat	relax
congolais	indépendant	médecin	stressé
irakien	fonctionnaire	architecte	ponctuel
australien	ouvrier	comptable	hystérique
new-yorkais	patron	cuisinier	paranoïaque
arabe	syndicaliste	boulanger	altruiste
croate	star, vedette	menuisier	égocentrique
sicilien	milliardaire	infographiste	dilettante
afghan	malade	garagiste	passionné
slave	handicapé	consultant	agressif
chrétien	sans logis	pilote de ligne	impulsif
musulman	prisonnier	juge	timide
juif	chômeur	infirmière	manuel
bouddhiste	entrepreneur	pharmacien	habile
athée	étudiant	coiffeur	discret
tibétain	chercheur	psychologue	maladroit
libéral	aristocrate	instituteur	mythomane
nationaliste	paysan	banquier	fantaisiste
progressiste	bénévole	policier	hyperactif
conservateur	militaire	entrepreneur	rêveur
socialiste	homme politique	facteur	idéaliste
intégriste	religieux	marin pêcheur	violent

Les différents points de vue peuvent être combinés : mettez-vous par exemple dans la peau d'un consultant stressé qui quitte l'aéroport pour un voyage d'affaires.

Inversion et concassage

Inversion et concassage font partie des méthodes dites antithétiques. La démarche consiste à évacuer « la figure de ce monde », à déplacer l'ordre des choses, à remettre en question les évidences jusqu'à l'absurde; elle est animée d'un esprit de contradiction et de provocation.

Un exemple : dans une petite ville de France aux problèmes de parking insolubles, l'étroitesse des trottoirs interdisait, un comble, l'utilisation de parcmètres. Le conseil municipal se pencha sur la question et chercha un autre système, tout aussi facile à contrôler, pour empêcher les voitures de passer la journée entière au même endroit. Quelqu'un suggéra alors de remplacer l'obligation de verser une pièce dans un parcmètre par celle de laisser ses grands phares allumés...

➤ *Inversion*

Aborder le problème à l'envers, prendre le chemin opposé à ce qui semble s'imposer, renverser les situations ouvre tout un espace d'idées insoupçonné.

Par exemple : rémunérer le médecin – comme cela se pratique en Chine – quand les patients vont bien et non quand ils sont malades, faire payer le courrier par le destinataire plutôt que par l'expéditeur, considérer que c'est la TV qui nous regarde plutôt que l'inverse, imaginer un bic qui calcule plutôt qu'une calculatrice qui imprime.

Qu'il s'agisse de l'assurance maladie, de la poste, des médias ou encore des technologies de l'information, cela peut valoir la peine de réfléchir la tête en bas ! Quand la serrure est gelée, il est parfois plus facile de chauffer la clé.

Pour s'entraîner à « penser par opposition » face à un problème, une méthode est de se demander systématiquement ce qui se passerait si on lui appliquait telle action et son contraire. Par exemple : construire et détruire, combiner et séparer, rendre simple et rendre complexe, forcer et relâcher, rendre amusant et rendre sérieux, personnaliser et dépersonnaliser, etc.

Une autre est de remettre en question toutes les évidences. Par exemple, que serait un colloque sans orateurs, sans thème, sans salle, sans conclusion, sans pause, bref sans dessus dessous... ? C'est en procédant de cette manière qu'une association a organisé un colloque sur l'enseignement où le ministre concerné s'est exprimé en tant que parent plutôt qu'en tant que responsable politique !

Exercice 10.11

À votre tour ! Que pourrait être :

- un restaurant sans nourriture ?
- une école ouverte à partir de 16 heures ?
- un magasin qui paye ses clients ?
- un homme politique qui choisit ses électeurs ?
- un ordinateur qui ne marche pas ?
- un livre illisible ?
- un cinéma inaccessible ?
- le tennis sans balle ?
- etc.

➤ *Concassage*

Le concassage est une méthode de destruction-construction, de désordre organisé. Il s'agit de se libérer de l'objet de la recherche tel qu'il existe, en le déformant et le maltraitant de toutes les façons, en le triturant et le torturant en tous sens, dans le but de faire apparaître des aspects insoupçonnés. Pour ce faire, une table de concassage peut être utile.

Exemple de table de concassage			
amplifier	réduire	séparer	relier
augmenter	diminuer	éloigner	rapprocher
élargir	rétrécir	adoucir	aiguiser
multiplier	diviser	reculer	avancer
additionner	soustraire	dévoiler	dissimuler
perfectionner	détériorer	rajeunir	vieillir
abaisser	élever	techniciser	sensualiser
ajouter	supprimer	féminiser	viriliser
durcir	ramollir	embourgeoiser	démocratiser
solidifier	liquéfier	ruraliser	urbaniser
colorer	délaver	naturaliser	artificialiser
éclaircir	assombrir	etc.	etc.

Chacun peut élaborer sa table de concassage et se forger ainsi ses propres outils de créativité.

Exercice 10.12

3 M a fait preuve d'une grande créativité en imaginant son fameux Post-it. Comment le battre sur son propre terrain ? En appliquant au Post-it des verbes de la table de concassage proposée ci-dessus, voyez ce que cela peut donner :

– agrandir : des nappes en papier qui ne s'envolent pas, du papier peint que l'on peut changer facilement, des feuilles de *paper board* que l'on peut fixer rapidement au mur;
– agrandir et délaver : Post-it grand format et transparent pouvant être utilisé comme papier calque par les dessinateurs, les architectes;
– multiplier : feuilles de Post-it qui, comme les feuilles d'étiquettes autocollantes, peuvent passer dans une imprimante (multiplier)...
– etc.

La créativité du langage

Le langage est un stimulateur d'imagination, un allumeur d'idées, un provocateur d'étonnements. Les idées nouvelles s'éveillent dans les mots qui leur donnent consistance et existence tandis que les créations lexicales éveillent de nouvelles idées. Avec le plus souvent le sourire en plus !

Il existe plusieurs techniques d'exploitation du potentiel créateur du langage. Deux exemples :

- Les mots-valises, dits aussi mots-gigognes, créés par l'emboîtement ou le télescopage de deux ou plusieurs mots. L'exercice ne consiste pas seulement à les inventer mais aussi à leur donner une définition : un *savanturier* est un pionnier de la science; un *inspecticide*, un inspecteur traquant les idées nouvelles pour les tuer dans l'œuf; *itinerrance* signifie un voyage désorganisé; le rêve d'une société idéale informatisée est appelée *computopie*, un écart de langage une *phrasque*...
- Les néologismes créés à partir de racines anciennes, à l'aide de préfixes et de suffixes, comme *infoduc* par exemple. Pour désigner les technologies de la communication, la langue française n'offre le choix qu'entre des mots restrictifs comme téléphone ou Internet et le terme réseau qui, lui, est trop général puisqu'il concerne aussi bien les télécommunications que les égouts ou les chemins de fer. Les infoducs sont donc ce concept manquant, ces réseaux de l'information qui irriguent la société

de création comme les aqueducs ont distribué l'eau indispensable à l'agriculture et les oléoducs, l'énergie de l'industrie.

Dans ce domaine, la puissance de traitement de l'ordinateur a permis à Jean-Pierre Petit de mettre au point son « logotron », un programme pour créer de nouveaux mots. D'un côté, il a mis en mémoire 333 débuts de mots ou préfixes (para-, anti-, hémi- etc.), de l'autre 205 fins de mots ou suffixes (-nomie, -thèse, -phile, etc.), soit 68 265 mots potentiels.

Après traitement sur machine, un casse-pied devient un *podoclaste*, le paradis est rebaptisé *théotope*, le big-bang est qualifié de *cosmodrame*, les vieux calculateurs électroniques se voient traités d'*ordinosaures*. Tantôt les combinaisons du « logotron » servent de synonymes à des termes existants, tantôt elles font naître un nouveau concept ou objet et appellent alors une définition. Ainsi un *pseudon* désignerait une particule dont l'existence n'est pas prouvée, un *élastodendron*, un arbre à chewing-gum et un *latérologue*, un spécialiste d'une discipline qui n'est pas la sienne. Et que serait un *bistylo*, un *décanif*, un *vice-chien* ou un *semi-fantôme* ?

Dans la foulée des poètes et des humoristes, les publicitaires, eux aussi, ont compris la force des mots et l'utilisent sans complexe. Le slogan nouveau appuie le lancement d'un nouveau produit quand il n'aboutit pas à sa création ! Voyez l'exemple de Swatch : ce nom-valise a révolutionné l'image de la montre suisse, introduit un nouveau concept et lancé un vaste mouvement de mode.

Matrices et dimensions

Tout comme pour explorer un domaine, choisir les bonnes dimensions est essentiel pour analyser un problème. C'est l'effort de divergence qui déterminera à lui seul le cadre de la convergence. Il vaut la peine d'y consacrer du temps car un problème posé dans de bonnes dimensions est à moitié résolu.

De même pour découvrir les petites choses qui pourront un jour faire la différence, pour détecter les bifurcations infimes des changements en cours, pour percevoir dans la confusion d'un débat d'idées celle qui pourrait être déterminante, le choix d'un plan pour la réflexion mérite qu'on y consacre du temps.

La matrice 2 × 2, qui permet de mettre deux variables en relation, constitue à cet égard un outil puissant pour résoudre des problèmes, trouver des idées neuves. Deux exemples dans des domaines très différents : la religion et le monde des affaires. Si ce choix vous fait sourire, tant mieux.

➤ *Matrice de Pascal*

Existence de Dieu / Choix de vie	Oui	Non
Hédonisme	Grande perte Damné pour l'éternité	Gain modéré
Contrainte religieuse	Grand gain Sauvé	Perte modérée

Soit Dieu existe, soit il n'existe pas. Pour répondre en faveur de l'existence de Dieu et encourager la morale religieuse, sans recourir à la foi, Pascal, père de la théorie de la probabilité, a développé une argumentation rationnelle en appliquant au sujet la logique de la matrice 2 × 2. Un mariage créatif entre la théologie et les mathématiques ! Un beau pari !

➤ *Matrice du Boston Consulting Group*

Part de marché / Taux de croissance	Forte	Faible
Fort	Vedette	Dilemme
Faible	Vache à lait	Poids mort

Le fondateur du BCG, Bruce Henderson, a créé sa fameuse matrice permettant de situer les différents produits d'une entreprise en 1970. Non seulement, il a fait ainsi du BCG un leader du conseil en stratégie, mais il a joué aussi un rôle important pour faire accéder la stratégie au statut de discipline à part entière du management.

➤ *Les dimensions de la stratégie*

De nombreuses réflexions stratégiques s'appuient aussi sur deux axes. Il suffit d'observer les *flips charts* au sortir d'une salle de réunion où l'on vient de discuter du futur. Mais le plus souvent, les dimensions retenues sont le temps et l'argent, comme si une stratégie pouvait se réduire à une croissance du chiffre d'affaires ou des parts de marché. Or il y a bien d'autres dimensions qui font apparaître d'autres aspects de la stratégie, ouvrent d'autres pistes de réflexion et méritent donc d'être explorées.

Pour poser le problème autrement, choisissons donc deux dimensions moins habituelles : d'une part les grandes tendances et mutations actuelles, à l'œuvre dans le monde et auxquelles l'entreprise doit s'adapter, et d'autre part les ressources dont le dirigeant est responsable : ses ressources propres mais également celles de son entreprise.

Parmi les modèles possibles de matrice, prenons le tableau à double entrée et plaçons en tête de chacun des axes les dimensions retenues. Pour chaque dimension, établissons une liste d'éléments caractéristiques et introduisons-les dans le tableau.

Tendances à la hausse / Ressources	Incertitudes	Rôle des médias	Exigences du client	Mondialisation	Etc.
Personnelles du dirigeant		Formation à l'expression orale			
Humaines				Apprentissage des langues	
Finances	Produits dérivés				
Information	BD relationnelle		CRM		
Etc.					

Si on croise les deux dimensions proposées, la matrice de découverte qui en résulte présente le problème de la stratégie de manière particulièrement efficace. Quelques exemples. La mondialisation des échanges commerciaux pose la question des connaissances linguistiques du personnel. L'incertitude généralisée entraîne la nécessité d'organiser toutes ses informations dans une banque de données relationnelle, la plus à même de réagir à des demandes aujourd'hui inconnues. La médiatisation de la société exige du responsable qu'il puisse s'exprimer facilement devant une caméra, etc.

Ce type de matrice permet de produire des idées nouvelles en confrontant des éléments qui habituellement ne sont pas combinés. En parcourant les cases une à une, on constate tantôt que les croisements ont déjà été exploités dans la réalité, tantôt non. À côté des cases pleines, ce sont les cases vides qui sont les plus intéressantes car elles constituent une invitation à l'invention, un appel à l'imagination.

Au-delà des frontières du système

Une autre manière d'avoir des idées, de trouver des explications inédites, de voir autrement ou plus, consiste à bien identifier toutes les « poupées russes » d'un problème, à déterminer les couches successives de son environnement, la nature des frontières qui les séparent et des interactions qui les affectent.

L'expérience suivante illustre à la fois la difficulté mais aussi la richesse de cette approche. Un animateur entre avec une boîte à chaussures en carton, fermée par du papier collant. Il la pose ensuite au milieu de vous, sur son petit côté et demande d'imaginer que dix secondes après avoir été lâchée, la boîte tombe latéralement, sur sa face la plus grande. Il vous demande de visualiser le mouvement, mais surtout d'expliquer pourquoi une telle chute s'est produite.

Très vite, le courant d'air est alors évoqué, et puis le tremblement de terre. Un peu plus tard vient l'idée d'un hamster remuant et du fil transparent que l'animateur tient en main et qu'il a pris soin de bien attacher à la boîte.

Une coupe transversale de toutes les boîtes noires successives permet probablement d'avoir beaucoup d'autres idées : un ouvrier situé au-

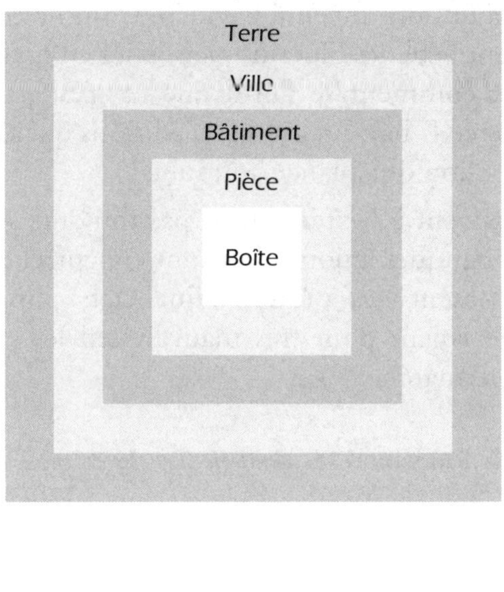

dessous perce le plancher avec une foreuse, le séminaire a lieu sur un bateau, un gros camion passe dans la rue, la chute est télécommandée…

L'environnement de l'entreprise est aussi fait de couches différentes qui interagissent comme le montre le schéma ci-dessous emprunté à J.-P. Ducreux et M. Marchand-Tonel [1]. Chacune des couches a une frontière, et c'est souvent au-delà de cette frontière qu'il y a d'excellentes idées à prendre.

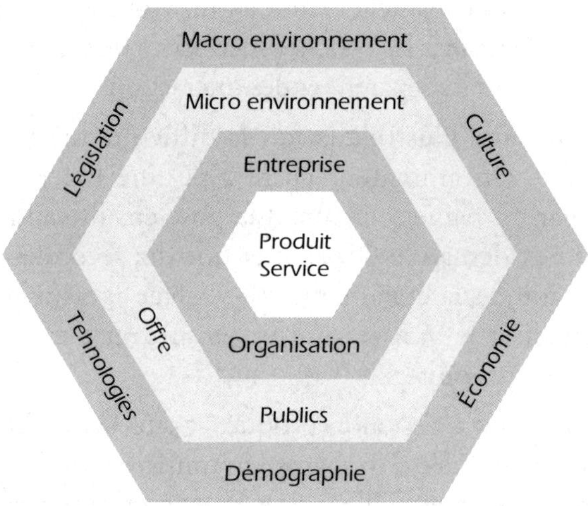

L'élément le plus important pour l'avenir d'un système naît, bien souvent, loin de ce système.

Ce n'est pas la poste qui a inventé le fax. Ce ne sont pas les exploitants de salles de cinéma qui ont inventé la vidéo. Comme ce ne sont pas ceux qui jadis revendaient l'été des blocs de glace sciés en hiver, qui ont inventé le réfrigérateur. Et comment se fait-il que ce n'est pas le secteur de la distribution qui a créé E-bay, un groupe d'éditions qui a imaginé Amazon, une chaîne de télévision qui a lancé YouTube ?

Le danger est souvent à l'extérieur. Et pas toujours sous la forme d'un rival habituel. Les banques aujourd'hui sont concurrencées par les grands magasins qui proposent des produits financiers plus intéressants. Les épiceries de village voient d'un très mauvais œil les stations services se transformer en supermarché.

1. Ducreux J.-P. et Marchand-Tonel M., *Stratégie. Les clés du succès concurrentiel*, Éditions d'Organisation, 2004.

Le tout et les parties : isoler les parties d'un problème

L'arbre cache souvent la forêt mais l'inverse est tout aussi vrai : la forêt peut cacher l'arbre. Ainsi l'appréhension globale d'une entreprise empêche parfois de voir quelles en sont les diverses composantes et en quoi celles-ci la différencient des autres entreprises.

L'exemple qui suit tente de vous montrer tout l'intérêt de l'approche « anti-systémique ». Des cadres d'une grande entreprise informatique cherchent comment lui redonner un second souffle. Il leur est proposé de lister les atouts de la société, d'en isoler un seul en oubliant tous les autres et de voir comment il pourrait être exploité.

Premier atout : malgré les difficultés de l'heure, l'entreprise a une bonne image de marque, ses produits ont un label de qualité. Les solutions sortent : acheter d'autres produits fabriqués par d'autres et y mettre le logo de l'entreprise, vendre l'image à d'autres, créer un réseau de franchisés, créer un label de qualité au nom de l'entreprise et l'attribuer à toute une série de produits dans le domaine de l'information et des médias.

Deuxième atout : malgré les restructurations, l'entreprise a une bonne situation financière, elle a encore de l'argent. Elle pourrait créer une banque, une compagnie d'assurances, prendre des participations chez les concurrents, se lancer dans l'immobilier.

Exercice 10.13

Imaginez deux pièces de monnaie roulant l'une contre l'autre sans le moindre frottement (comme des engrenages). La situation de départ est la suivante :

Si on fait faire à la pièce de droite un tour complet autour de celle de gauche supposée fixe, combien de fois tournera-t-elle sur elle-même avant de retrouver sa position de départ ?

À première vue, un tour complet avant d'avoir à nouveau la tête sur les épaules. Eh bien non...

Solution à la fin du chapitre, p. 281.

Exercice 10.14

La scène se passe sur une rivière, devant la balise indiquant le kilomètre 12. Un rameur énergique, et porté par le courant, perd soudain son chapeau sans s'en rendre compte et continue à ramer pendant un quart d'heure avec le même entrain. Il constate alors la disparition de son couvre-chef et fait demi-tour à la rencontre de son chapeau flottant sur l'eau. Il rame à contre-courant en déployant exactement la même énergie, et récupère son bien à hauteur de la borne du kilomètre 13. On demande la vitesse du courant.

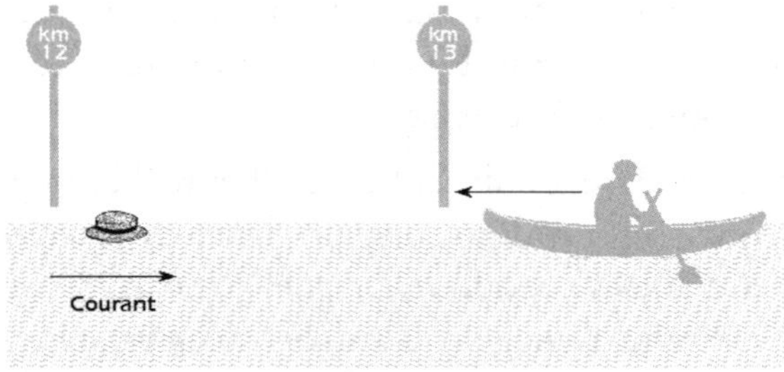

La première idée d'un mathématicien dans une situation pareille est de construire un système d'équations, de se jeter dans l'inconnu, ou plutôt dans les inconnues.

Il baptise :

- Vc, la vitesse du courant (ou celle du chapeau),
- Vr, la vitesse relative du rameur,
- T, le temps qu'il met à remonter la rivière jusqu'à la borne 13,
- D, la distance parcourue à contre-courant.

À première vue, quatre inconnues suffiront. Mais la première vue est-elle la bonne ? Essayons une deuxième.

Un regard oblique, latéral sur le problème permet en effet de le résoudre pratiquement sans calcul.

Solution à la fin du chapitre, p. 281.

Megatrends

Que ce soient la généralisation des réseaux de télécommunication, la mondialisation de l'économie, les nouvelles contraintes écologiques, l'importance reconnue aujourd'hui de la société civile et du rôle des associations ou encore l'influence croissante des médias, tout concourt à transformer en profondeur le cadre de travail, tout pousse le dirigeant à mettre son activité en perspective et à changer la vision qu'il en a. Lorsqu'une entreprise réfléchit à sa stratégie, un exercice intéressant consiste à choisir au hasard dans une liste répertoriant les grandes tendances et les faits porteurs d'avenir, l'un ou l'une d'entre eux et à se demander en quoi il pourrait avoir un impact sur l'activité de l'entreprise.

À première vue, la tendance isolée de façon aléatoire n'a rien à voir... mais à deuxième vue, des incidences apparaissent et elles ne manquent pas d'intérêt. Sans l'intervention voulue du hasard dans le processus de réflexion, on n'y aurait peut-être pas pensé. « Tout est dans tout. » L'expression est presque devenue un lieu commun mais dans la réalité, on n'en tient guère compte. Quel pourrait être, par exemple, l'impact du rôle croissant des grands-parents dans l'éducation des enfants sur l'activité bancaire ? C'est en y réfléchissant qu'une banque a lancé avec succès une nouvelle formule d'épargne où les grands-parents économisent pour leurs petits-enfants.

Exemples de critères pour évaluer une idée nouvelle
Avez-vous dû vous battre ? Avez-vous pris un risque ? Est-elle née par hasard ou grâce à une méthode de créativité ? Étiez-vous seul ou en groupe ? Est-elle utile pour d'autres ? Perçoit-on la créativité autrement depuis ? Crée-t-elle un changement de paradigme ? Y a-t-il un bénéfice pour le client ? Découle-t-elle d'un problème reçu ou d'un problème imaginé ? Est-ce une redécouverte de l'ancien ? Contribue-t-elle à améliorer l'image de l'entreprise ? Provoque-t-elle l'apparition d'un nouveau mot ? Si oui, ce nouveau mot a-t-il été créé à cette occasion ou importé d'ailleurs ? Peut-on la dessiner ? Est-il facile de la tester ? Une règle de l'entreprise est-elle modifiée ? Un journaliste est-il venu ? Y a-t-il un critère pour évaluer l'idée dans le futur ? Y aura-t-il un avant et un après ? Se souviendra-t-on de l'endroit et du moment où elle est née ? Suscitera-t-elle des réactions ? Pose-t-elle un problème éthique, juridique ? Quelles sont les conséquences d'un échec ?

Idées-clés de ce chapitre

Le succès de la recherche d'idées passe par une réduction préalable de son objet.

Choisir les bonnes dimensions pour analyser un problème est essentiel.

Ne confondons pas le domaine et le problème.

Il faut « voir » le problème.

Parfois la manière la plus facile pour aborder un problème est de reformuler la question.

L'analogie passe par un laisser-aller des associations. Mais on peut également fonctionner à l'envers : imposer l'association.

Aborder le problème à l'envers, prendre le chemin opposé à ce qui semble s'imposer ouvre tout un espace d'idées insoupçonnées.

L'élément le plus important pour l'avenir d'un système naît bien souvent loin de ce système.

Des idées nouvelles s'éveillent dans les mots tandis que des créations lexicales éveillent de nouvelles idées.

Solutions des exercices

10.13. Ce serait le cas si, au lieu de l'engrenage, il y avait un glissement parfait, c'est-à-dire si le même point de la pièce de droite était en contact permanent avec la pièce fixe. Et donc à ce tour-là, il faut en ajouter un deuxième dû à l'entraînement. Après un quart de tour, la pièce mouvante a déjà la tête en bas. Pour s'en convaincre, il faut diviser mentalement l'expérience en deux sous-systèmes et les isoler. Le fait pour une pièce de rouler sur un segment de droite d'une longueur égale à sa circonférence lui fait déjà faire un tour complet...

10.14. Imaginons un instant la rivière infiniment large, jusqu'à en oublier que le courant a une vitesse. Il est facile alors de voir que si le rameur s'éloigne pendant 15 minutes de son chapeau, il mettra également 15 minutes pour le retrouver après avoir fait demi-tour. Et ce, quelle que soit la vigueur constante avec laquelle il rame. Le chapeau aura donc parcouru 1 km en 30 minutes et la vitesse du courant est de 2 km/h.
Dans le cas particulier où Vc = Vr, après un quart d'heure, le rameur est déjà à la borne 13 et dans les 15 minutes qui suivent, sa force lui permet de faire du surplace et d'attendre son chapeau.
Pour ceux qui aiment la première vue, il faut appliquer trois fois l'équation : Distance = Temps × Vitesse.

(1) rameur à l'aller	$1 + D = 15 \times (Vr + Vc)$
(2) rameur au retour	$D = T \times (Vr - Vc)$
(3) chapeau	$1 = (15 + T) \times Vc$

Donc (1) = (2) + (3) et on trouve T = 15 quelle que soit Vr.

Dans la vie quotidienne des entreprises et des organisations, il y a beaucoup de pièces qui tournent autour d'une autre et de chapeaux qui tombent dans l'eau, beaucoup de situations où il est avantageux de décomposer, d'isoler les parties d'un problème.

11

IDÉE NOUVELLE *versus* BONNE IDÉE : L'ÉTHIQUE DE LA CRÉATIVITÉ

Ne faut-il que délibérer ?
La Cour en conseillers foisonne
Est-il besoin d'exécuter ?
L'on ne rencontre plus personne.

JEAN DE LA FONTAINE

Nous avons vu ce qu'est une nouvelle idée, mais une nouvelle idée n'est pas automatiquement une bonne idée, dans le sens de socialement souhaitable, éthiquement recevable. Dans quelle mesure la faculté de penser sert-elle de « bonnes » causes ? Comment sélectionner les bonnes idées ?

Comme il existe des méthodes pour aider la créativité (le premier temps de la pensée), des critères sont à notre disposition pour encadrer le jugement (le deuxième temps de la pensée). Les idées interagissent avec le monde qui nous entoure et pour chacune d'elles, l'une ou l'autre valeur est en jeu. La créativité appelle la responsabilité.

Pour penser l'idée nouvelle, onze critères vous sont proposés, cinq ont plutôt trait à la forme, six plutôt au fond. Pour chaque critère, un thème actuel précis est abordé et un philosophe de référence est consulté.

L'éthique en amont de la morale

Que faut-il faire ? Que dois-je faire ? Puis-je rester silencieux ? Quelles sont mes responsabilités ? Qu'est-ce qui est bien ? Ces questions simples dans l'expression font partie de notre quotidien. Périodiquement, elles nous interpellent, nous mettent face à ce que nous sommes, à nos valeurs, à nos conceptions des choses. Ces questions peuvent même dévoiler des contradictions internes, nous mettre en conflit avec nous-mêmes. Elles s'adressent à l'homme et non au manager, au citoyen et non à l'actionnaire. C'est l'autre côté de nous, homme ou femme d'entreprise, qui est confronté aux questions d'éthique et de morale, deux mots qu'il faut donc préciser et définir.

L'un vient du grec *ethos* qui veut dire comportement. L'autre vient du latin *mores* qui veut aussi dire comportement. Mais entre les deux mots, la nuance est plus grande qu'on ne le pense. L'ethos trouve ses origines dans un contexte grec, on y adhère librement, philosophiquement. Rome par contre est le lieu de la loi, de la norme. On est contraint aux *mores*, juridiquement, voire militairement.

Ces questions s'adressent à l'individu, pas au groupe. Si une entreprise a une personnalité juridique, elle n'a pas de personnalité philosophique. Chaque membre du personnel a une éthique, une décision peut heurter la morale de chacun. Mais une organisation ne pense pas, et dire d'une entreprise qu'elle a pris conscience d'un problème n'est rien d'autre qu'une métaphore.

La conscience est individuelle, la responsabilité morale ou éthique l'est donc aussi. Mais aussitôt ce point commun précisé, éclairons ce qui différencie les deux variantes sur le thème du devoir.

Si, théoriquement, le champ d'application est le même – l'ensemble des activités humaines –, l'usage même des deux mots et l'influence de penseurs comme Philippe Van Parijs et Christian Arnsperger centreraient plutôt l'éthique au cœur de l'économique et du social. Dans le cas où la question éthique est liée à une activité professionnelle particulière, on parle aussi de déontologie.

La morale peut avoir une connotation religieuse, même s'il existe une morale laïque, alors que l'éthique, elle, n'a pas de repère théologique. La religion serait-elle à la foi ce que la morale est à l'éthique ?

Quelle est l'origine de ces deux différents sentiments de devoir ? La morale vient d'une certaine manière d'en haut, en tout cas de l'extérieur. Il est question de maxime, Kant parle même d'un impératif catégorique qui se rapproche de l'absolu. L'éthique, au contraire, germe à l'intérieur de chacun de nous. On y parle plus de valeurs à défendre en relation avec un contexte.

La tentation est d'évoquer dans le cas de la morale une philosophie pure, dans le cas de l'éthique une philosophie appliquée. Le philosophe anglais Bernard Williams distingue ainsi d'un côté, les concepts fins – le bien, le mal – qui peuvent être discutés dans l'absolu et de l'autre, les concepts épais – le juste – pour lesquels une réflexion est nécessairement en perspective. Les premiers isolent les moyens, proposent des références. Les deuxièmes prennent le but en considération et interpellent notre discernement. Mais il faut bien sûr se méfier des mots. Le livre que Kant, le grand théoricien, a consacré à la morale s'appelle bizarrement *Critique de la raison pratique*…

L'éthique semble plus à l'ordre du jour que la morale. Peut-être est-ce la faute d'une partie des philosophes du XXe siècle, trop tentés par l'abstraction et plus préoccupés par l'analyse des mots et des jugements moraux que par leur utilisation.

Peut-être sommes-nous à l'origine de cette situation. La morale peut culpabiliser alors que l'éthique, à première vue, semble moins contraignante. Ou peut-être y a-t-il – troisième explication possible – urgence éthique ? Tout se passe comme si le monde ne pouvait pas se permettre d'attendre ce que dira la morale, comme s'il avait besoin pour prendre certaines décisions de ce que Daniel Bennett appelle une « boîte des premiers secours ».

Nous vivons dans un monde impensé, peut-être même plus pensable. Heidegger disait : « La science ne pense pas ». Or la place qu'elle prend augmente de jour en jour.

John Rawls fit un constat de divergence dangereuse et publia en 1971 sa *Théorie de la Justice*. L'impact du philosophe de Harvard est sans doute lié à ce souci d'une cohérence nouvelle. Entre une approche venant d'en haut faite de théorie normative et de lois, et une approche venant d'en bas basée sur une analyse intuitive au cas par cas, John Rawls propose une pratique de l'équilibre réflexif issu d'un aller retour continu entre nos sentiments et les principes.

La morale se bâtit sur un ensemble de règles établies par la communauté. Elles permettent l'action à chacun de ses membres. L'éthique est une des disciplines de la philosophie, celle qui cherche à comprendre l'origine, les buts, la justification et les principes fondateurs par la lecture de ces lois morales. L'éthique est donc première, en amont de la morale.

Comme le précisa Paul Ricœur, dans son ouvrage *Soi-même comme un autre*, la morale désigne ce qui, dans l'ordre du bien et du mal, se rapporte à des normes, des impératifs et donc aussi à des interdits. L'éthique désigne le registre de l'intention, de la visée qui habite la relation entre le sujet, l'autre et l'institution. À la visée éthique correspond l'estime de soi et la sollicitude pour autrui, au moment moral correspond le respect de soi et l'exigence de réciprocité dans les rapports avec autrui.

La hiérarchie des valeurs humaines n'est pas absolue et c'est dans ce constat que se trouve peut-être l'insuffisance de la morale.

La question philosophique qui traite du bien se décline donc en deux dimensions. La morale existe grâce à l'éthique et *vice versa*. C'est parce qu'il y a des règles que se pose la question de leur interprétation, c'est parce que nous interprétons différemment le monde qu'il y a nécessité de règles communes.

L'une ne peut exister sans l'autre, mais il n'y a pas pour autant symétrie, car il n'y a pas d'éthique sans prise de risque.

Il faut parfois savoir quitter la table.

	Éthique	Morale
Philosophes de référence	Machiavel, Spinoza, Rawls	Kant
Distingue	Bon et mauvais	Bien et mal
Suppose	Jugement, valeur	Maxime, principe
Approche	Systémique	Analytique
S'adresse à	Intelligence	Volonté
Vient de	L'intérieur (je)	L'extérieur (tu)
Nous	Responsabilise	Interpelle
Est	Individuelle	Partagée
Peut conduire à la	Sagesse	Sainteté
Adjectif	Raisonnable	Rationnel
Logiquement en	Contradiction	Cohérence
Poursuit	Amour, bien-être	Justice
Espace et temps	Ici et maintenant	Partout et toujours
Lieu de référence	Agora grecque	Forum romain
Procède par	Essai et erreur	Certitude
Le parler	Débat	Discours
Dérive possible	Self service	Intégrisme

Idées créatives, idées souhaitables ?

La créativité est l'aptitude à avoir de nouvelles idées, en rupture avec les habitudes. Bien. Mais la définition à peine posée, les choses se compliquent déjà. Dans quelle mesure en effet la créativité génère-t-elle de « bonnes » idées ? Dans quelle mesure la faculté de penser sert-elle de « bonnes » causes ?

La question ne peut rester sans réponse, car un coup d'œil sur l'Histoire a vite fait de convaincre l'observateur que, dans pas mal de cas, il eût mieux valu que l'homme ne fût pas créatif du tout.

Même le grand Léonard de Vinci n'échappe pas à la critique. Un tiers environ de ses œuvres sont arrivées jusqu'à nous mais certaines d'entre elles sont moins admirables que ses madones. Léonard fut en effet un moment au service du duc de Milan pour qui il élabora des armes redoutables. Il imagina ainsi, tirée par un cheval, une grande hélice horizontale dont les pales étaient autant de sabres tranchants destinés à faucher les jambes des fantassins ennemis. Ou même un canon dont les boulets explosaient en une multitude de petits morceaux, ce qui fait de Léonard l'ancêtre des armes à fragmentation. Nous voilà bien loin de la Joconde !

Peut-être même que les armes en tout genre ont depuis toujours fait l'objet d'une créativité particulièrement percutante ! Quand les alliés ont inauguré au-dessus de l'ex-Yougoslavie des bombes au graphite destinées à provoquer de gigantesques courts-circuits dans les centrales électriques, il y avait à nouveau indiscutable preuve de créativité. Peut-on pour autant se réjouir ?

La distinction apparaît ainsi clairement entre la finalité d'une idée nouvelle et l'originalité de cette idée nouvelle. On peut combattre la première et reconnaître la seconde. Ce n'est pas incompatible.

Dans certains États particulièrement ensoleillés des États-Unis, on vend des *pool cooler*, des systèmes destinés à refroidir l'eau de la piscine ! Qui est choqué par une innovation de ce type ? Celui pour qui l'énergie est un bien rare, à économiser à tout prix. Les autres trouvent l'idée intéressante. Les États-Unis semblent d'ailleurs avoir une longue tradition de créativité énergivore. À Los Angeles dans les années 1920, de nombreuses lignes de tramways et de métro sillonnaient l'agglomération. Pour promouvoir la voiture, quelques géants de l'industrie du pneu, de l'automobile et du pétrole achetèrent alors les réseaux des transports collectifs… et les démantelèrent. Le métro ferme en 1955, les trams disparaissent un peu plus tard.

Dans le même genre, certains États du Golfe Persique, qui misent sur l'industrie des loisirs et du tourisme pour assurer leur futur économique, ont consacré des millions de dollars au développement d'un centre couvert permettant de pratiquer le ski, la luge ou le *snowboard* aux portes du désert !

Les exemples de ce type sont nombreux. À chaque fois, ils font un peu mal, car à chaque fois, ils contraignent au grand écart entre un but qu'on désapprouve et une imagination qu'on admire. C'est un peu comme au théâtre. Quand le public applaudit la performance d'un acteur qui vient de jouer le rôle d'un personnage odieux.

Clarifions cela, car c'est bien le problème des valeurs qui est posé. En première approximation, nous avons défini une valeur comme une idée que l'on se fait de ce qui est souhaitable. À chaque fois, il en va d'une conception personnelle du bien. Vu de cette manière, la créativité n'est donc pas une valeur, mais elle peut contribuer aux valeurs. L'idée nouvelle – définie comme créative – peut aller dans le sens de l'idée souhaitable – définie comme valeur. Du choix de ces deux types d'idées jaillit l'étincelle. Mais l'étincelle n'est pas responsable de la présence éventuelle de poudre. Alors faut-il inventer ? Faut-il cloner des moutons, modifier génétiquement le maïs, recycler le plutonium ?

Observons à nouveau l'Histoire au macroscope. Dans l'Antiquité, le problème de la créativité ne se posait pas, le mot n'existait d'ailleurs pas. Le monde était supposé parfait et l'intelligence de l'homme était avant tout l'outil de la compréhension de ce monde. Plus tard, avec l'avènement du christianisme, le problème de la créativité ne se posa pas plus, puisqu'un Créateur était révélé. Le dossier « créativité » apparaissait pour le moins dans de bonnes mains !

Ainsi, au fil des siècles, l'attitude face aux idées nouvelles semble évoluer. À la Renaissance, on redécouvre Platon. Il existe pour chaque objet une référence idéale et l'artisan essaie de l'atteindre. Imitation plus qu'innovation, agilité plus que créativité, c'est la copie du modèle, de la nature, de l'ordre établi qui conduit au chef d'œuvre. Il y a des idées nouvelles, mais la censure de l'Église veille.

Avec Descartes, la Nature et le Monde passent au second plan et la Raison au premier. Les penseurs occupent le devant de la scène. Au siècle des Lumières, les idées deviennent même révolutionnaires. La révolution industrielle voit une certaine consécration des idées insoumises. Les bourgeois commencent à s'affranchir de leur peur viscérale des idées neuves. Parfois, même le créatif est reconnu bienfaiteur de l'humanité à l'image de Pasteur, inventeur du vaccin.

Mais pas d'aveuglement face au progrès, la littérature va immédiatement offrir l'antidote, à l'image du vilain capitaine Nemo créé par Jules Verne…

Aujourd'hui, l'idée nouvelle accède à un statut inédit. Dans la nouvelle organisation de l'économie, il n'y a en définitive plus qu'elle qui soit susceptible de permettre de faire la différence par rapport à un concurrent. Il en découle une confusion entre qualité et nouveauté.

Le marché est peut-être un bon moteur pour faire avancer l'humanité. Mais le changement de vitesse doit rester manuel. Une idée nouvelle n'est pas automatiquement une idée bonne. Malheureusement, pour des raisons financières, une idée qui serait bonne peut se faire attendre longtemps. Qui va mettre au point un remède contre le paludisme si les malades n'ont pas d'argent pour le payer ?

Prenons deux grands dossiers actuels. Les logiciels standardisés et les organismes génétiquement modifiés. De quoi sont accusées les multinationales ? En fait, de créativité ! A priori, on peut trouver plutôt bien qu'un PC soit programmé pour faciliter la vie, ou qu'une bactérie soit programmé*e* pour protéger la vie (par exemple en produisant de l'insuline). Mais de là à accepter que les multinationales rendent leurs clients totalement soumis à leur volonté, il y a un bug qu'il faut éviter. Leur rêve est peut-être de voir le programmeur ou l'agriculteur logiquement modifiés, le premier contraint à acheter sans cesse les nouvelles versions de *software* sous peine de ne plus pouvoir travailler, le deuxième de se procurer chez le même fournisseur les semences de l'année suivante, sous peine de ne plus rien voir pousser.

La totale dépendance du client par rapport à son fournisseur multinational est une idée certes nouvelle. Nous ne croyons pas que ce soit une idée bonne.

L'homme a toujours croisé des informations pour gagner en fiabilité, c'est ainsi que l'on comprend aujourd'hui mieux la Bible. Il a toujours croisé des espèces vivantes pour gagner en qualité, c'est ainsi que le blé ou le mouton ont pu gagner en saveur. Manipuler n'est pas un mal en soi.

Mais la puissance des outils actuels nous contraints à redécouvrir le vieil adage « Qui pense peu, se trompe beaucoup », reformulé par Hannah Arendt de la manière suivante : « Il n'existe pas de pensée dangereuse, pour la simple raison que le fait de penser est en lui-même une entreprise très dangereuse. Mais ne pas penser est plus dangereux encore. »

Des idées, pour le meilleur et pour le pire ?

Nous avons vu dans le chapitre 8 que la pensée est un moteur à deux temps aussi indispensables l'un que l'autre, mais incompatibles simultanément. L'imagination a pour privilège de produire des idées nouvelles, en rupture. Le jugement a pour responsabilité l'amélioration, la sélection, l'accompagnement du neuf. Le jugement permet seul de décréter parfois qu'une idée est bonne. Karl Popper a dit un jour : « Peu importe qui gouverne, du moment qu'il soit bien contrôlé ». Nous dirions : laissez aller l'imagination, puisque c'est au jugement de décider.

Pour aider la créativité, des techniques existent. Pour encadrer le jugement, des critères sont à notre disposition. Les méthodes permettent d'être plus créatifs, les critères permettent de mieux juger. Ils font l'objet de ce chapitre. Ils ne sont pas d'ordre économique, bien sûr. Une littérature abondante traite de l'innovation et de tout ce qu'une entreprise doit affronter pour la réussir. Nous ne traiterons pas non plus des idées que les lois réprouvent. Nous n'aborderons pas les aspects techniques de ces nouvelles idées. Nous ne nous poserons pas la question de savoir si elles sont réalisables ou non.

Non, nous voulons traiter ici des autres enjeux sociétaux, en sachant qu'ils pourront même entrer en conflit avec les impératifs financiers. L'espoir est bien sûr de voir apparaître alors un supplément de créativité pour faire disparaître la contradiction entre l'économique et l'éthique.

Pour commencer, jetons un œil sur la liste des idées suivantes. Certaines sont devenues réalité, d'autres sont en cours de développement, certaines ne verront probablement jamais le jour.

– L'iPod d'Apple.
– Le beurre frigotartinable.
– La plastination.
– Les mathématiques modernes.
– Cartoonbase.com.
– La domotique.
– Un contrôle antidopage dans les entreprises.
– Les conversations téléphoniques sponsorisées.
– Un virus informatique.
– Les 35 heures.
– Un pont suspendu entre l'Italie et la Sicile.
– Le tourisme spatial.
– Les magasins ouverts 24 heures sur 24 et 7 jours sur 7.
– Les algues comme source d'énergie.
– Le maïs génétiquement modifié.
– La privatisation du système pénitentiaire.
– L'interdiction de la politique le dimanche.
– La transmission de l'électricité par les ondes.
– Les puces électroniques de signalisation implantées dans les enfants.

- La thermo-veste régulant la température du corps.
- Un quota de femmes dans les conseils d'administration.
- La pyramide du Louvre.
- Le Paris-Dakar.
- L'enseignement de l'économie à l'école primaire.
- La constitution européenne.
- Un cours de musique à l'université.
- Le vaccin contre le paludisme.
- L'allocation universelle.
- Un Airbus à trois étages.
- La suppression de toutes les dettes de l'Afrique.
- L'Internet olfactif.
- La réaffectation de 10 % des églises en mosquées.
- Le plastique biodégradable.
- Le remplacement de l'impôt par la TVA.
- La fusion atomique.
- La gratuité des transports en commun pour tous.
- Un moratoire logiciel.
- Un philosophe dans chaque entreprise.
- Un salaire identique pour tous les professeurs, de l'école maternelle à l'université.
- Le payement des prévisionnistes au prorata de l'exactitude de leurs prévisions.
- La suppression du tabac sur la Terre.
- L'élection du chef de l'État à l'aide d'une émission télévisée du genre *Star Academy*.
- Tout le courrier payé par les destinataires.
- Le droit de vote pour les enfants.
- La veille concurrentielle.
- Le télétravail.
- Second Life.
- Seulement vingt nombres au Loto (plus de gagnants – moins de gros lots).
- La comptabilité environnementale.
- Le jeton d'absence.
- Etc.

Chacune de ces idées reflète une créativité incontestable. Mais chaque fois également, l'une ou l'autre valeur est concernée. Comment alors porter un jugement ?

Pour penser l'idée nouvelle, pour guider l'attitude recommandée du « oui et... », nous vous proposons onze critères. Cinq concernent plus la forme, six envisagent plutôt le fond. Par onze fois, le regard se portera sur une dimension particulière et abordera un thème actuel précis. Nous demanderons à un philosophe de nous accompagner et préciserons dans un encadré le questionnement.

La liste des critères ne se veut pas exhaustive, d'autres thèmes auraient pu être retenus. Le choix des guides est également arbitraire mais – vous en conviendrez – particulièrement varié. Nous les avons classés par ordre chronologique.

La grille qui suit trouve néanmoins sa place dans la boîte à outils du manager philosophe qui interroge l'éthique de sa créativité ou celle des autres.

Pour présenter les onze sujets de réflexion, les critères seront mis en opposition avec leur contraire. En opposition ou en oxymoron ? À vous de juger.

	Critère proposé pour juger l'idée	**Domaine d'actualité possible**	**Guide disponible**
Forme	Plaisante	Loisirs	Épicure (341-270 av. J.-C.)
	Simple	Complexité	Ockham (1290-1349)
	Claire	Information	Descartes (1596-1650)
	Rigoureuse	Austérité	Russell (1872-1970)
	Belle	Esthétique	Simondon (1924-1989)

Fond	Respectueuse	Discrimination	Kant (1724-1804)
	Utile	Consommation	Mill (1806-1873)
	Sobre	Environnement	Jonas (1903-1993)
	Contrôlable	Gouvernance	Popper (1902-1980)
	Accessible	Réseau	Rawls (1921-2002)
	Audacieuse	Risque	Van Parijs (1951)

La critique des idées : critères portant sur la forme

Plaisante ou désagréable ?

Une vie sans plaisir, sans humour et sans rire serait-elle humaine ? Certains philosophes ont prétendu que le rire distingue l'homme des animaux. Henri Bergson y voit la marque du vivant : le rire se produit quand un être vivant a un comportement figé comme celui d'une machine. Pour Maurice Chapelan, le rire est un désinfectant. Quant à l'humour, il est pour Georges Duhamel la politesse du désespoir.

Le plaisir est multiple : plaisir des sens, plaisir de la conversation, plaisir d'être ensemble mais aussi… plaisir des Idées. Inventer, découvrir, créer, penser, est une jouissance. Le plaisir fait du bien. Mais est-il un indice du bien ? Une idée plaisante est-elle une bonne idée ? Oui, à en croire un grand spécialiste du plaisir : Épicure.

Penseur engagé, Épicure soutient que la philosophie, recherche de la sagesse, s'adresse en droit à tous les hommes. Il rappelle que le bien est quelque chose à atteindre et non pas à penser. Un bien purement théorique ne serait pas un bien mais une illusion. Appliquée au domaine des idées, cette conception nous invite à toujours songer aux applications d'une idée nouvelle.

La philosophie d'Épicure repose sur une idée simple : rechercher le plaisir, le bien, et fuir la douleur, le mal. Est-ce un encouragement à la luxure, à l'ivrognerie et à la gloutonnerie ? Non, c'est une invitation à éduquer le plaisir. La raison doit réguler les pulsions animales qui nous poussent à choisir toujours le plaisir immédiat et direct. Le plaisir se mérite.

Appliquons le principe du plaisir aux idées. La télévision est-elle un bien ? Elle procure un plaisir indéniable et varié, en apportant détente, divertissement et culture. Mais elle crée une assuétude néfaste à d'autres loisirs comme le sport, et rend moins sensible à la violence en la montrant quotidiennement.

Autre idée, non encore réalisée aujourd'hui : dans les avions, octroyer un poids global pour le passager et son bagage. Un voyageur maigre aurait ainsi le droit d'emporter davantage de bagages qu'un passager plus corpulent, le poids total restant identique. C'est une idée plaisante pour les gens minces mais désagréable pour les autres. Toutefois, on peut supposer que cette pratique inciterait les voyageurs corpulents à maigrir, ce qui serait bénéfique pour leur santé. De ce strict point de vue, l'idée serait bonne.

Mais ce plaisir serait vraisemblablement compensé par les souffrances morales des passagers atteints d'embonpoint. La question se complique.

C'est qu'il y a plaisir et plaisir. Épicure en distingue trois catégories. Les premiers plaisirs viennent combler les désirs naturels et nécessaires, comme boire quand on a soif. Les seconds satisfont des désirs naturels mais non nécessaires, par exemple manger des plats raffinés. La troisième sorte de plaisirs correspond aux désirs artificiels et illusoires, comme les honneurs ou la richesse. De ces trois types de plaisirs, seul le premier est légitime et doit être recherché. Car pour Épicure, le vrai plaisir est de ne manquer d'aucune des choses qui sont nécessaires à la plénitude de l'être.

Ceci nous permet de distinguer l'essentiel et l'accessoire. L'invention d'un système d'épuration de l'eau de mer, qui la rendrait potable, procurerait un plaisir essentiel dans de nombreux pays. Ce qui n'est pas le cas d'une télévision 16/9 ou de chips au goût de hamburger.

Questions

L'idée nouvelle est-elle amusante ? Fait-elle rire ou sourire ?
Rapproche-t-elle les gens ou les éloigne-t-elle les uns des autres ?
Le plaisir provoqué par l'idée nouvelle est-il essentiel ou accessoire ?
Concerne-t-elle le travail ou le loisir ?
Penser à l'idée nouvelle rend-il heureux ?
Etc.

Simple ou sophistiquée ?

Posez la question autour de vous : demandez, à propos d'une goutte d'eau, si elle représente pour vos interlocuteurs un concept simple ou bien compliqué. Une majorité écrasante citera la simplicité, en s'étonnant même de la question. Et pourtant ! Un scientifique pourrait parler des heures de cette petite goutte, de quoi convaincre quiconque qu'une goutte d'eau est tellement complexe que jamais il n'arrivera à en comprendre toutes les caractéristiques.

Qu'est donc alors la simplicité, si elle n'existe pas ? Probablement un consensus. Une goutte d'eau est un concept simple parce qu'une majorité se dégage pour la considérer comme telle. Mais cela ne suffit pas : elle est considérée comme simple parce que ses mécanismes internes ne doivent en général pas être connus.

Changez maintenant d'interlocuteurs et, à propos cette fois d'une calculatrice de poche solaire, posez la même question : simple ou compliquée ? Les réponses se répartiront probablement ici d'un extrême à l'autre, selon que l'interlocuteur considère la fonction de la calculatrice ou son fonctionnement. Les autres personnes interrogées se situeront tout en nuances suivant leur perception : la fonction de la calculatrice est simple mais son fonctionnement ne l'est pas.

Troisième et dernier test : le système fiscal pour les Européens est-il simple ou compliqué ? Une quasi-unanimité vous démontrera l'impossibilité de comprendre tous les mécanismes de ces lois qui continuent pourtant à s'empiler en la matière, sans pour autant étudier tous les cas devenus possibles. Finalement, payer ce que le contrôleur réclame, c'est tellement plus simple ! La boucle est donc bouclée et la thèse démontrée : la simplicité est une valeur relative, aucun système n'est intrinsèquement compliqué, il est seulement perçu comme tel.

Les deux premières questions concernaient la science, la troisième les organisations humaines. Mais il ne faut pas confondre : la complexité de la matière est un défi, celle de notre vie en société serait plutôt une défaite. La complexité est aujourd'hui trop souvent l'excuse rêvée de la démotivation, la bonne conscience du laisser-aller, le pseudonyme du désordre qui veut passer incognito. On plaide la complication comme on plaide les circonstances atténuantes, comme une fatalité qui s'abat sur un système, comme la destinée inéluctable du monde moderne. Il est vrai qu'elle est bien confortable, la complexité ! Elle permet de masquer les erreurs de gestion, de dissimuler les mauvais rendements ou de justifier l'imprécision. Et si elle coûte visiblement cher, on ne peut néanmoins pas démontrer qu'elle ne rapporte rien. Bref, elle a de quoi arranger beaucoup de monde.

Une série d'indices attire cependant l'attention sur ce qui n'est probablement qu'une illusion d'optique. Les écologistes ont démontré que la complexité, au lieu de renforcer un système, contribue plutôt à en augmenter la fragilité. Par analogie à une nouvelle physique, un nombre croissant d'économistes prennent en compte des paramètres jusqu'ici considérés comme négligeables et s'étonnent des mauvais rendements ainsi découverts.

La complexité, qui porte d'ailleurs en elle le carburant de sa propre croissance, apparaît ainsi de plus en plus comme une voie sans issue, une impasse. Ne serait-il pas plus sage alors de réinventer la simplicité, de l'exiger même, de la postuler, de la décréter priorité absolue ?

Pour beaucoup, le progrès ultime est la maîtrise de la complexité dans toutes les sciences. Mais une des conditions n'est-elle pas de redécouvrir ailleurs, tout simplement, la simplicité ? Un philosophe peut nous y aider : Guillaume d'Ockham. La philosophie a retenu le nom de ce moine franciscain, né en Angleterre vers 1290, pour sa critique de la métaphysique. Nominaliste, Ockham soutient que seuls existent les individus, pas les concepts. Ceux-ci sont des instruments commodes mais sans existence propre. Aussi faut-il en limiter le nombre : « Il ne faut pas multiplier les entités sans nécessité ». Ce principe, connu sous le nom de « rasoir d'Ockham », est un outil particulièrement efficace pour décider de la pertinence d'une théorie : entre deux explications concurrentes, rendant compte des mêmes phénomènes, le « rasoir » nous dit que la meilleure est toujours la plus simple. Une méthode de bon sens, claire comme de l'eau, aussi facile à utiliser qu'une calculette… et toujours d'actualité.

Questions

Les utilisateurs présumés sont-ils d'accord pour estimer que l'idée nouvelle est simple ?
L'utilisateur visé peut-il s'en servir sans connaissances techniques spécifiques ?
Combien de temps faut-il pour apprendre à se servir de l'idée nouvelle ?
L'idée est-elle plus simple qu'une idée concurrente ? Fait-elle appel à moins de concepts ?
A-t-elle simplifié une situation existante ?
Etc.

Claire ou confuse ?

Le philosophe qui a accordé le plus d'importance à la clarté est sans conteste René Descartes, qui en a fait un élément-clé de sa méthode. Voulant donner à la science un fondement sûr, Descartes s'inspira de la géométrie pour élaborer quatre règles : l'évidence, l'analyse, la synthèse et l'énumération. Généraliser à l'ensemble des problèmes la méthode de démonstration de la géométrie, voilà qui était une idée nouvelle et géniale. Le précepte le plus original est évidemment le premier : n'accepter que ce qui est absolument hors de doute. C'est l'évidence même : c'est sur une idée parfaitement claire qu'on peut bâtir quelque chose !

L'exemple par excellence de l'évidence est le *cogito* : « Je pense donc je suis ». Pensée indubitable, quand bien même un quelconque dieu mauvais brouillerait mes sens et mon bon sens : quoi que je sois, si je pense, c'est que je suis quelque chose. Fort de cette première certitude, Descartes peut à loisir découvrir l'idée de Dieu en lui, en déduire l'existence dudit Dieu, puis que ce Dieu n'est pas trompeur et qu'il me garantit que mes idées claires et distinctes sont vraies. La science est donc possible.

L'évidence cartésienne est-elle transposable au domaine des idées ? Prenons un exemple : le tourisme spatial. Depuis quelques temps, des agences spatiales en mal de budget acceptent des passagers désireux de voir la Terre d'en haut. Le prix est exorbitant, les conditions de confort très relatives et les risques d'accident élevés. Il est probable que personne n'accepterait de monter dans un avion qui serait aussi peu sûr qu'une navette ou une fusée. Mais l'idée est très claire : permettre à un privilégié de participer à un vol spatial.

Prenons une autre idée : arrêter de rembourser les soins de santé des fumeurs. Voilà une idée qui devrait emporter l'adhésion des non-fumeurs. Après tout, s'il est légitime de considérer que le tabac est un plaisir licite, il est aussi normal que ce soient ceux qui en profitent qui paient l'addition. Toutefois, on peut attraper un cancer du poumon sans fumer. Alors, comment savoir qui est fumeur ? Un ex-fumeur peut-il être remboursé ? À partir de combien de cigarettes fumées dans sa vie est-on fumeur ? A-t-on le droit de pénaliser la famille d'un fumeur en lui laissant les frais des soins à sa seule charge ? Bref, c'est une idée confuse.

Souvent, la clarté n'apparaît pas du premier coup et une analyse est nécessaire pour trouver l'évidence. En 1878, Thomas Edison commercialise le phonographe qu'il vient d'inventer comme… dictaphone pour communications à dactylographier. Et lorsque Graham Bell invente le téléphone, il imagine que celui-ci servira à écouter des concerts à distance. Idée surprenante et un peu obscure. La clarté viendra des utilisateurs eux-mêmes, qui montreront par la pratique à quoi le téléphone peut servir. Fait étonnant : l'inventeur du téléphone était professeur dans une école de sourds-muets. Les voies de la création sont parfois sinueuses.

Il arrive aussi que l'évidence n'apparaisse telle qu'à nos yeux. Il faut prendre garde à ne pas nous laisser éblouir par la nouveauté de l'idée ou par le fait que nous en sommes l'auteur. Ici, nous devons nous fier à l'opinion de nos semblables. Descartes soutenait que l'évidence doit être claire pour tous et, certain que le bon sens (l'intelligence) est la chose du monde la mieux partagée, il invitait chacun à refaire l'expérience du *cogito*. Il en va de même pour toute idée nouvelle : si elle n'est pas claire pour d'autres – idéalement pour tous –, sa clarté est chimérique.

Questions

Prend-on le temps d'analyser la pertinence d'une idée, sans se laisser éblouir par sa nouveauté ?
Si l'idée nouvelle paraît complexe ou confuse, est-elle décomposable en idées plus simples ? Combien d'étapes sont-elles nécessaires ?
Peut-on isoler la contribution de l'idée nouvelle, la valeur qu'elle ajoute ?
Peut-on en faire un schéma pour des enfants ?
Peut-on l'expliquer dans une langue qu'on maîtrise à peine ?
Etc.

Rigoureuse ou inconsistante ?

Rigueur. Le terme évoque la rigidité, la rudesse, la sévérité peut-être, l'inclémence. Mais aussi le froid, l'hiver. La rigueur est justesse, logique, mathématique, précision, méticulosité. Le penseur rigoureux avance prudemment, il dissèque, il suit sans dévier d'un pouce le chemin qu'il s'est assigné. Tel Spinoza, qui analyse les passions comme un géomètre arpente l'espace et qui bâtit son éthique comme un théorème mathématique. L'animal fétiche de Spinoza est l'araignée : symbole du destin implacable, elle tisse sa toile lentement et sûrement. Elle progresse sans fantaisie, avec certitude, vérifiant chacun de ses gestes.

Un autre philosophe représentatif de la rigueur est assurément Bertrand Russell, auteur fécond mais aussi homme d'action engagé. Bertrand Russell affirme que la logique est à la philosophie ce que la mathématique est à la physique. « Tous les problèmes de philosophie, écrit-il, peuvent se réduire, dans la mesure où ils sont spécifiquement philosophiques, à des problèmes de logique. » La logique dont Russell se revendique est la logique analytique : instrument critique de la philosophie, elle opère en décomposant toute question philosophique en une somme de faits observables dont on pourra dire pour chacun s'il est vrai ou faux.

Essayons d'appliquer cette leçon de rigueur à un exemple. Au Canada, tout étudiant peut obtenir un prêt avantageux, qu'il ne doit rembourser qu'à partir du moment où il possède un travail et un salaire suffisant. Est-ce une idée rigoureuse ? Oui, décomposons-la. Pour rembourser un prêt, il faut de l'argent, ce qui suppose d'en gagner. Et pour gagner suffisamment d'argent, il est utile d'avoir fait des études. Ce système de prêt encourage à continuer ou reprendre des études, ce qui est son objectif. Et le nombre d'étudiants attardés ? Il ne paraît pas être plus important au Canada qu'en France. Et même, à supposer que ce soit le cas, que vaut-il mieux pour une société : des étudiants à long terme ou des chômeurs ?

Une des difficultés auxquelles Russell fut confronté est le paradoxe, dont l'exemple le plus ramassé, et le plus ancien, est la célèbre formule d'Épiménide le Crétois : « Je mens ». Si cet énoncé est vrai, alors il est faux, et s'il est faux, alors il est vrai.

Pour trouver une solution aux paradoxes, Russell invente la théorie des types logiques. Son idée est qu'il existe plusieurs niveaux de langage et qu'une contradiction à un niveau se résout à un niveau plus élevé (métalangage). Reprise par Gregory Bateson et l'école de Palo Alto, cette idée est un des fondements de la pensée systémique, et à l'origine de la distinction que nous faisons entre créativité et innovation (voir le chapitre 4).

Lorsque l'on veut savoir si une idée est rigoureuse, il importe ainsi de distinguer soigneusement les niveaux. La technique a amélioré nos conditions de vie à un point jamais connu dans l'espèce humaine. Nous vivons plus longtemps et beaucoup mieux que nos ancêtres. Du coup, certaines maladies apparaissent, comme l'obésité, due à une nourriture trop abondante et un manque d'exercice physique. Des scientifiques se sont penchés sur la question et ont inventé une pilule mangeuse de graisse (encore quelque chose à manger). Mais qu'est-ce qui va nous prévenir des dérives de cette pilule ? Une autre pilule ? Le problème est social et culturel, la « solution » est technique. Pas très rigoureux !

Questions

L'idée nouvelle est-elle précise ? Répond-elle à un besoin précis ?
S'attache-t-elle à un domaine bien circonscrit ou part-elle dans tous les sens ?
La mise en œuvre de l'idée nouvelle suppose-t-elle des étapes ? Si oui, celles-ci s'enchaînent-elles ?
Est-elle « plus de la même chose » ou fait-elle changer de niveau ? Déplace-t-elle la perspective ?
L'idée nouvelle est-elle proportionnée, adaptée à son problème ?
Etc.

Belle ou disgracieuse ?

« Une ligne de pylônes supportant des câbles qui enjambent une vallée est belle ». Et si l'on prenait au sérieux cette assertion du philosophe Gilbert Simondon extraite de son livre *Du mode d'existence des objets techniques* ?

Si l'on envisageait un objet technique non seulement du point de vue de son utilité, de l'intelligence nécessaire à sa construction, ou de son prix, mais du point de vue de sa beauté ? Un pylône peut être beau. Peut-être même un tracteur.

Tout le monde s'accorde pour reconnaître l'importance du design. On célèbre la beauté de certaines voitures. Les grands architectes ont un sens esthétique développé. Les grands couturiers aussi. D'autres produits ne se vendent que parce qu'ils sont beaux : verres en cristal, diamants, flacons de parfum… Pourquoi ? Est-ce uniquement parce qu'ils mettent en valeur la richesse de celui qui les possède ? Non, car en ce cas, ils n'auraient pas besoin d'être beaux mais seulement ostentatoires.

La philosophie de Schopenhauer peut nous aider à comprendre l'enjeu du luxe. « La contemplation d'une œuvre d'art, soutient-il, est un plaisir pur et désintéressé qui nous fait oublier le temps qui passe, nos préoccupations personnelles et notre moi. » Le beau introduit une parenthèse contemplative dans notre vie. Voilà ce qui expliquerait l'attrait du luxe, du moins tant qu'il n'ennuie pas.

Simondon ne méconnaît pas la beauté des choses, mais il vise plus que cela. À ses yeux, l'objet technique n'est pas beau seulement en lui-même. Sa beauté vient de ce qu'il s'insère dans le monde et le prolonge. Est beau l'objet qui crée une harmonie avec le monde. Est belle l'opération technique qui enchâsse un objet dans le monde. La beauté du tracteur surgit dans le travail du champ, celle des pylônes dans la ligne qu'ils tracent dans la vallée.

Sans vouloir transformer tout ingénieur en artiste, reconnaissons que l'esthétique est une caractéristique d'un bon produit. La beauté, le souci des détails, la pureté des formes, le choix des couleurs et des matières ont contribué au succès d'Apple. Ce n'est pas un hasard si beaucoup d'artistes choisissent le Macintosh.

Et dans le domaine des idées ? Là aussi, la beauté est une valeur. On peut s'enthousiasmer pour la pureté d'un théorème mathématique, l'élégance d'une partition de Bach ou la hardiesse d'une combinaison au jeu d'échec. L'histoire de la conquête spatiale n'est-elle pas belle, avec ses défis enivrants, ses exploits humains, ses prouesses technologiques et ses paysages extraordinaires ? Belles aussi les idées de liberté, égalité, fraternité. Le souci des minorités embellit la démocratie. Ce critère de beauté est important. Mais très difficile à manipuler.

La fusion atomique serait-elle belle ? Extrêmement peu polluante, les centrales nucléaires de ce type feraient-elles tache dans le paysage ? Plus ou moins que les grandes éoliennes qui parsèment les régions venteuses ? Et celles-ci sont-elles aussi pittoresques que les moulins à vent et à eau d'antan ? L'Airbus à deux étages s'intégrera-t-il dans son environnement, ressemblera-t-il à un goéland majestueux dans le ciel et maladroit au sol ? Nouvellement implantée en France et en Belgique, Halloween n'a-t-elle pas la laideur d'une fête commerciale de mauvais goût ? Des chercheurs en ophtalmologie et neurologie tentent de mettre au point des implants rétiniens permettant à certains aveugles de distinguer lumière et formes. Est-il idée plus belle que de donner la vue ?

Questions

L'idée nouvelle peut-elle être considérée comme une œuvre d'art ?
Aurait-on envie de prendre un moment pour contempler l'idée nouvelle ?
L'idée nouvelle est-elle harmonieuse, s'insère-t-elle dans le monde et le prolonge-t-elle ?
L'idée nouvelle crée-t-elle de l'identité ? Renforce-t-elle l'identité de l'entreprise ?
À combien des cinq sens l'idée nouvelle s'adresse-t-elle ?
Etc.

La critique des idées : critères portant sur le fond

Respectueuse ou méprisante ?

« Babette. Je la lie. Je la fouette et parfois elle passe à la casserole. » Aveu d'un homme violent et sadique ? Non, publicité pour une crème fouettée. Le slogan est affiché sur le tablier d'une femme au visage caché. Simple humour au second degré, plaident les créateurs de la publicité, qui ne comprennent pas pourquoi des associations féministes les prennent pour cible. Et au fond, qu'est-ce qui les gêne, ces empêcheuses de créer en rond ? Le manque de respect ! Cette publicité choque parce qu'elle montre une image de la femme sans identité (le visage est absent), reléguée à la cuisine et objet des phantasmes de son compagnon.

Cette question du respect a aussi été soulevée par des associations de consommateurs et de parents à propos d'une campagne de publicité destinée aux adolescents. Désireuse de gérer l'argent de poche des jeunes, une grande banque leur prodiguait quelques conseils sur son site web : comparer ce que leurs parents leur octroient avec ce que gagnent d'autres adolescents, afin de savoir s'ils sont en-dessous du barème « normal »; établir une convention argent de poche (grâce à un formulaire proposé par la banque) pour empêcher les parents de revenir sur leurs promesses; automatiser les paiements grâce à un ordre permanent. Le problème n'est pas le légitime souci de la banque de fidéliser une jeune clientèle. Ni le contrat comme tel, qui n'a pas de valeur légale. Le problème est l'image qui est donnée de la famille : un groupe d'individus régi non par des liens affectifs mais par un contrat.

Le manque de respect est aussi flagrant dans les programmes du style *Loft Story*, qui jouent sur le voyeurisme et la perte de toute intimité ou pire, dans l'émission *Jackass*, ouvertement et volontairement dégradante. Mais les idées irrespectueuses ne sont pas réservées aux médias. Certaines formes de management encouragent la compétition entre collègues ou la soumission aux supérieurs, voire la délation ou le harcèlement moral. Des techniques de développement personnel comme la PNL, enseignées aux commerciaux, font bondir les ventes. Au mépris des clients ?

La technique n'est pas non plus tout à fait neutre. Certes, ce ne sont pas les inventions qui sont irrespectueuses mais l'utilisation qui en est faite. Que penser des fusils-mitrailleurs spécialement adaptés à la taille des adolescents ? Que dire des mines anti-personnels camouflées en jouet, dont l'objectif est de frapper les populations civiles et spécialement les enfants ? Et que penser des fusils en plastique et autres jouets guerriers ?

Dans tous ces exemples d'irrespect et de mépris, la question en jeu est : que dois-je faire et que m'est-il interdit ? Nous voici plongés au cœur de l'éthique d'Emmanuel Kant.

Kant est un monument de la philosophie. Un monument de rigueur et de respect. Piétiste, il affirme que le devoir est le moteur de l'éthique. Nous devons respecter une loi morale en nous, et agir conformément à cette loi. En même temps – c'est là le génie du philosophe – cette loi ne nous est pas imposée du dehors, c'est nous-mêmes qui nous la donnons. C'est qu'elle repose sur un principe général dont nous devons déduire les applications concrètes : l'universalité.

En d'autres mots, tous nos actes doivent avoir une portée universelle. Appliqué à l'humanité, le principe d'universalité nous enjoint de respecter toute personne humaine, quelle qu'elle soit. Pourquoi ? Parce que sans cela, aucune vie en société ne serait possible. Kant interdit le mensonge, car il rompt la confiance que nous pouvons légitimement avoir envers les autres : si quelqu'un ment une seule fois, comment être sûr que tous ne mentent pas tout le temps ? L'exemple est extrême, mais tout manager connaît la valeur de la confiance dans le monde des entreprises.

Le respect dû à chacun n'est pas seulement fait d'interdictions mais aussi d'obligations : chacun doit se soucier activement du sort d'autrui, de ses intentions et de ses projets. Ainsi, si je vois une personne en train de se noyer, je ne peux me contenter de m'abstenir d'intervenir, je dois lui porter secours. Cela, toujours en vertu du principe d'universalité qui fait que tout homme a droit au respect et à l'aide des autres, sans quoi une société juste ne saurait exister. Nous sommes tous citoyens du monde, dit Kant deux cents ans avant la mondialisation, et à ce titre nous méritons d'être tous traités avec la même bienveillance.

À la lumière de l'éthique kantienne, on voit ce qui pose problème dans les publicités et inventions irrespectueuses. Elles introduisent de l'inégalité entre les humains, minorisant les femmes, les pauvres, les handicapés, les étrangers, les homosexuels... Elles fabriquent de l'exclusion. Certes, elles ne le font pas toutes avec la même violence. Il y a une marge énorme entre la publicité pour Babette et la mine anti-personnel camouflée en jouet, ou entre la dévalorisation humoristique des mongoliens « pour faire réfléchir » et leur extermination par les nazis dans les années 1930.

Mais cette différence n'est que de degré, et c'est pour cela qu'une idée irrespectueuse n'est jamais une bonne idée.

Questions

L'idée nouvelle nous choque-t-elle ? Pourquoi ?
L'idée nouvelle respecte-t-elle le client ?
L'idée nouvelle traite-t-elle tous les hommes de la même manière ? Est-elle source d'égalité ou d'inégalité ?
L'idée nouvelle sape-t-elle la confiance en la société ? Peut-elle être perçue comme dégradante, violente, insultante ?
L'idée nouvelle pourrait-elle devenir un label, une référence éthique ?
Etc.

Utile ou superflue ?

Une idée utile est une bonne idée. Il ne s'agit pas ici de contester cette affirmation, ni de faire un éloge de l'inutilité. Reste à définir ce qu'est l'utilité. « Est utile, dit *Le Robert*, ce dont l'emploi est ou peut être avantageux, satisfait un besoin. » Utile renvoie à bon, profitable, salutaire, indispensable, nécessaire. Une idée nouvelle sera utile si elle comble un besoin ou apporte un avantage. Ou bien si elle comblera ou apportera : le philosophe William James définit la valeur d'une idée par son usage présent et futur.

Mais qu'est-ce qu'un besoin ? Est-ce seulement quelque chose dont on ne peut se passer sous peine de mourir, comme manger, boire ou dormir, ou bien les besoins s'étendent-ils plus loin ? La voiture, l'avion répondent-ils à des besoins ? Oui, serait-on tenté de dire, et pourtant l'homme les a ignorés pendant des siècles. Peut-être s'agit-il de choses dont on ne peut plus se passer lorsqu'on y a goûté. Autre question : l'avion, la voiture, l'ordinateur, le chauffage, sont-ils avantageux ? Mais avantageux pour qui : pour leurs inventeurs, pour leurs utilisateurs ? La voiture, indispensable pour l'automobiliste, est-elle utile au piéton ?

Abraham Maslow n'a pas mis un point final à ces questions, mais il a jeté sur elles un regard neuf. Il a montré que les besoins se hiérarchisent, du plus vital au plus personnel, comme nous l'avons vu dans le chapitre 1. Pour qu'un bain chaud et un bon livre deviennent des besoins, il faut être repu et reposé.

Le Robert peut nous aider à avancer grâce à une deuxième définition : « Est utile ce dont l'activité est ou peut être mise avantageusement au service d'autrui. » Cette dimension d'altérité donne une direction à l'utilité. Une idée nouvelle qui ne profiterait qu'à son inventeur ne pourrait être dite utile. Il faut qu'une autre personne, en droit sinon en fait, puisse en bénéficier.

Un philosophe a placé ce souci d'autrui au cœur de ses réflexions : John Stuart Mill, esprit encyclopédique, disciple de l'utilitariste Jeremy Bentham. L'utilitarisme est une méthode qui vise « le plus grand bonheur du plus grand nombre », selon la formule de Bentham. C'est que toute action a des conséquences sur la vie de l'individu et sur celle des autres hommes. Bentham envisage de calculer l'optimum de plaisirs pour chacun qui soit compatible avec le bonheur de tous. Celui-ci est en effet essentiel parce qu'il permet d'assurer la société la plus sûre possible, ce qui profite à chacun. L'altruisme se révèle utile.

John Stuart Mill infléchit encore cette idée dans le sens de la solidarité : il souhaite l'instauration du suffrage universel et la formation de coopératives. Il veut que l'État aide les pauvres, notamment en assurant une instruction gratuite et généralisée. Esprit complexe, il introduit aussi les notions de mérite et de compétence, qui valorisent l'esprit d'entreprise et l'initiative individuelle. Ainsi, il trouve légitime une certaine inégalité de bonheur : si quelqu'un travaille beaucoup, il est légitime que sa quantité de bonheur soit plus grande que celle d'hommes qui préfèrent travailler peu. Cette inégalité est légitime car elle encourage chacun à développer ses talents au maximum possible, ce qui est profitable à tous.

Appliqué au domaine des idées, l'utilitarisme apporte le souci d'autrui et le soin du détail. Par exemple, le vote obligatoire devient une bonne idée : chaque citoyen participe à la vie de la société, qu'il le veuille ou non; il est donc profitable à tous que chacun soit tenu de prendre parti pour un certain projet de société. Ne pas voter serait croire qu'on n'est pas concerné par la vie sociale, ce qui est nécessairement faux.

La maximisation des talents, transposée au domaine des idées, est une invitation à soigner les détails. Il suffit de se demander combien de logiciels sont vendus sans être achevés, parce qu'il est urgent de les commercialiser.

Le Robert offre une troisième définition du terme utile, dans l'expression « en temps utile ». Agir en temps utile, au moment opportun, cela laisse entendre qu'il y a, a contrario, un temps inutile. Ainsi, une idée qui révolutionnerait la navigation à voile n'aurait pas un grand impact à l'ère des bateaux à moteur. Une idée nouvelle qui arrive trop tard est tout simplement inutile. Mais une idée nouvelle qui serait trop en avance sur son temps ne serait pas utile non plus. Toutefois, puisque les temps changent, il se peut qu'une idée décalée (re)devienne d'actualité. En cas de pénurie de pétrole et de gaz, qui peut jurer que les bateaux à voile ne redeviennent intéressants ?

Les bonnes idées ne sont pas intemporelles, elles doivent arriver au bon moment.

Questions

L'idée nouvelle peut-elle servir autrui ? Beaucoup de monde ou peu ? Et qui ?
Pourrait-on la supprimer un an après son introduction ?
Au moment de son lancement, existe-t-il déjà un projet d'un modèle encore plus utile ?
À combien de personnes l'idée nouvelle donnerait-elle du travail ?
Permet-elle de diminuer le nombre de clients mécontents de l'entreprise ?
Etc.

Sobre ou démesurée ?

Les idées transforment le monde. L'impact d'une idée nouvelle sur l'environnement exige aussi un critère pour déterminer si cette idée est bonne. C'est la mesure.

Le mot « mesure » vient du latin *mensura* qui désigne le fait, pour un propriétaire fermier, d'arpenter une terre cultivable. L'étymologie a déjà (presque) tout dit. Le rapport de la mesure à l'environnement est à la fois la domination de l'homme sur la terre (le fait de connaître son étendue) et aussi sa responsabilité première (le fait de la respecter, d'en faire un usage modéré, mesuré).

La mesure devient la clé permettant à l'homme de dominer la nature et souvent ses semblables.

Toutefois, avant d'être un instrument de domination, la mesure est ce qui permet aux hommes de vivre ensemble, lorsque chacun sait garder le sens de la mesure ou mesurer ses paroles. C'est ce que Protagoras voulait exprimer en déclarant que l'homme est la mesure de toute chose. S'il vivait aux États-Unis aujourd'hui, sans doute dirait-il dit que la voiture est la mesure de toute chose. Mais homme ou voiture, pour que l'échange soit possible, il faut une mesure qui permette de s'accorder sur ce qu'on échange.

Nos capacités nucléaires permettent d'anéantir notre planète, nos capacités bactériologiques et chimiques rendent possible la destruction de toute vie évoluée, nos capacités génétiques permettent de dérégler le cours de la vie, nos capacités de production transforment notre biotope en le réchauffant. Nous possédons une puissance sans mesure. Le problème technique devient éthique.

Le sens de la mesure nous conduit donc à un critère pour évaluer nos idées nouvelles : la sobriété. Le philosophe Hans Jonas fut l'un des premiers à repenser l'éthique à la lumière de cette problématique. En 1979, il publie *Le Principe responsabilité*, où il met en avant la vulnérabilité de l'existence humaine. Pour lui, le grand problème de l'éthique aujourd'hui est collectif : comment survivre en tant qu'espèce ? Comment faire pour que nos enfants, nos descendants, puissent encore vivre ?

En mesurant nos actes de manière à pouvoir en répondre (c'est le sens premier du mot « responsable ») devant les générations futures. Un slogan a popularisé la philosophie de Jonas : « Nous empruntons la Terre à nos enfants ! » Aucune espèce ne souhaite sa propre destruction. L'humanité a donc pour tâche de veiller à sa survie. Pour cette raison, nous devons être responsables de nos actions à long terme. Le principe responsabilité nous interdit de commettre des actions qui contribueraient à détruire l'humanité. Hans Jonas vise une destruction directe (comme une guerre nucléaire), mais aussi une destruction indirecte : par la pollution de la planète, qui rendrait la vie humaine impossible.

Dans cette optique, inventer le vaccin contre le paludisme serait une bonne idée. Cela permettrait de sauver des centaines de milliers de vie et d'améliorer ainsi les chances de survie de l'humanité. En outre, ce vaccin ne serait probablement pas très coûteux à inventer ni à fabriquer. L'obstacle est pourtant financier : les populations touchées par le paludisme vivent dans des pays du tiers-monde et ne sauraient pas se payer le vaccin. Ce qui signifie qu'une bonne idée peut ne pas être rentable.

L'éthique de Hans Jonas a pour conséquence le respect de l'environnement, mais la planète n'est pour lui qu'un moyen de conserver la vie humaine. Tout autre est la position de Michel Serres. Pour ce mathématicien, ingénieur et philosophe, la science moderne est intrinsèquement porteuse de violence parce qu'elle fait de la nature un objet d'étude et de manipulation. Or, nous arrivons à la fin de ce modèle, qui n'est efficace qu'en ignorant les ratés de la production, effets pervers ou conséquences néfastes tolérées car jugées inévitables. « On ne fait pas d'omelette sans casser des œufs ». Certes, mais que faire des coquilles ? L'idéologie moderne répond que le marché va trouver un débouché rentable. Ce qu'il ne dit pas, c'est que ce débouché va lui-même produire des déchets... Le moteur chauffe et la planète aussi.

Alors que faire ? Reprendre aux Modernes l'idée d'un contrat social et établir un contrat naturel. Telle est l'intuition de Michel Serres. Ou, pour le dire avec les mots d'un de ses disciples, le philosophe et sociologue des sciences, Bruno Latour, instaurer un « parlement des choses ». Car les choses parlent, la Terre s'exprime : réchauffement, trou dans la couche d'ozone, raréfaction, extinction des espèces, mutations génétiques... Encore faut-il que nous puissions l'entendre et faire résonner son langage dans un vocabulaire qui nous parle.

Questions

L'idée nouvelle contribue-t-elle au vivre ensemble ?
Peut-on répondre (se sentir responsable) de l'idée nouvelle ? En est-on fier ?
L'idée nouvelle entraîne-t-elle des effets pervers (pollution...) ?
L'idée nouvelle nous aide-t-elle à « maîtriser notre maîtrise » ?
Existe-t-il une forme plus économe de l'idée nouvelle ?
Nécessite-t-elle un débat au Parlement ?
Etc.

Contrôlable ou invérifiable ?

Comment encadrer les bouleversements entraînés par une idée nouvelle ? Qui a le droit d'avoir des idées dans une entreprise ? Comment favoriser la propagation des idées bonnes et réfréner celle des autres idées ?

Un philosophe s'est posé cette question du contrôle : Karl Popper. Sa réflexion l'a entraîné dans deux domaines : la science et la politique. Philosophe des sciences, Popper oppose science et non-science. La non-science, où Popper range le marxisme, la psychanalyse et même l'économie, est toujours vraie, un même concept – lutte des classes, complexe d'Œdipe, inflation – y expliquant un événement et son contraire.

Une théorie scientifique, en revanche, est contrôlable, c'est-à-dire réfutable. David Hume l'a bien montré, une accumulation de faits ne prouve jamais une théorie. La tâche d'un scientifique digne de ce nom n'est pas de prouver la validité de sa théorie (c'est impossible) mais d'essayer de la réfuter.

Toute théorie est toujours une création. Ainsi, la première faculté du scientifique est l'imagination. Le contrôle ne vient qu'ensuite, et il est toujours négatif : c'est lorsque l'on constate une erreur que l'on peut avec certitude écarter une théorie et en élaborer une nouvelle, plus précise, plus adéquate aux faits ou plus cohérente. La science progresse plus par erreurs que par essais, et ce progrès est indéfini. Savoir en sursis, la science est constituée de théories fausses et de théories en attente de réfutation.

Pour qu'une idée nouvelle soit bonne, elle doit être testable et falsifiable. Popper montre que seul le constat d'erreur est décisif pour la science, une théorie corroborée n'étant pas exacte mais en sursis. De même, une mauvaise idée montre ce qu'il ne faut pas faire, vers où il ne faut pas aller. Par exemple, supprimer toute police et toute armée est une mauvaise idée car elle entraînerait immédiatement la montée de la violence. On peut donc supposer qu'une bonne idée consisterait à maintenir une police et une armée. Dans bien des cas, malheureusement, on ne découvre une idée mauvaise qu'après l'avoir testée. Un bel exemple est la prohibition de l'alcool aux États-Unis, qui n'a pas réduit l'alcoolisme mais a augmenté le pouvoir d'achat des mafias. Une bonne idée, née de cette expérience malheureuse, fut la réintroduction de l'autorisation de consommer de l'alcool. Il en va des idées comme de la science, les bonnes ne se découvrent que par essais et erreurs.

Vivent donc les entreprises tâtonnantes !

La science sert à accroître les connaissances, pas à les prouver. De ce point de vue, la conquête spatiale est une bonne idée, car elle a permis et favorise encore la production de beaucoup d'autres idées.

Passons de l'épistémologie à la philosophie politique. Dans *La Société ouverte et ses ennemis*, Popper pose la question des valeurs. Il y oppose société close et société ouverte. La société close est une société du contrôle maximal, qui ne permet pas l'apport d'idées nouvelles, sauf celles qui vont dans le sens du système. Par exemple, un grand nombre d'idées nouvelles – et effroyables – ont pu être produites pour améliorer les camps d'extermination. Mais le totalitarisme nazi réprimait toute idée nouvelle s'opposant à lui. La société ouverte, à l'inverse, favorise les idées nouvelles puisqu'elle permet à chacun d'être créatif et qu'elle n'applique pas de contrôle a priori. Le seul contrôle qu'elle exerce est a posteriori : la société ouverte est un idéal à partir de quoi on peut juger une idée nouvelle.

Ouvrons donc les entreprises !

Questions

L'idée nouvelle est-elle testable ?
Si l'idée nouvelle est mauvaise, comment en tirer parti pour progresser ?
L'idée nouvelle est-elle propice à la découverte d'autres idées nouvelles ?
Une intervention des pouvoirs publics est-elle souhaitable et/ou justifiable ?
Une campagne publicitaire pourrait-elle utiliser les procédures de vérification de l'idée nouvelle comme argument de vente ?
Etc.

Accessible ou réservée ?

Nous sommes aujourd'hui confrontés à un triple défi. Le premier défi concerne la matière, car cette ressource nous apparaît maintenant comme limitée. Le deuxième défi est lié à l'information, car cette ressource nous apparaît maintenant comme illimitée. Elle augmente quand on la partage, c'est au consommateur qu'est laissée la responsabilité de la mesure. Le troisième défi traite du glissement de la matière vers l'information, nouveau centre de gravité de l'activité humaine. La matière première l'est de moins en moins, il nous faut aujourd'hui parler d'information première. Matière et information, que l'on peut rebaptiser planète et savoir, sont toutes deux un patrimoine collectif, un bien commun. Et le contrat social de Jean-Jacques Rousseau réapparaît à présent sous la double nécessité d'un contrat naturel d'une part, d'un contrat digital d'autre part.

À côté d'une bouteille d'eau minérale par exemple, il faut aujourd'hui prendre en considération une deuxième bouteille, virtuelle celle-là, qui contient toute l'information et la connaissance sur celle qu'on vous sert à table. Et dans pas mal de cas, la valeur économique de l'objet virtuel est supérieure à celle de l'objet réel. Savoir où est la bouteille, qui a envie de la boire et quel prix il est prêt à donner, connaître la composition chimique ou les dernières techniques de purification de l'eau, identifier la concurrence, toute cette information vaut certainement plus d'argent que le litre d'eau lui-même.

L'ampleur du changement est tel qu'il nous faut remettre en question jusqu'aux fondations de notre vie en société. Riccardo Petrella, Martine Aubry ou encore Viviane Forrester ont eu raison de dénoncer les injustices et inégalités croissantes, mais ils se trompent en croyant qu'il existe des solutions dans des schémas de pensées presque centenaires. La nouvelle forme du bien commun ne sera pas créée dans des structures anciennes où finalement les principaux intéressés (chômeurs ou PME naissantes par exemple) ne sont que faiblement représentés.

Il faut réinventer la solidarité. Il faut partir du point commun à tous les changements observés aujourd'hui : l'importance croissante des réseaux. Ce qui était allocation doit devenir connexion, ce qui était indemnité doit devenir accès, celui qui était exclu doit devenir branché. Partout le même phénomène s'observe : ce qui était premier, central devient secondaire, périphérique. Le rail est plus important que la gare, la fibre optique est plus importante que le téléphone, le réseau de vente est plus important que les produits vendus...

Le futur est aux États capables de gérer leurs réseaux, car ils échappent pour la majorité à une logique de marché. Les réseaux sont la nouvelle forme du bien commun mais ils portent parfois en eux un paradoxe : plus ils sont rendus accessibles, moins on les utilise. Jamais autant d'efforts n'ont été faits pour rendre potable l'eau du robinet alors que jamais les Européens n'ont bu autant d'eau minérale. Les routes n'ont jamais été aussi bonnes mais on voit de plus en plus de véhicules tout-terrain, au point de devoir rehausser les barrières de sécurité au milieu des autoroutes.

Il faut réinventer la solidarité. Car dans une société en réseau comme ailleurs, les paradoxes ne se résolvent pas, ils se recadrent. L'injuste nous apparaît autrement. Quand l'eau de distribution a un mauvais goût, quand un bus bondé est bloqué par une voiture garée en double file, quand un enfant n'a pas l'accès à l'Internet des autres, quand un délit d'initié en

Bourse ruine de petits épargnants, on le sent : l'injustice peut naître de réseaux fragiles ou mal gérés. Cette thèse est renforcée à chaque catastrophe naturelle. La canicule de 2003, la méga-panne d'électricité aux États-Unis et au Canada, l'ouragan Katrina en 2005, en dégradant nombre de réseaux, ont entraîné des injustices que l'on sent être de nature inédite. Mais la dépendance inévitable aux réseaux est plus globale encore. Le traitement de texte, qui est devenu un langage planétaire, appartient à une société privée. Là aussi un jugement de fait fonde une intuition d'injustice d'un nouveau type.

En 1971, le professeur de Harvard déjà cité, John Rawls, a montré dans sa *Théorie de la justice* qu'égalité n'était pas synonyme d'équité et, dans la foulée, a proposé trois principes de justice :

« 1. Principe d'égale liberté : le fonctionnement des institutions doit être tel que toute personne a un droit égal à l'ensemble le plus étendu de libertés fondamentales égales qui soit compatible avec un ensemble semblable de libertés pour tous.

2. Les éventuelles inégalités sociales et économiques engendrées dans le cadre de ces institutions doivent satisfaire deux conditions :

a. Principe de différence : elles doivent être au plus grand bénéfice des membres les moins avantagés de la société.

b. Principe d'égalité équitable des chances : elles doivent être attachées à des fonctions et positions auxquelles tous ont le même accès, à talents donnés. »

Le principe 2b contient le mot « accès ». Trente-cinq après Rawls, ce concept est devenu autre parce que le monde est devenu autre. Osons alors un principe éthique nouveau, inspiré d'une lecture de Rawls d'une part, d'un regard sur CNN d'autre part : une société juste est une société où chaque citoyen se voit garantir un accès équitable à des réseaux solides et bien gérés.

Questions

L'idée nouvelle renforce-t-elle la solidarité ? Crée-t-elle de nouveaux liens ?
Tout le monde a-t-il accès à l'idée nouvelle ? Tout le monde est-il informé ?
Existe-t-il un service qualifié de *minimum ?*
L'idée nouvelle favorise-t-elle un partenariat avec une autre entreprise d'un autre secteur ?
Dans combien de pays l'idée nouvelle peut-elle être vendue sans adaptation ?
Etc.

Audacieuse ou timorée ?

Une partie des livres d'Histoire relatent la vie de grands conquérants, génies scientifiques, hommes de paix, saints, explorateurs, capitaines d'industrie. Ces personnages nous font rêver parce qu'ils ont fait avancer l'humanité. Tous ont en commun une vie audacieuse.

L'audace est indéniablement une qualité humaine. Elle peut aussi être une qualité des bonnes idées. Au début du XXe siècle, l'avion était une idée osée. Il fallait beaucoup de courage et un brin de folie pour y croire. Cette idée a changé notre monde. L'idée d'une Union Européenne basée sur les échanges et l'amitié entre les peuples, née sur les ruines de la Seconde guerre mondiale, était audacieuse. C'est aujourd'hui devenu une évidence, même si la mise en œuvre de cette Europe soulève encore des difficultés. Une idée audacieuse est donc avant tout une idée hors du commun, bouleversant les habitudes de penser.

Ce bouleversement est possible parce qu'il repose sur une vision à long terme, un horizon, une utopie. En 1516, Thomas More invente le mot « utopie » et décrit une Cité idéale où le bien-être de tous est assuré. Ce monde n'existait nulle part, mais le rêve de More a nourri les projets de générations de révolutionnaires et de réformateurs. L'utopie d'un monde sans guerre a poussé à la création de l'Organisation des Nations unies. De même, le mythe d'Icare, d'un homme volant comme les oiseaux, a donné le goût du ciel à des pionniers et a permis l'avènement de l'aviation.

Si dans le domaine de la philosophie, les penseurs originaux ne manquent pas, les philosophes audacieux sont plus rares. Il en est un qui retient l'attention : Philippe Van Parijs. Penseur nomade, il est philosophe, économiste, sociologue, juriste et linguiste. Professeur ordinaire à l'Université catholique de Louvain et à Harvard, il est responsable de la Chaire Hoover d'éthique économique et sociale depuis sa création en 1991.

Les chercheurs de cette chaire se définissent eux-mêmes comme des agitateurs d'idées. Lors d'un colloque, les participants étaient invités à débattre d'idées particulièrement audacieuses. En voici trois à titre d'exemple :

- L'instauration d'un suffrage universel intégral, où chacun aurait le droit de vote dès sa naissance (droit exercé en pratique par les parents, jusqu'à l'âge de 16 ans). Cette disposition donnerait aux familles le poids politique qui correspond à leur poids social.
- Une taxe sur le privilège linguistique : les locuteurs dont la langue maternelle est une langue internationale (anglais, espagnol, français...)

ont un avantage par rapport aux locuteurs de langues minoritaires. On pourrait leur imposer une taxe qui financerait l'apprentissage de ces langues véhiculaires par les populations linguistiquement minoritaires.

- Une prime de virilité doublant les indemnités d'interruption de carrière pour les hommes. Cette prime inciterait les hommes à prendre davantage de pauses carrière, ce qui laisserait plus d'emplois pour les femmes et réduirait à terme les inégalités de salaire.

La Chaire Hoover milite aussi pour l'allocation universelle. L'idée consiste à garantir un salaire minimum à toute personne, quelle qu'elle soit. Ce salaire doit permettre de subvenir aux besoins de base. Ainsi, plus personne ne serait contraint de travailler, et le chômage serait *de facto* supprimé. Ceux qui le désirent pourraient se consacrer à un travail qui les intéresse. Les travaux lourds seraient vraisemblablement très bien rémunérés et recherchés par des gens qui veulent gagner beaucoup d'argent.

Pour Philippe Van Parijs, l'audace n'est pas un vain mot mais une pratique quotidienne. Il assigne aux philosophes la tâche de penser par eux-mêmes « les vrais problèmes des vrais philosophes, ceux qui tourmentent et gênent la vie », comme l'écrit Paul Valéry, et non celle d'étudier les grands philosophes du passé. « Notre société, écrit-il, a besoin de philosophes professionnels formés à cette pratique; elle a aussi besoin de personnes qui, sans être philosophes professionnels, soient aussi capables d'une telle démarche. » Il fait par exemple l'éloge de l'auto-stop et des autres moyens d'acquérir une expérience de la vie réelle, dans sa fascinante et dérangeante diversité. Parce que la vie ne s'arrête pas aux bancs de l'université.

Cette leçon d'audace dépasse le cadre de la philosophie. L'illustre Josef Schumpeter caractérisait la vie économique par la figure de l'entrepreneur, un homme qui prend le risque d'innover et qui croit que ses idées peuvent améliorer le monde. Penser les idées des autres, c'est s'interdire l'originalité et s'empêcher d'exister par soi-même. À l'inverse, avoir l'audace de la pensée personnelle permet de se forger une identité

Questions

L'idée nouvelle est-elle hors du commun ? Bouleverse-t-elle les mentalités ? Étonne-t-elle ?
Quel est l'horizon de l'idée nouvelle ? Dans quelle vision à long terme s'inscrit-elle ?
Qu'est-ce que l'idée nouvelle changerait dans le monde ? Est-elle utopique ?
Depuis quand le porteur de l'idée se bat-il ? A-t-il pris un risque ?
Ses opposants dépensent-ils beaucoup d'énergie ?
Etc.

Idées-clés de ce chapitre

Une idée nouvelle n'est pas automatiquement bonne.

L'imagination propose, le jugement dispose.

Les méthodes permettent d'être plus créatif, les critères permettent de mieux juger.

La distinction apparaît clairement entre la finalité d'une idée nouvelle et l'originalité de cette idée nouvelle. On peut combattre la première et reconnaître la seconde.

Le marché est peut-être un bon moteur pour faire avancer l'humanité, mais le changement de vitesse doit rester manuel.

Une idée irrespectueuse n'est jamais une bonne idée.

Une bonne idée peut ne pas être rentable.

Une idée nouvelle sera utile si elle comble – ou comblera – un besoin ou si elle apporte – ou apportera – un avantage.

Conclusion

FIN *versus* DÉBUT : LA CRÉATIVITÉ NE PEUT JAMAIS S'ARRÊTER !

Que conclure ? Eh bien, rien ! Comme le changement, la créativité ne tolère pas le mot fin. Quand une idée est née, a fait son chemin et s'est concrétisée dans une innovation, quand tout fonctionne et tourne rond, le danger est trop souvent de tourner en rond. Car, autour de nous, le monde continue de changer. C'est donc, au contraire, le moment de relancer l'imagination, de la solliciter à nouveau pour anticiper une nouvelle fois le futur, construire d'autres stratégies, inventer un avenir encore différent.

Alors, tout est bien qui ne finit pas ? C'est le sens du *non finito,* cette volonté d'agir en laissant le futur ouvert, en participant à un monde en devenir, sans savoir vraiment ce qu'il devient. À l'image des idées présentées dans cet ouvrage. Ces idées sont incomplètes, parfois contradictoires ou provocantes. Elles sont inachevées, instables et imparfaites, certes, mais elles sont, et en nombre.

À travers elles, les auteurs n'ont finalement qu'un but : vous inviter à penser plus loin. Ils ont aussi un espoir : que votre perception de la créativité ne soit plus la même et que, dans votre esprit, la créativité soit désormais une alliée privilégiée de la stratégie.

Résistance au changement il y aura, mais il ne peut en être autrement. Kant disait déjà que nous sommes tous comme des oiseaux. Voler nous fatigue à cause de la résistance de l'air. Et nous rêvons alors d'un monde sans air. Le problème, c'est que sans air, il n'est plus possible de voler.

Que conclure ? Vraiment rien ? Peut-être une recommandation très simple. La créativité est comme une langue étrangère. Un jour, vous décidez de l'apprendre et pendant des années, vous vous y employez de la manière qui vous convient. Et plus vous la pratiquerez, mieux vous la parlerez. Mais si vous vous arrêtez pour une raison ou pour une autre, vous risquez de tout perdre. Il en va de même de la créativité.

BIBLIOGRAPHIE

Nous entamons cette bibliographie par les trois livres que nous avons publiés chez Dunod et dont le présent ouvrage est une synthèse, une réorganisation nouvelle, actualisée et enrichie d'un chapitre totalement neuf sur l'approche prospective.

DE BRABANDERE Luc et MIKOLAJCZAK Anne, *Le Plaisir des idées. Libérer, gérer et entraîner la créativité au sein des organisations*, Dunod, Paris, 2002 (2e édition).

DE BRABANDERE Luc, *Le Management des idées. De la créativité à l'innovation*, Dunod, Paris, 2002, (2e édition).

DE BRABANDERE Luc, avec la collaboration de DEPREZ Stanislas, *Le Sens des idées. Pourquoi la créativité ?*, Dunod, 2004.

Ceux qui aiment les mathématiques retrouveront beaucoup d'autres exercices dans un autre ouvrage :

DE BRABANDERE Luc, avec la collaboration de RIBESSE Christophe, *Espèce de trochoïde ! 50 idées mathématiques expliquées au profane,* Dunod, Paris, 2006.

* * *

ARNSPERGER Christian et VAN PARIJS Philippe, *Éthique économique et sociale*, La Découverte, col. Repères, Paris, 2000.

BACUS Anne et ROMAIN Christian, *Développez votre créativité*, Marabout, Belgique, 1992.

BECK Ulrich, *La société du risque*, Alto Aubier, Paris, 2001.

BOURG Dominique et BESNIER Jean-Michel (s.d.), *Peut-on encore croire au progrès ?*, Presses Universitaires de France, col. La politique éclatée, Paris, 2000.

BOURIAU Christophe, *Qu'est-ce que l'imagination ?*, Librairie philosophique J. Vrin, col. Chemins philosophiques, Paris, 2003.

DE BONO Edward, *Lateral thinking for management*, Penguin Books, Great Britain, 1987.

DE BORCHGRAVE Rodolphe (s.d.), *Le philosophe et le manager. Penser autrement le management*, De Boeck, Bruxelles, 2006.

DELORME André, *Psychologie de la Perception*, Éditions Études Vivantes, Montréal, 1982.

DE JOUVENEL Hughes, *Invitation à la prospective*, Futuribles Perspectives, Paris, 2004.

DE ROSNAY Joël, *Le macroscope. Vers une vision globale*, Éditions du Seuil, 1975.

DUCREUX Jean-Marie et MARCHAND-TONEL Maurice, *Stratégie. Les clés du succès commercial*, Éditions d'Organisation, Paris, 2004.

ECHIVARD Jean-Batiste, *Les premiers mots philosophiques*, Éditions François-Xavier de Guibert, Paris, 2005.

FAROUKI Nayla, *Qu'est-ce qu'une idée ?*, Le Pommier, col. Quatre à quatre, Paris, 1999.

FOUREZ Gérard, *La construction des sciences*, De Boeck, Bruxelles, 2002.

GABILLIET Philippe, *Savoir anticiper*, ESF éditions, Paris, 1999.

GAUDIN Thierry, *La prospective*, Que sais-je ?, Paris, 2005.

GODET Michel, *Manuel de prospective stratégique*, tome 1, Dunod, Paris, 2001.

GUILLAUME Paul, *La psychologie de la forme*, Éditions Flammarion, Paris, 1979.

HERRMANN Ned, *Les dominances cérébrales et la créativité*, Retz, Paris, 1992.

HOTTOIS Gilbert, *Penser la logique,* De Boeck Université, Bruxelles, 1989.

JACOMY Bruno, *L'âge du Plip. Chroniques de l'innovation technique*, Éditions du Seuil (Science ouverte), 2002.

JAOUI Hubert, *La créativité mode d'emploi*, ESF éditeur, Paris, 1990.

JARROSSON Bruno, *Invitation à une philosophie du management*, Calmann-Lévy, Paris, 1991.

JEANNENEY Jean-Noël (s.d.), *Une idée fausse est un fait vrai. Les stéréotypes nationaux en Europe*, Éditions Odile Jacob, Paris, 2000.

KOESTLER Arthur, *The act of creation*, Arkana, Great Britain, 1989.

KUHN Thomas S., *La structure des révolutions scientifiques*, Flammarion, Paris, 1972.

LAFONTAINE Céline, *L'empire cybernétique*, Éditions du Seuil, Paris, 2004.

LINDGREN M. et BANDHOLD H. *Scénario Planning, the link between future and strategy*, Palgrave Macmillan, United States, 2003.

MAC LEAN Paul D. et GUYOT Roland, *Les trois cerveaux de l'homme,* Robert Laffont, Paris 1990.

MATTELART Armand et Michèle, *Histoire des théories de la communication*, La Découverte, Collection Repères, Paris, 1995.

MITHEN Steven, *The Prehistory of the Mind. The Cognitive Origins of Art, Religion and Science*, Thames and Hudson, London, 1996.

MORIN Edgar, *Introduction à la pensée complexe*, ESF éditeur, Paris, 1990.

OSBORN Alex-F., *Créativité, l'imagination constructive*, Bo-pré/Dunod, Paris, 1988.

POUSSEUR Jean-Marie, *Bacon, inventer la science*, Belin, Paris, 1988.

RODARI Giani, *La grammaire de l'imagination*, Messidor, Paris, 1979.

SANDER Bernie, *Les systèmes de suggestions en révolution*, Éditions JVDS, Paris, 1995.

VANDENDRIESSCHE Filip, *De Input-Output Manager*, Lannoo, Tielt, 1996.

VON BERTALANFFY Ludwig, *Théorie générale des systèmes*, Dunod, Paris 1973.

VON OECH Roger, *Expect the unexpected or you won't find it*, Berrett-Koehler, San Francisco, 2002.

WATZLAWICK Paul, WEAKLAND John et FISCH Richard, *Changements. Paradoxes et psychothérapie*, Éditions du Seuil, Évreux, 1975.

WEINBERG Gerald M., *An introduction to general systems thinking*, John Wiley & Sons, United States, 1975.

Ainsi que de très nombreux articles de la revue *Sciences Humaines*, BP 256, 89004, Auxerre Cedex.

A rajouter

R4

l'idée est prévendue

Photocomposition : **SCM**, Toulouse

51330 - (I) - (3) - OSB80° - SCM - LCI
Imprimerie CHIRAT - 42540 Saint-Just-la-Pendue
Dépôt légal : Septembre 2007
N° 6362

Imprimé en France

processus de créat° d'idées nouvelles
p^x aider les entreprises à innover

la finalité : lancer de nouveau produits sur le marché qui ont été imaginés par les individus consommateurs

on ne peut plus prévoir le client et ses attentes
on doit se tenir prêt pour lui donner ce qu'il demande en tps réel
l'économie de la page blanche

je travaille à la créat° d'1 outil qui
nous fasse entrer ds 1 économie de la demande

qui ~~va~~ ~~rest..~~ donne aux individus
un pouvoir de demandeurs

donne aux C^om le pouvoir
d'affirmer leur attentes
et de créer

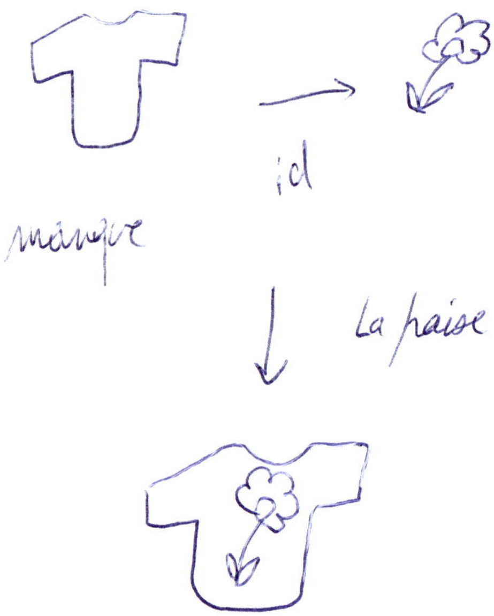

- les gens ne savent pas quoi mettre sur leur Tshirt
les gens ne savent pas comment solutionner certains
d'autres ont des id de dessins et savent les réaliser
- d'autres ont des id de solut°
- La foule vote